明亡清兴多少事

第二卷 【明金对决】

周华龙⊙著

中国文史出版社

图书在版编目（CIP）数据

明亡清兴多少事.第二卷,明金对决/周华龙著.—
北京:中国文史出版社,2019.7
ISBN 978-7-5205-1115-5

Ⅰ.①明… Ⅱ.①周… Ⅲ.①中国历史–明清时代–
通俗读物 Ⅳ.① K248.09

中国版本图书馆 CIP 数据核字（2019）第 099951 号

责任编辑：戴小璇

出版发行：中国文史出版社
社　　址：北京市海淀区西八里庄 69 号院　邮编：100142
电　　话：010-81136606　81136602　81136603（发行部）
传　　真：010-81136655
印　　装：廊坊市海涛印刷有限公司
经　　销：全国新华书店
开　　本：1/16
印　　张：20.5
字　　数：322 千字
版　　次：2020 年 1 月北京第 1 版
印　　次：2020 年 1 月第 1 次印刷
定　　价：60.00 元

序 言

　　不瞒读者诸君，我刚接触到历史，就对它产生了浓厚兴趣，也许是我跟历史有缘吧。至于到底是何时接触到历史的，我也记不大清楚，可能是上初中的时候，也可能是上小学或者是更早的时候，毕竟小学"社会"这门课程里以及日常生活中也存在丰富的历史知识。

　　我尤其喜欢明、清这两个朝代的历史，为什么会喜欢呢？因为在明、清这两个朝代长达五百四十四年的历史中，有太多人，太多事情，太多东西，值得我们后人学习与借鉴。

　　明、清这两个朝代的历史时段，大约占了中国历史的八分之一，基本上是中国两千三百一十五年封建社会的缩影。在明、清历史中，我们能够看见中国封建社会各个朝代的影子，还是举几个简单的例子：

　　明朝与蒙古、满、回、壮、苗等少数民族的战争，以及清朝对西藏、青海、新疆、准噶尔汗国的征服战争就是春秋战国、两汉、魏晋南北朝、隋唐以及宋夏辽金元时期汉族与少数民族战争的延续。

　　崇祯皇帝朱由检统治后期李自成在西安建立的大顺政权、张献忠在成都建立的大西政权以及明朝灭亡后在南方地区出现的弘光、永历等众多南明小朝廷，又是春秋战国、魏晋南北朝、五代十国时期诸侯割据、群雄纷争的重演。

　　这部作品构思了整整两年，主要记叙了万历十一年（公元1583年）努尔哈赤在赫图阿拉以十三副遗甲起兵到康熙二十二年（公元1683年）福建水师

提督施琅率领大清水师收复宝岛台湾这百年间明、后金（清）两国发生的重大历史事件。

这部作品以《明史》《明实录》《清史稿》《清实录》为基础，以年代和重大历史人物为主线，加入小说的笔法和对人物的心理描写，以及对当时政治、经济、军事、文化制度的一些分析与评价。

要说明的是，这部作品的确只能勉强归入正史的家族，却绝对不是野史的家庭成员。虽然这部作品用了很多网络流行用语和众多幽默搞笑的词汇与句子，但是作品叙述的历史事件与历史人物，甚至历史人物的众多对话都能够在史书上找到出处。

无论是读文章还是写文章，我都比较喜欢幽默搞笑、生动形象的语言，对那些生硬枯燥、缺乏生机的语言往往会感到头晕目眩，这不是我看不惯那些高深的文章，实在是看得费劲。

儒家学派创始人孔子他老人家曾经说过："知之为知之，不知为不知，是知也！"我也是心直口快、实话实说，如果得罪了各位写高深文章的作者与写手，在此表示最诚挚的歉意。

为了让大家不再像我一样，因不习惯高深的文章而烦恼，我将尽自己的最大能力，使这部作品诙谐幽默、生动有趣，正如当代著名历史作家当年明月所说：历史本身很精彩，历史可以写得很有趣。

最后，不得不提一下的就是，当年明月、阎崇年、顾诚、柏杨、黄仁宇、高阳、H.G.威尔斯等历史学专家、教授、学者以及写手所著的历史著作，给《明亡清兴多少事》系列丛书的构思与创作提供了许许多多的帮助和支持。

周华龙

2018 年 3 月 30 日

目
录

001 __ 熊廷弼、袁应泰经营辽东

017 __ 奢安之乱

043 __ 熊廷弼再次经略辽东

055 __ 巩固后金

058 __ 继承人之争

072 __ 孙承宗经略辽东

099 __ 党派之争

114 __ 由爱生恨

121 __ 高第经营辽东

127 __ 宁远之战的前奏

131 __ 鏖战宁远

149 __ 最后的岁月

156 __ 新官上任三把火

162 __ 处理民族关系

166 __ 宁远战役后的大明

169 __ 宁锦战役

188 __ 无法无天的阉党

193 __ 大明最后的君主

205 __ 阉党的覆灭

225 __ 枚卜阁臣

229 __ 袁崇焕的复出

235 __ 毛皇私议

244 __ 毛文龙之死

251 __ 西征察哈尔

261 __ 明金议和

267 __ 入关

286 __ 内阁候选风波

299 __ 袁崇焕之死

316 __ 参考书目与文献

熊廷弼、袁应泰经营辽东

萨尔浒大战，明军伤亡惨重啊！真正的伤亡惨重！大明在辽东的统治岌岌可危，朱翊钧此时变得惊恐万分。

朱翊钧已经意识到了错误，并且正在想办法纠正这个错误！

亡羊补牢，越早越好！

朱翊钧立即召集文武大臣，召开紧急军事动员大会，挑选大臣前往辽东稳定局势。

大明此时的文武大臣有好处有甜头的事情，那是争着抢着去做；背黑锅当炮灰的事情，那是打死都不会做的。

经略辽东，这可是个危险的差事！

这些大臣察觉到情况不妙，直接施展枯木神功，把自己和脚下的地板化作了一体，眼观鼻，鼻观心，不言不动，不声不息，恨不得朱翊钧完全忽视了他们的存在。

没有比沉默更安全的事情了！

这样耗下去不是长久之计！

朱翊钧心脏陡地一翻，浑身血液禁不住一阵上涌：今天你们不推荐一个人去辽东，就都不用回去了。

谁去合适？

皇天不负苦心人！

大臣们你看看我，我看看你，反复地思考、权衡，最终统一了意见，达成了共识，挑选出了一个跟他们不冷不热、不亲不近的官员。

这个官员就是熊廷弼。

熊廷弼

熊廷弼这个人，说起来并不陌生！

熊廷弼，字飞白，号芝冈，隆庆三年（公元 1569 年）出生于湖广江夏（今湖北武汉）。

熊廷弼和别的孩子截然不同，他从小就沉默寡言，门外的春光，小朋友的打闹，都离他很远，他爱学习，学习使他快乐！他把自己关在书房里专心地读书学习。

万历二十五年（公元 1597 年），二十八岁的熊廷弼在乡试中取得了第一名的好成绩，成为了大家公认的品学兼优的好学生，是老师的好弟子，是同学的好榜样，是父母的好孩子。

可见熊廷弼年轻的时候，就名气极高！

科举高中，是封建社会每一个读书人梦寐以求的目标，是被大家公认的至高荣誉。

熊廷弼要成名，要走最正统的路做最光荣的事。

精诚所至，金石为开。

万历二十六年（公元 1598 年），熊廷弼进京赶考，虽然是格式要求非常严格的八股文章，但是熊廷弼仍然妙笔生花，倚马千言，辞藻之华丽，句式之工整，逻辑之顺畅，普天之下，能有几人欤？

像熊廷弼写的文章，就像是黑夜里的萤火虫，无论怎么样都无法隐藏光芒。

结果毫无悬念，熊廷弼轻而易举地就考中了进士。

熊廷弼被任命为保定推官，由于将被税监王虎冤枉缉拿的人员全部释放，并上撤矿疏，声名远播，不久就被提拔为都察院御史。

总之一句话，熊廷弼一路走来，实在太顺！

俗话说"生于忧患，死于安乐"，富贵舒适，没有一丝波澜与涟漪的生活最终会消磨一个人的意志，使满怀抱负的人变得平庸。

万历三十六年（公元 1608 年），大明政府任命熊廷弼为辽东巡按御史（正七品），巡视辽东。

巡按御史，是中央派往地方的监察官员，品级虽低，权力却大，拥有审查地方行政、经济、军事、赋税材料以及弹劾地方各级官员的权力。

当时的辽东巡抚赵辑与李成梁正忙着废置宽甸六堡，把宽甸六堡的住户全部迁往内地。

这遭到了兵科给事中宋一韩的极力反对，熊廷弼积极响应，联合上书弹劾赵辑、李成梁、何而健、康丕扬等人。

李成梁能从一个小小的险山参将，短短十三年时间，就升到与六部尚书品级差不多的位置，智慧和能力是毋庸置疑的！

宋一韩和熊廷弼的弹劾遭到了朝中大臣群起而攻之。

凭借盟友的大力支持，李成梁最终在与熊廷弼、宋一韩等人的争斗中获胜，安全度过危机。

熊廷弼巡视辽东，发现辽东的土地广阔、土壤肥沃，却大量废置实在可惜，于是上书朱翊钧，建议朱翊钧下令辽东军队开垦土地，种植粮食作物，这样一年就可以获得一百三十多万石的粮食，不但辽东军队可以自给自足，不用朝廷每年再拨给粮食，而且还可以向朝廷上交大量的粮食。

熊廷弼这个提议很合乎情理，有理有据，让人信服！

朱翊钧一见有利可图，欣然同意了熊廷弼的建议，下令在整个辽东推广。

熊廷弼在辽东还为朝廷和老百姓做了许许多多的好事与实事，千言万语只能够汇成一句话，那就是：熊廷弼是大明一个有能力有智慧有良知的官员。

稳定局势

朱翊钧任命熊廷弼为兵部右侍郎兼都察院右佥都御史，赐尚方宝剑，让他安心接替杨镐的工作，经营辽东。

熊廷弼，考验你的时候到了！朱翊钧已经把该做的都做了，接下来就看你自己的了！

熊廷弼什么都好，就是办事效率不高！

熊廷弼还没离开京城，开原就失守了；熊廷弼刚赶到山海关，铁岭又失守了！

这显然不是什么好消息！辽东的文武官员没有甘于寂寞，纷纷加入了传播流言的大军，于是，辽东谣言四起，人心惶惶！

辽东人民为了躲避努尔哈赤，都收拾包袱，携妻子儿女，惊慌失措地向

关内逃去。

就连辽东的明军也被努尔哈赤吓得提心吊胆，有如惊弓之鸟，丢掉兵器，脱下盔甲，匆匆踏上了回归家乡的道路。

当熊廷弼鞍马劳顿到达辽东，想施展自己远大抱负的时候，才惊奇地发现辽东已经是几百里都没有人烟，几乎变成了无人区，就连辽阳和沈阳这样的军事重镇也变成了名副其实的空城。

情势危急！留给熊廷弼的时间不多了！

熊廷弼纠结了半天，终于意识到现在最重要的事情是什么。

熊廷弼打算主动出击，派人去辽阳和沈阳召集逃跑的士兵。

熊廷弼刚一开口，那群本来围在熊廷弼四周的随从，此刻突然不约而同地后退。

熊廷弼没有办法，只有把这个艰巨的任务指派给都督金事韩原善。

韩原善遇到了他一生中最严峻的考验。

韩原善毫不犹豫拒绝了熊廷弼。

熊廷弼气得直跺脚：韩原善，你就不能有点胆识和魄力吗！

熊廷弼又指派都督金事阎鸣泰去。

阎鸣泰很不错，出乎熊廷弼的预料！

无论如何，阎鸣泰忙忙叨叨准备了一大通，还是踏上了去辽阳和沈阳的道路。

只是没多长时间，熊廷弼就庆幸不起来了！

阎鸣泰这个家伙是个人精，他就跟小偷做贼似的，左瞅瞅，右看看，贼眉鼠眼蹑手蹑脚，刚刚走到虎皮驿，就像看见鬼了一样拔腿就往回跑，快得就像受惊的小兔子。

事实证明，朱翊钧没有看错人！

这种意义重大的冒险，只有熊廷弼亲自行动了！

熊廷弼带着几个随从从辽阳城出发，一路走一路细心地接纳逃亡的士兵和百姓。

谣言止于智者！

简单来说，熊廷弼是一个很有魅力的人，一路下来，就像一块磁铁一样，将沿途逃亡的百姓和士兵都吸引到了身边。

就这样，一路顺风顺水，到沈阳的时候，他身旁已经多了上万名大明百姓和数千名明军。

那么，那些逃跑的将领，又应该拿他们怎么办呢？

大明铁律，誓死报国，宁可站着死，也不跪着生！

熊廷弼铁面无私，公平公正，二话不说，就让人把刘遇节、王捷、王文鼎、陈伦这些将领的小命带作案工具都一起给没收了，让他们下地府去参观十八层地狱去了。

这些贪生怕死、畏罪潜逃的将领，就这样被清理出了熊廷弼的队伍，这才是打开辽东新局面的正确方式，打倒一切逃跑派！

做了这些事情，并不代表辽东的所有问题都解决了，熊廷弼还有许多事情要做，他现在迫切需要做的一件事情，就是再修理一个可恶的家伙。

熊廷弼要修理的这个家伙叫作李如桢。

李如桢，李成梁第三子，李家这样的大家族，在野有田，在朝有官的，托他父亲的福，他年纪轻轻就当上了铁岭总兵。

努尔哈赤进攻铁岭的时候，李如桢不但没有指挥铁岭的明军抵抗努尔哈赤的进攻，而且他居然当时根本就没有在铁岭，而是躲在沈阳，混得那叫一个风生水起，富得流油。

李如桢连一个援兵都没有派往铁岭，好像铁岭丢不丢，失不失陷，压根儿跟他没有关系，他是眼不见，心不烦。

李如桢这是什么行径？见死不救，眼睁睁地看着同胞城破殉难，这是比懦弱、怯战更可耻的行径，简直跟谋杀自己的战友没什么区别。

这样的人如果都不受到惩罚，那这个世界真是没有天理了。

熊廷弼怒了！彻底怒了！

事态严重，刻不容缓！

熊廷弼任命李怀信为铁岭总兵，立刻接替了李如桢的工作。

随后，熊廷弼来到李如桢的住所，一见到李如桢就是一顿劈头盖脸的臭骂，并认为辽东的庙太小，容不下李如桢这尊大神，让他马上收拾包袱走人。

这下李如桢再也没胆待下去，也再没脸待下去，只有默默收拾包袱狼狈离开了。

李如桢刚走，熊廷弼立刻上书弹劾李如桢。

李如桢真是万万想不到，自己刚到北京，还没有来得及回家，就撞上了等候多时的锦衣卫。

李如桢马上意识到了会有不好的事情发生！一打听，才知道自己被判了死刑。

最后还是工科给事中王德完、顺天府丞邵辅忠、通政参议吴殿邦觉得惩罚太重，看不下去，极力求情，才被改为充军。

至此，李成梁李氏家族的光荣军事征程彻底结束，李成梁的儿子，除了李如松在与蒙古部落作战的时候，英勇牺牲，成了烈士外，都没有什么好下场，连他的家乡铁岭也被努尔哈赤占领了。

去抚顺

熊廷弼百无聊赖，决定练练胆，再干一件更加惊天动地的大事，这件大事情从熊廷弼嘴里面说出来，就短短五个字"我要去抚顺"。

所有人都认为熊廷弼只是说说而已，不会真的去。

原因很简单，此时的抚顺城已经被努尔哈赤占据，现在去抚顺城，无疑是扯着老虎尾巴喊救命——找死，能不能活着回来，天知道。

熊廷弼的想法不一样，他是一个有远见、有野心的人，他用实际行动为大家证明了一件事，那就是：我说过的事情，就一定能够办到。

熊廷弼之所以敢去抚顺城，还是有一定资本的，他身居高位，威名显赫，谁信他会去冒险？事不宜迟，马上出动！熊廷弼带着几百个士兵踏上了去抚顺城的道路。

很多事情之所以让人恐惧，是它尚未到来！

此时除了熊廷弼自己外，包括总兵贺世贤在内的其他人都战战兢兢，如临深渊，如履薄冰，生怕一不小心就会暴露被追杀三千里。

熊廷弼带着士兵们绕抚顺城转了几圈，大饱了抚顺这座军事重镇的独特风光。

当所有人都两股战战，几欲先走，认为熊廷弼现在该消停，可以回去的时候，熊廷弼又作出了一个让在场的所有人都惊讶的决定。

熊廷弼下令：击鼓吹号！

这下士兵们都傻眼了。

这么嚣张跋扈？这么直接冲动？你来了就来了，你还要击鼓吹号，你生怕八旗军队不知道你来参观了啊！

不管怎么说吧，想是这么想，可是熊廷弼下达的命令还是要执行的。

鼓击了，号角也吹了。

众寡悬殊，形势严峻！

然而，意想不到的事情发生了。

转眼几个时辰过去了，抚顺城的八旗军队好像死光了，没有一丁点儿的动静。

事实就摆在眼前，随从们看得两眼发直。

随从们觉得自己这辈子见过的怪事，加起来都没这几天来得多！

努尔哈赤的孙女婿李永芳告诉努尔哈赤，熊廷弼这个人确确实实是个牛人中的强人，高手中的舵手，有过人的本事，不可小觑，千万不能和熊廷弼硬碰硬。

熊廷弼最近做的事情也印证了李永芳这句话的正确性。

这个家伙，似乎有点不好对付啊！惹不起，憋着吧，努尔哈赤决定最近低调点。

熊廷弼这位名将不仅赢得了自己人的尊重，更赢得了对手的尊重。

熊廷弼赢得了好彩头！

好的，任务完成，可以返回了！

熊廷弼就仿佛只是做了一件极为普通的事情，在部下面前狠狠要了一把威风，风风光光地回去了。

熊廷弼的离职

一时间，熊廷弼成了举世瞩目的焦点！

毫无疑问，努尔哈赤已经感到恐惧了！大明赢得了难得的喘息之机！

一切都在按部就班地进行着，形势看起来一片大好，熊廷弼的宏图大业也正在慢慢接近。

熊廷弼事业火爆，御史冯三元也很火，上火。

冯三元属于典型见不得别人发展得好的，立马上疏弹劾，称熊廷弼干了八件没有谋略的事情，三件欺瞒皇上的事情，不让他辞职，辽东迟早会玩完。

一语惊醒梦中人，事关辽东安危和辽东兴衰，朱由校一点不敢大意，立刻召集朝臣廷议。

熊廷弼在得到遭人弹劾的不好消息后，彻底愤怒了。

冯三元这种人，站着说话不腰疼，就会门里装窝里横，真有能耐去一趟辽东，不给那些女真人打死算我输！

这事儿不能忍啊！索性请辞吧！

熊廷弼是个心比天高的人，越想越来气，越想越窝火，决定针尖对麦芒，上疏为自己竭力辩解，并且请求辞官回乡。

御史张修德又上疏弹劾熊廷弼破坏辽阳。

张修德口诛笔伐，大义凛然，举例子、列数据、找依据，分析得头头是道，有理有据。

熊廷弼那个暴脾气，忍气吞声是绝对干不来的。

有道是，无官一身轻，熊廷弼上缴了尚方宝剑，辞官归隐了。

至此熊廷弼的当官生涯暂告一段落，成为了普通老百姓。

熊廷弼是走了，可是还需要人站出来接替熊廷弼的职务，毕竟辽东这个烂得不能够再烂的摊子还要有人收拾，辽东出了事，还是要有人站出来解决。

这个人很快被满朝文武大臣和朱由校找到了。

他就是袁应泰。

袁应泰

说起袁应泰，那可有得说啦！

袁应泰，字大来，陕西凤翔（今陕西宝鸡）人。

袁应泰在万历二十三年（公元1595年）的科举考试中金榜题名，考中进士，被任命为临漳知县。

群众利益无小事！

袁应泰坦率做人，坦诚做事，很热爱自己的工作，恨不得每天二十四小时都在工作。袁应泰就这样任劳任怨地为临漳县城的老百姓干了许多好事，许多实事。

袁应泰虽然是个读书人，但是他在治水方面非常有天赋，他调集临漳县城的所有青壮年在漳水两岸修筑了四十多里的堤坝，以防止漳水决堤，给漳水附近的百姓带来灾难和损失，真正做到了"预防胜于治疗"。

袁应泰做好事的消息，一传十，十传百，百传千千万，很快袁应泰的事情就传到了京师。

袁应泰是个有能耐、干实事的好官，这种官，在大明简直就是一缕沁人心脾的清风，打着灯笼都难找！

大明政府觉得袁应泰的事迹挺有教育意义的，为了树立忠君爱国的正面典型，特意下旨表扬了袁应泰的英雄事迹。

袁应泰得到了朝廷的赏识与重用，那个愉悦就甭提了，他下定决心，一定要继续为老百姓干实事，干好事，不辜负朝廷对自己的期望。

袁应泰出马，一个顶仨，每天睡得比狗晚，起得比鸡早，累死累活调集临漳县城的所有青壮年劳动力开挖管道，引沁水，修筑了二十五个堰塘，用来蓄积河水，可以灌溉临漳县城周围数万顷的农田，使临漳县城的所有老百姓都得到了好处，都获得了实惠。

老百姓都翘起大拇指称赞他们的父母官袁应泰，夸他是一个办实事、为老百姓谋福利的好官。

袁应泰听了老百姓的话心里喜滋滋的，原来，人生可以这么有意义！

袁应泰在此时确立了以后的奋斗目标，那就是立足自身岗位，继续为大明百姓发光发热。

这样一个人，就是扔到踩着高跷的人堆里，也一定能鹤立鸡群！

因为勤政爱民，治水有方，政绩彰显，朱翊钧亲自给袁应泰颁发嘉奖令，提拔他为工部主事。

京城里高官如云，官职调动的速度像蚂蚁搬家，是历朝历代最频繁的，明朝也不例外。

没过多久，袁应泰就被调到兵部武选清吏司任郎中（正五品）了。

武选清吏司，兵部四司（武选清吏司、职方清吏司、车驾清吏司、武库清吏司）之一，以郎中、员外郎为正副长官，主要管理武官评品、选授、武举、兵马名帐等。

袁应泰为人正直，不玩不骗，一上任，就淘汰打发了数百个假冒世职的地痞流氓，使这些人全部丢了饭碗，以后只能自食其力了。

这些被袁应泰炒了鱿鱼的人，都恨袁应泰恨得咬牙切齿，恨不得扒他的皮，

吃他的肉，喝他的血；没有被袁应泰炒鱿鱼的人，也都战战兢兢，如临深渊，如履薄冰，生怕哪一天惹到了袁应泰头上，被他炒了鱿鱼。

袁应泰简直是兵部武选司里官员的噩梦，他们提起这个人物来都要头疼！

兵部武选司里的官员都希望朱翊钧快点把袁应泰这个扫把星打发走，好让他们结束提心吊胆的生活，过几天舒服清静的好日子。

大明政府也没有辜负大家的殷切期望，没有过多久，就把袁应泰外放为布政司参议，任淮徐兵备道。

兵部武选司的官员满意了，满意得不能再满意了。

人无远虑必有近忧！

袁应泰运气实在不怎么样，刚刚上任，黄河就结冰了。

"福无双至，祸不单行"，山东境内也发生了数十年难得一见的大干旱，老百姓颗粒无收，饥荒开始蔓延，饿死的老百姓不计其数。

袁应泰不愧是个好官，他毫不犹豫地把自己家里的粮食全部拿出来，开设了数十个施粥点，施舍稀粥救济老百姓，虽然稀粥确实比较稀，但是好歹保住了老百姓的性命。

可是山东地区的饥民实在太多了，袁应泰既不是贪官也不是开粮庄的，哪里有这么多粮食救济饥民。没有过几天，袁应泰家的粮食也用完了，光得比脸都干净。

现在情况真是万分危急，用"上天无路，入地无门"来形容一点儿也不过分。

事情还没到不可救药的那一步！

袁应泰不愧是个猛人，在关键时候二杆子精神得到了充分体现。他告诉我们，天下的事情，只有想不到，没有做不到。

袁应泰泰山崩于前而面不改色，表现得很勇敢，居然不上报朝廷，把山东整个省的赋税收入数百万两白银，全部拿去买了粮食，分发给了饥民。

这可把户部的官员惹毛了，纷纷上书弹劾袁应泰。

不管怎么说，肯为老百姓豁出性命的官员，都是好样的，都值得尊重。

朱翊钧也知道袁应泰这样做是为了救济山东地区的老百姓，是为了国家好，可是袁应泰毕竟没有按程序办事，无论如何，都要给户部官员一个交代。

朱翊钧迫不得已，就只好声称袁应泰有病，暂时让他离开工作岗位。

就这样，袁应泰被炒鱿鱼了，在大家或同情或嘲讽的目光见证下，千般

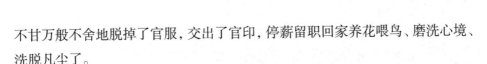

不甘万般不舍地脱掉了官服，交出了官印，停薪留职回家养花喂鸟、磨洗心境、洗脱凡尘了。

人生中的每个转折点，都是一个新开始！

由于袁应泰实在太有才了，没有在家里休养几年，又被任命为河南右参政，以按察使的身份担任永平城的兵备道职务。

袁应泰确实是个敬职敬业的官员，兢兢业业，干好自己的本职工作，他在永平城招兵买马，修筑城堡，打造战船，购买火药、军械，忙得不亦乐乎。

泰昌元年（公元1620年）九月，朱常洛任命袁应泰为都察院右佥都御史，代替周永春巡视辽东。

沈阳战役

袁应泰最让朱由校看重的，还是他护百姓的那股狠劲儿。

一回生，二回熟！朱由校立刻提拔袁应泰为兵部右侍郎兼都察院右佥都御史，代替熊廷弼经略辽东。

火线换将，兵家大忌！

朱由校并不知道，虽然袁应泰在治水、赈灾、练兵等方面非常能干也非常有才华，但是他也有许多缺点。

袁应泰最大的缺点就是他此前从来没有打过仗，实战经验几乎为零，派他去辽东指挥明军抵抗努尔哈赤，他死了倒没啥，可惜了那些兵。

袁应泰一到辽东，就发现熊廷弼的确是麻木不仁、铁石心肠。

城外这么多的灾民，也不知道放进来，给他们安排住宿，再给他们分发点粮食。虽然他们没有经过正规的军事训练，不会打仗，但是让他们喊几声口号，鼓舞一下士气，应该还是没有问题的吧！

袁应泰善良仁慈的一面又一次表现出来了，只见袁应泰亲自跑去打开了城门，把城外的灾民一个个连拉带劝地弄进城来了，并热情地给这些灾民安排了住宿，发放了粮食。

人心险恶，袁应泰到底还是吃了没经验的亏！毫无疑问，这是个陷阱，最后这种行为，被证明简直是愚蠢极了！

情报人员将这条消息告诉了努尔哈赤，他一阵窃喜。

如果这个时候能够攻打沈阳，势必像摧枯拉朽一样容易！

千里马常有，这样的战机可不常有！战机不到不妄动，战机一到不犹豫！

努尔哈赤果然把持不住了！那还等什么，出兵！

努尔哈赤立刻召集八旗旗主开军事动员大会，准备率领抢劫大队再次去抢劫大明，弄点好东西，打打牙祭，改善改善生活。

天启元年（公元 1621 年）三月，努尔哈赤亲率八旗精锐朝沈阳扑来。

来者不善，善者不来！

沈阳守将贺世贤、尤世功也不是贪生怕死、胆小如鼠的人，他俩临危不乱，从容调集军队坚守城池，抵抗努尔哈赤的疯狂进攻。

守将都如此拼命，明军军中还有谁敢不尽全力？努尔哈赤指挥精锐的八旗军队朝沈阳城攻了一次又一次，硬是没有攻下来。

就在这时，沈阳城内的灾民拿着木棍，举着板砖纷纷朝沈阳城的大门拥来。

把贺世贤、尤世功感动得泪流满面：这些灾民只给他们吃了几顿饭，他们个个都以死相报，如果大明所有臣民都像这些人那样，何愁努尔哈赤不灭。

可是，事实呢？

贺世贤、尤世功还在自我陶醉的时候，残酷的真相揭晓了，只见这些灾民冲到城门的时候，就拿起木棍、板砖朝明军的身上招呼，并且打开了城门。

杀人啦！有敌人潜进来啦！

但这已经来不及了！

八旗军队蜂拥而入，贺世贤、尤世功以及沈阳城内的数万明军皆力战而死，沈阳失陷。

袁应泰是个善良慷慨大方的好人，可是他不是一个优秀杰出的统帅，作为一个优秀杰出的统帅，首先必须学会残忍，只有麻木不仁，只有铁石心肠，只有心狠手辣，才能够战胜狡猾的敌人，打败强大的对手，立于不败之地。

努尔哈赤是个优秀的统帅，因此他不会妇人之仁，他没有给袁应泰喘息的机会，毕竟努尔哈赤被熊廷弼逼得躲在家里数年了，好不容易等到了机会，怎么会轻易放弃？

显然，对于努尔哈赤来说，时间就是生命，必须速战速决！

努尔哈赤攻下沈阳后，马上又集合部队，赶往下一个抢劫目标——辽阳。

写到这里，我不得不提到一个女人，这个女人征战四十多年，足迹遍及长城内外、大江南北、云贵高原、四川盆地，是中国历史上唯一被单独载入正史——将相列传而非列女传的巾帼英雄，唯一凭借战功封侯的女将军，她就是明末清初时期威震四方的秦良玉。

大明第一女强人秦良玉

万历二年（公元 1574 年）正月初二下午，随着一声婴儿哇哇的啼哭，一个女婴降临四川忠州（今重庆市忠县境内）贡生秦奎的家里，她就是秦奎的第二个孩子秦良玉。

要说秦良玉所在的家庭那不是一般的好，秦良玉的父亲秦奎那可是一个智勇双全、能文善武的全才。

将门不仅出虎子，也出虎女！秦良玉在父亲秦奎的熏陶与教育下，不仅能吟诗作对、对酒当歌，而且还能舞刀弄棍、骑马射箭。

据史书记载，此时的秦良玉"饶胆智、善骑射、熟韬略、工词翰、仪度娴雅"，真是女中豪杰，巾帼不让须眉。

万历二十三年（公元 1595 年），二十一岁的秦良玉嫁给了二十五岁的石柱宣抚使马千乘为妻。

秦良玉成为马千乘的妻子以后，不仅无微不至地照顾丈夫马千乘的饮食起居、日常生活，而且还激励丈夫马千乘励精图治、建功立业。

秦良玉帮助丈夫马千乘训练出了一支"戎伍肃然"、为远近所惮的"白杆兵"，这支军队将在以后发挥至关重要的作用。

万历二十七年（公元 1599 年），贵州巡抚江东之命令都司杨国柱、指挥李延栋率领三千明军围剿播州土司杨应龙。在飞练堡遭其弟杨兆龙、子杨朝栋率领的叛军伏击，全军覆没，无一生还。

不能被动挨打，要主动出击。

三月，杨应龙率领八万叛军攻打秦江城，斩杀参将房喜宠、游击张良贤，得知叛军接连攻陷西南重镇，朱翊钧大为震怒，先是以李化龙为湖广、川、贵、总督兼四川巡抚，主持平播战事，接着又号召西南各地土司参与平叛。

秦良玉与丈夫马千乘没有犹豫，积极响应朝廷号召，率领三千八百多将士投入了战斗，协助明军平叛，生擒杨应龙部将邓坎。

杨应龙不甘心失败，于第二年正月初二趁明军军宴，发动突袭。秦良玉与丈夫马千乘统率大军展开反击，结果一点都不意外，叛军很快就被击败，

败得落花流水。

秦良玉与丈夫马千乘乘胜追击，越战越勇，山河为之低昂，天地为之变色，连破金筑等七寨，随后又联合酉阳宣抚使冉御龙直取桑木关，大败贼众，为南川路战功第一。

据万历三十一年（公元1603年）十一月川贵总督王象乾的奏疏所载，平叛期间，夫妻俩作战非常顺利，一帆风顺；势如破竹，马千乘率军三千，斩敌八百七十五名；秦良玉率军五百，斩敌一百一十七名。

这些对秦良玉来说，都是虚名而已，就好像浮云一样，她不为名所累，不为利所动，不为权所惑，不争寸功，受到了全军将士的爱戴与尊敬。

侠义女英雄，一个可亲可爱可敬的女子！

"女将军"威名的流传速度非常快，本来只属于军队内部的消息，很快就传遍了长城内外、大江南北。

万历四十一年（公元1613年）八月，马千乘染上了暑疫，因接待不恭，得罪了大明派来的矿监邱乘云。

要说万历时期的矿监，那可真称得上威风八面、称王称霸，不仅贪污受贿、敲诈勒索，而且还横行霸道、胡作非为，得罪了他们，就算不被注销在人世间的户口，也要脱层皮。

在邱乘云看来，马千乘就是一个地道的乡巴佬，居然敢得罪他？

马千乘没过几天就被打进了大牢，更惨死在了云阳的黑房子里。

按照明朝土司的承袭制度，父亲死了则由儿子承袭，儿子年幼或者没有子女则由妻子承袭。

当时马千乘和秦良玉的儿子马祥麟年龄还小，秦良玉顺理成章地承袭了丈夫马千乘的职务，成为了继马千乘之后新一任的石柱宣抚使。

万历四十八年（公元1620年）六月，努尔哈赤再次亲率八旗精锐入侵辽东，朝廷立马发布诏令，号召两京一十三省出兵援辽。

秦良玉没有让大明失望，她也很少让别人失望！

秦良玉心系社稷，情牵辽东，积极响应，筹备军饷粮草，抽调军队。

随后秦良玉先遣其兄秦邦屏、其弟秦民屏率领五千白杆兵先行，接着秦良玉与其子马祥麟亲率三千精锐奔赴辽东。

秦邦屏、秦民屏率军抵达辽东后，奉袁应泰之命，镇守沈阳西南浑河河畔。

朝廷感念秦良玉、秦邦屏、秦民屏等人忠义，赐秦良玉三品服，授秦邦屏都督金事，秦民屏守备。

辽阳战役

总兵陈策、游击周敦吉、金事秦邦屏、守备秦民屏率领川军渡过浑河，在北岸集结；副将童仲揆、董仲贵等人率领浙兵在浑河南岸集结，打算南北呼应，阻挡努尔哈赤的进攻。

努尔哈赤并没有被明军的气势吓倒，二话不说，就命令右翼四旗向浑河两岸的明军发动了进攻。

八旗军队虽然损失惨重，参将布哈、游击朗格、锡尔泰等人全部战死，伤亡的普通士兵更是不计其数，但是最终斩杀秦邦屏及数千明军，击溃了明军，迫使其退入辽东首府辽阳坚守。

袁应泰这时又犯糊涂了，他不集中所有兵力在固若金汤、易守难攻的辽阳城坚守，而是调集了三千多明军，由总兵侯世禄率领，出城迎战努尔哈赤六万多八旗精锐。

努尔哈赤高兴坏了，辽阳城城池坚固，易守难攻，这回明军终于憋不住气从乌龟壳里跑出来了，不全歼明军，难消我心头之恨！

谁胜谁败很明显，自然是明军被努尔哈赤打得落花流水、抱头鼠窜，狼狈逃回辽阳城坚守。

袁应泰好心放进城的灾民在关键时候又发挥了至关重要的作用，他们这次没有冲到城门去袭击守军，而是点燃了几处民房，火光冲天。

明军与城内老百姓都惊慌失措赶来救火，乱成一团。

袁应泰，到此为止了……从今天开始，整个辽阳都是我努尔哈赤的了！

努尔哈赤一鼓作气，攻下了辽阳城，辽阳沦陷。

袁应泰没有选择逃跑，他知道此时此刻他应该做些什么，他回到了府邸，穿好了官服，佩上了宝剑，用一条白绫结束了他宝贵的生命。

据史书记载，袁应泰在死的时候，双眼始终注视着南方。

袁应泰确实不是一个优秀的将领，可至少他是一个忠于祖国、忠于人民、忠于职责的人，有了这一点，其他的都显得微不足道。

辽阳沦陷后，努尔哈赤又率领八旗军队横扫了河东之三河堡等五十寨以

及古城、草河、新甸、宽甸、大甸等大小七十余城。

这样一来，大明退守辽河以西，辽河以东的所有地盘都成了后金的地盘。

一得一失之间，国运此消彼长！

从此以后，努尔哈赤想去哪里，就去哪里，想抢哪里，就抢哪里。

放眼整个辽东，还有谁可以与之争锋？

现在的努尔哈赤，作战顺利，做事顺手，做梦顺意，生命中的一切都感觉那么美好！

而此时大明的西南地区却发生了一场惊天巨变！

奢安之乱

我们知道，大明时期，在云南、贵州、四川、广西、湖广这五个省的一些少数民族聚居区地区沿袭的是元朝的政策和制度，实行的是土司制度。

其实土司制度理解起来，说复杂也复杂，说简单也简单：

说得复杂些，土司制度就是大明政府用少数民族部落首领和头目来统治和管理自己部落的子民，以减少大明政府与各少数民族的矛盾和冲突；

说得简单些，土司制度就是大明政府让少数民族自己管理自己的事情。

老实说，土司制度确实缓解了大明和各少数民族的矛盾，减少了大明与各少数民族的冲突。

可是这个世界上的任何事情都具有两面性，有好处，就必然有坏处，有优点，就必然有缺点，土司制度自然也不会例外。

大明在云南、贵州、广西、四川、湖广这五个省的少数民族聚居区让少数民族首领和头目来管理少数民族聚居区的政治、经济、军事、文化事宜，的确有利于缓解大明与各少数民族的矛盾，减轻了少数民族对大明统治者的敌视态度。

可是这样一来，也使大明难以节制少数民族自己统治的地区。善良大方、心怀感激的少数民族首领和头目来统治少数民族，大明还可以和这些少数民族和平相处、友好相处；可是如果遇到得了雨衣还要伞——贪得无厌的少数民族首领和头目来统治少数民族，恐怕大明和这些少数民族之间就要连连征战、战火纷飞了！

整个大明时期，起兵叛乱的事情简直是层出不穷、此起彼伏

永乐六年（公元 1408 年），贵州思南地区三宣慰使联合发动叛乱，公开

与大明作对；

正统三年（公元 1438 年），云南麓江（今怒江附近）宣慰使发动叛乱，揭下了与大明和平相处，友好往来的假面具；

万历二十四年（公元 1596 年），播州土司杨应龙起兵反明，向皇帝的宝座迈开了步子；

可是这些少数民族地区首领发动叛乱，与地大物博、人口众多的大明作对，简直是"鸡蛋碰石头"，明军三下五去二、不费吹灰之力就将这些少数民族首领和头目发动的叛乱给平定了。

如果有人敢背叛大明的话，大明统治者是绝对不会对这些人心慈手软、手下留情的。

局部地区的改土归流

永乐十一年（公元 1413 年），明成祖朱棣平定贵州思南地区三宣慰使联合发动的叛乱以后，就将这一地区划分为思南、思州、司仁、石陀、黎平等府，并且在这一地区设立贵州布政使司，从此，贵州省大部分地区结束了土司统治，直接纳入了大明的管辖范围，这就是历史上著名的"改土归流"政策！

万历皇帝朱翊钧平定播州土司杨应龙发动的叛乱以后，又将播州地区划分为平越、遵义二府，由大明政府派遣流官管理，播州地区也纳入了大明政府的直接统治之中。

大明推行的"改土归流"政策，建立了大明对少数民族聚居区的直接统治，从而使大量的汉人迁移到了这些地区，打破了少数民族聚居地区封闭落后的状况。与此同时，这些汉人在迁移的过程中，也将大量先进的生产工具和生产技术带到了少数民族聚居地区，促进了当地经济、文化的发展，也加速了少数民族聚居地区的封建化过程。

可是同样地，"改土归流"政策既有益处也有弊端。

"改土归流"政策使大量的汉族官员和军队进入了少数民族聚居地区，由于这些地区是少数民族聚居地区，真可谓是"天高皇帝远"，这些汉族官员和军队敲诈勒索、横征暴敛起来更是有恃无恐、肆无忌惮。

少数民族聚居地区本就贫穷落后，经过汉族官员和军队这么一闹，这些少数民族聚居地区的人民就变得更加贫穷落后，连吃饭都成问题了。

这些少数民族聚居地区的人也不是那种坐以待毙、束手就擒的主，既然大明对他们不仁，他们也会对大明不义，作为对汉族官员和军队敲诈勒索、横征暴敛的回报，他们发动了大规模的农民起义。

正统十四年（公元 1449 年），由于汉族官员的敲诈勒索、横征暴敛，再加上大明连年出征麓川，明军更是在沿途向各少数民族抓捕役卒，征收役银，使得这一地区的少数民族家破人亡、妻离子散。

苗族人民首先在邛水（贵州省黔东南苗族侗族自治州三穗县境内）发动了武装起义。

驻守该地区的明军猝不及防、仓促应战，被苗族起义军打得落花流水、抱头鼠窜。

苗族起义军经过这次胜利，更是变得所向披靡、势如破竹，先后攻入了思州、思南各府。

在短短几个月的时间里，农民起义军的队伍就发展到了二十多万人。

朱祁镇虽然心慈手软、善良大方，但是那也是相对的，他绝对不可能对威胁自己地位，动摇大明江山的人心慈手软、手下留情的。

朱祁镇得知此事后，从全国各地调集军队镇压叛乱，功夫不负有心人，经过朱祁镇和朱祁钰两代皇帝的努力，最终平定了叛乱。

朱祁镇、朱祁钰、朱见深统治时期，广西大藤峡的僮族和瑶族人民为了反对汉族地主和卫所军队的"衣食租税"，发动了声势浩大的农民起义，农民起义军攻破明军驻守的城池，诛杀大明政府任命的汉族官员，劫掠县衙府库里的金银珠宝、绫罗绸缎，打开监狱，释放囚徒，声势日益壮大，先后攻破了两广地区的许多州郡，大明从各地调集军队多次围剿农民起义军，终于平定了叛乱。

当然大明政府和少数民族也并非形同水火，势不两立，比如说明太祖朱元璋统治时期，在彝族女土司奢香的号召下，彝、汉各族人民聚集在一起，重新修建了四川通向云南、贵州等地区的山路。

这一措施促进了四川、云南、贵州等地区的商业贸易往来，加速了这些地区经济、文化的发展。

奢香也因此赢得了汉族和彝族等少数民族的爱戴和尊敬，奢香的名字和英雄事迹也得以载入史册，流传后世，彪炳千秋。

西南烽烟

努尔哈赤入侵辽东后，明军屡战屡败，大明迫不得已，只好征调西南各地土司的军队奔赴辽东。

大明不知道，一场精心策划的阴谋已经徐徐展开了。

事情的经过是这样的。

为解决辽东的燃眉之急，大明征调四川永宁（今云南省丽江市宁蒗彝族自治县北）宣抚使奢崇明前往辽东救援。

奢崇明祖辈本是四川永宁蔺地的苗族首领，在明太祖朱元璋时归附了朝廷，受封赠，世袭永宁宣抚使，手中掌握着骁勇无敌、能征善战的彝族、苗族士兵。

万历十四年（公元 1586 年），奢崇明继承了四川永宁宣抚使的职务。

这对奢崇明来说，可是千载难逢的机会！

成，即为一国之君；败，不过身首异处。

奢崇明与儿子奢寅、女婿樊龙、樊龙之弟樊虎、部将张彤等人密谋后，准备发动叛乱，割据一方。

不管任何事情，第一次都是要做好充足准备的！

为了麻痹大明，凡有征调、从不应命的奢崇明一反常态，主动上疏大明朝廷，表示自己愿意出兵三万，前往辽东帮助明军，抗击努尔哈赤。

朱由校不疑有假，欣然同意。

奢崇明派遣樊龙、樊虎、张彤率领两万大军打着"救援辽东"的旗号，浩浩荡荡地来到了重庆。

一切准备就绪，他们开始摊牌了！

樊龙、樊虎、张彤抵达重庆后，立马向四川巡抚徐可求索要军饷。

樊龙、樊虎、张彤他们葫芦里到底卖的是什么药呢？

天启元年（公元 1621 年）九月十七日，樊龙、樊虎、张彤派人邀请徐可求前往校场观看演武。

徐可求接到邀请后，喜出望外，根本没有派人核查，立刻带着副使骆日升、李继周、重庆知府章文炳、巴县知县段高选等军政要员二十多人前往赴会。

徐可求、骆日升、李继周等人到达校场之后，迎接他们的不是掌声和笑脸，

而是威逼和恐吓。

樊龙将早已经准备好的军队花名册递给徐可求看，要求按花名册给每名士兵十七钱的军饷。

徐可求看了看这些士兵，认为老弱太多，应该从队伍里踢出。

第一个被徐可求要求裁掉的是一个衣衫褴褛的瘦小老头。

樊虎二话不说，就拉出那老头，朝脖子就是一刀，老头瞬间就尸首分离。

樊虎挑衅道：你嫌弱小，那就杀掉好了！

徐可求大声指责道：朝廷自有朝廷的法度，你为何肆意杀人，你反了不成？

开什么玩笑，这对执意要造反的人来说，有什么威慑力吗？

樊虎回应道：我就是要反！

此时不反，更待何时？

偷偷摸摸谋划这么久，等的就是现在！

众人听到樊虎的号令，立刻如猛虎下山，直冲点将台。

就这样，徐可求、骆日升、李继周他们全部被乱刀砍死，身首异处。

听到城内的喊杀声，早已埋伏在下半城江边的奢崇明立刻率领大军杀进城来，重庆沦陷了！

一团反叛的烈火在西南地区熊熊燃烧。

开疆拓土，犹如逆水行舟，不进则退！

奢崇明高举反叛大旗，在几个月时间里，如风卷残云般连克合江、泸州、遵义。

这下奢崇明气势更盛。

奢崇明正式建立政权，国号"大梁"，自称大梁王，年号瑞应，定都重庆，称东京，设丞相，置五府，真是"麻雀虽小，五脏俱全"。

然而，大梁的地盘实在太小了，奢崇明急需占领新的城市，扩张势力范围。

奢崇明站在地图前，思索良久，缓缓抬起头来，用手直指四川盆地西部方向——成都。

成都，位于成都平原腹地，境内地势平坦，河网纵横，拜两千多年前秦国蜀郡太守李冰所赐，开辟了都江堰水利工程，使这一地区成为沃野千里的富饶之地，称得上是物华天宝，人杰地灵，名副其实的"天府之国"。

奢崇明兵分四路，水陆并进，连克富顺、内江、资阳、简州（今四川省

简阳市）、新都、龙泉（今四川省成都市东南附近），兵锋直逼成都。

在这里，他将遇到真正的劲敌。

得知消息的蜀王朱至澍，惊慌失措，急得有如热锅上的蚂蚁。

当时成都一马平川，无险可守，守军也只有两千人，而叛军多达数万人，由不得朱至澍不慌张。

坚守成都，抵御叛军这样的重任，交给谁来合适呢？

功夫不负有心人！

朱至澍思索良久，终于想到了一个人，即将入朝觐见的四川左布政使朱燮元。

朱燮元

朱燮元，原名朱懋赏，字懋和，号恒岳，浙江承宣布政使司绍兴府山阴县（今浙江省绍兴市）人，在家里排行老幺。

朱燮元所在的家族可了不得，先祖朱琛，明初世袭寿州卫千户，封武略将军；高祖朱导在明孝宗朱祐樘时期，中过举人，做过内江知县；曾祖父朱篪明武宗朱厚照时期中过进士，官至都察院监察御史……称得上是名门望族。

朱燮元从小机敏多智，博闻强记，四书五经那是背得滚瓜烂熟，八股文章那是写得妙笔生花。

万历十三年（公元 1585 年），十九岁的朱燮元前往绍兴府参加乡试，不费吹灰之力就考中了举人。

明清时期，考中举人有多难，大家看看清代小说家吴敬梓《儒林外史》中的《范进中举》就知道了。

绍兴知府萧良干看了朱燮元的文章后，如获至宝，这是难得一见的人才，更是自己的好运，他当即拍板，邀请朱燮元入官署教授大家四书五经。

很快，朱燮元就得到了一个展示自身才华的机会。

万历年间，山阴江北四都频繁遭受水患侵袭，百姓深受其害，苦不堪言。

朱燮元亲临沿海查勘后，建议萧良干，在白洋山右岸建立山西闸，不但可以延缓西小江上游的水势，又可以弥补三江水的不足。

萧良干采纳了朱燮元的建议，逐条实施，从此沿海数十万居民转危为安。

年轻的朱燮元很快便声名鹊起，成为大家一致看好的潜力股。

万历二十年（公元 1592 年），朱燮元进士及第，被授予大理事评事（正七品），正式步入仕途。

大理寺，与刑部。都察院并称为"三法司"，掌刑狱案件审理，相当于现代的最高法院。

朱燮元又抓住了一展抱负的机会。

当时山西豪绅刘申等人横行乡里，受欺凌而死的百姓数都数不过来。

百姓们都被吓出了恐惧症，见到刘申等人，就好像看见了地狱来的吃人恶魔。

如果谁在大街上大喊一声"刘申来了"，百姓们无不惊慌失措，关门的关门，关窗户的关窗户，不到一分钟，就只剩下满天的灰尘。

你能想象吗？就算这样，刘申等人仍然能够平安无事，逍遥自在。

这些人太嚣张了。

朱燮元受理此案后，不畏权贵，详细调查后，按照刑法处罚了刘申等人，为受冤屈的三百多人平反。

朱燮元不畏强权，秉公执法，赢得了朝野上下一致赞赏，在自己的人生履历上留下了浓墨重彩的一笔。

万历二十九年（公元 1601 年），朱燮元出任苏州知府。

苏州可是个好地方，位于江南省南部，东临上海，南接浙江，西抱太湖，北依长江，农业、商业发达，是大明重要的税收来源地，堪称"苏州财赋甲天下"。

赋税多了，就难免不被有些贪便宜的官吏抓住一些漏洞，谋取私利。

这歪风邪气不可长！

那该怎么办呢？这可难不倒朱燮元。

朱燮元在府库中给各县划分小仓库，由乡邑的县官亲自将赋税送入仓库，然后密封，等到押解到京师后，再由户部官员亲自开封，全程不让府吏插手。

朱燮元这办法，真的堪称天衣无缝，滴水不漏啊！

一波未平，一波又起！

苏州数万织工因不堪忍受矿税使孙隆的欺压，在葛成的带领下，群起反抗。

这是一个比较棘手的问题，处理起来相当困难。

苏州的官员惊慌失措，慌忙派人请求朱燮元出兵平叛。

按理说，当时朱燮元已经升为四川按察司副使，都开始收拾行囊准备出发了，完全可以置之不理，但谁叫他是个热心肠的人呢？

朱燮元坚持以安抚为主的方针，亲自前往安抚，宣布所有参与者，一律既往不咎，赦免不杀。

面对通情达理、苦口婆心的朱大人，反抗的数万织工终于被打动了，个个感激涕零，就地解散，就连发动者葛成也投案自首了。

朱燮元此举，保住了苏州这一地区的安宁。

实事求是地说，朱燮元非常有才，也为国家做出了巨大的贡献。

在后来的日子里，朱燮元继续在官场摸爬滚打，每一步都走得小心翼翼。

泰昌元年（公元1620年）八月，朱燮元升任四川左布政使。

成都保卫战

朱至澍派人邀请朱燮元留下治军，抵御叛军。

朱燮元没有推辞，也无法推辞，坦然接受了朱至澍的邀请。

此时成都指挥周邦太投降，雷安世、瞿英皆战死，情况万分危急。

朱燮元宣布成都进入了紧张的一级战备状态，一边与巡按御史薛敷政、右布政使周著、按察使林宰等人分门固守，一边调遣石柱宣抚使秦良玉、龙安府等地军队驰援，一边将成都周围两百里的粮食运入城内，忙得团团转。

关键时刻，思路还能如此清晰，朱燮元后来成为一代名臣绝非偶然。

此时，叛乱的消息传到了京师。

这还了得？是可忍，孰不可忍！

朱由校任命朱燮元为四川巡抚，并且调派杨愈茂为四川总兵，率领大军入川平叛。

此时的奢崇明，正率领叛军日夜攻城，丝毫没有察觉到危险的来临。

奢崇明做事向来喜欢投机取巧，不战而屈人之兵，不喜欢用蛮力。

成都城不是城池高吗？我偏要比你建得更高！

奢崇明命令士兵四处挖土建造土山，以便从高处攻击城内。

这次奢崇明失算了，成都城内的守军压根儿不害怕。

因为朱燮元对此早有应对的办法。

朱燮元派人挖开都江堰，水势顺流而下，势不可当，瞬间就将土山化为了泥海。

花了这么多的人力、物力、财力，建造了这么久的工程，结果全都做了无用功，奢崇明很郁闷。

奢崇明不服，他要报复！

奢崇明派人潜入城中，重金收买内应，打算里应外合，一举拿下成都城。

朱燮元对奢崇明的动向了如指掌，对此他早有预案，他派人四处捉拿叛徒，这不抓不要紧，一抓一大把，居然抓了两百多人。

一下子抓了这么多叛徒，怎么才能发挥最大的作用呢？

非常时期，非常手段，对待叛徒，自然不能心慈手软、妇人之仁。

一时之间，菜市口人头滚滚落，血流成河，就是那么简单粗暴，干净利索。

成都城内的叛徒被清除得一干二净，干净得仿佛暴风雨洗礼过的天空，一尘不染，明亮异常。

奢崇明的如意算盘又一次落空了。

奢崇明并不担心，条条大路通罗马，此路不通，那就再找一条。

奢崇明的脑子真好使，他急中生智，很快就想到了一个妙招。

既然造山和里应外合都没有用，那就造楼。

于是奢崇明命令士兵加班加点在成都城周围建造高楼，建造得都快与成都城一样高了。

朱燮元一眼就看出了奢崇明的用意。

这样下去，叛军迟早会跃入成都城内，真是那样，后果不堪设想。

但他很快就想到了应对办法，朱燮元趁叛军放松警惕之际，立刻派遣死士冲出城去一顿猛攻，不但将高楼付之一炬，还斩杀了三名叛军首领。

奢崇明真是偷鸡不成蚀把米，赔了夫人又折兵！

以静制动，后发制人，这就是朱燮元的策略。

尽管暂时还没有攻下成都城，但是奢崇明认为，只要再努力，再坚持，一定能拿下。

然而明军留给他的时间已经不多了。

秦良玉可不是吃素的。

这位宣慰使大人，一听说奢崇明叛乱的消息后，立刻派遣弟弟秦民屏、侄儿秦翼明等人率领四千大军驻守南坪关，切断了叛军的归路。

秦良玉自己则率领六千精兵沿江西上，与贵州总兵张彦芳、都司许成名、黄运清等人率领的明军汇合。

叛军实在太不经打了，也就几个月时间，明军就收复了遵义、绥阳、湄潭、桐梓、乌江等地。

不久，秦良玉、登莱副使杨述程、安锦副使刘芬谦等各路援军抵达牛头镇，遭遇了叛军。

得了，那就招呼吧！

在明军的猛烈进攻下，叛军难以力敌，渐渐不支，只得撤退。

明军声势大振，一路畅通无阻，轻而易举收复了新都。

恰好此时，有个被叛军抓住的书生，派人送信给朱燮元，表示叛军将领罗乾象有意向朝廷投诚，甘做内应。

朱燮元喜出望外，要求书生和罗乾象来城内相商。

朱燮元并没有要罗乾象等人解下随身携带的佩刀，而是在戍楼设宴，隆重款待了他们。

席间，双方纵论天下大势，畅聊风流人物，交流吃喝玩乐，细数各族美女，是的，整个过程气氛极为融洽愉快。

酒宴后，朱燮元又与罗乾象同榻而眠，毫无提防之心。

罗乾象感受到了朱燮元的诚意，对其感激涕零，成了他的铁杆。

随后罗乾象返回了叛军军营中，将叛军的一举一动，事无巨细，全部传递给了朱燮元。

说完朱燮元这边，让我们再说说奢崇明。

战事的不顺，让奢崇明的心情无比低落。

但奢崇明却依然不愿收手。他早已经下定决心，不达目的不罢休，不获成功不放弃！

就在这时，朱燮元手下将领求见，表示愿意投诚，主动担任带路党，带领奢崇明的军队攻入成都。

这一刻，奢崇明的心情自然是大好的，自然是舒服得不行的。

这到嘴的鸭子可不能让它飞了！

天启二年（公元1622年）正月二十九日，奢崇明率领叛军，在带路党的指引下，抵达了成都城下。

突然几声鼓响，刹那间伏兵四起，将叛军团团围住。

不好，有埋伏！

在明军的重兵围剿下，奢崇明只得撤围而去，退守老巢永宁。

成都保卫战的胜利，是奢崇明叛乱以来，明军取得的最大胜利，朝野上下一片欢腾。

巨大的胜利，带来的自然是巨大的封赏。从京师传来的嘉奖令，将事情推向了高潮。

升朱燮元为兵部侍郎，总督四川、湖广、陕西军务。

战场形势开始逆转！叛军转入了防守，能够保住占领区就算难能可贵了！

明军乘胜追击，先后收复资阳、内江、简州等四十余州县。

五月二十三日，明军兵分三路，进逼山城重庆。

叛军没有料到明军三路进军，顿时慌了神，不知道如何是好？

秦良玉、秦民屏率领白杆兵一举攻破二郎关，赢得了开门红。

总兵杜文焕率领明军佛图关，不费吹灰之力就拿下了。

奢寅得知消息后，大惊失色，立刻派遣周鼎率领数万叛军前往救援，结果遭遇了等候多时的川东兵备副使徐如珂。

明军士气高涨，兵锋甚锐，一击破敌，叛军逃回永宁。

重庆，已经成为明军的囊中之物。

五月二十八日，明军发动了冲锋，斩杀樊龙、张彤，收复重庆。

夺取重庆后，明军又多次出击，在建武、长宁、珙县、宜宾、遵义一带与叛军展开了激战。

奢崇明疲于应对，焦头烂额。

他忍不住问苍天，这样的日子，何时是个头？

很快就到头了！

与其这样磨下去，不如奋力一搏！

天启三年（公元1623年）春，朱燮元吸取"我以分，贼以合"的教训，决定集中优势兵力，直捣黄龙，攻击奢崇明的老巢永宁。

朱燮元抽调明军在纳溪集结，摆出一副进攻的样子，虚张声势。

与此同时，朱燮元抽调明军精锐，不断向长宁集结。

经过一番紧锣密鼓的准备，朱燮元开始行动了。

四月十四日，明军在四川总兵李维新的率领下，向奢崇明的老巢永宁发动了猛攻，生擒叛军将领周邦泰，叛军两万多人投降。

面对蜂拥而来的明军，奢崇明自知不是对手，于是果断后撤，退守水西龙场。

就算注定结局是失败，但过程也必须轰轰烈烈。

奢崇明将城外的村庄全部烧毁，村民全部迁入城内，坚壁清野，打算在水西龙场（贵州省贵阳市修文县）负隅顽抗。

水西龙场归贵州木西宣慰使安位管辖，地处贵阳西北的万山丛林之中，魑魅魍魉横，蛊毒瘴疠密布，苗僚杂居，环境十分恶劣。

既然已经做好了准备，接下来就是真刀真枪开干。

很快，李维新、监军副使李仙品、佥事监军刘可训等人就率领五路明军抵达了水西龙场。

明军随即对水西龙场发动了总攻。

李维新、李仙品、刘可训等人个个身先士卒，奋勇当先，冲在最前面。在他们的带动下，明军将士士气大振，很快就攻进了水西龙场，斩杀叛军一千多人。

奢崇明、奢寅父子带着数百亲信狼狈出城逃窜。

其他人就没有这么幸运了，包括奢崇明的妻子安氏、弟弟奢崇辉以及大梁丞相、大学士、总督等多人，被明军生擒活捉，等待他们的只有死亡。

不甘心失败的奢崇明，打算为自己找一个志同道合的盟友。

这个时候，安邦彦进入了奢崇明的视线。

安邦彦叛乱

安邦彦是贵州织金那威（今贵州省毕节市织金县官寨乡）人，是贵州水西宣慰使安尧臣同族兄弟之子。

安尧臣病逝后，由于安尧臣的儿子安位年幼，难以担当大任，最终由安位的母亲、奢崇明的妹妹奢社辉代领其事。

奢社辉掌权了，安邦彦不开心了。

安邦彦是水西宣慰司里非常强势的人物，水西宣慰使的位置他一直日思夜想地想得到。

在安邦彦看来，安位不过是乳臭未干的小儿，吃喝拉撒都要人照料；奢社辉也不过是一介女流，没有什么见识，而水西宣慰使这个位置位高权重、责任重大，只有自己坐才最合适不过，这是全世界都知道的事嘛。

孤儿寡母的，又孤立无援，是最好欺负不过了！

安邦彦越想越愤怒，越想越憋屈，一咬牙，一跺脚，窃取了水西宣慰司的军权。

努尔哈赤起兵反明以后，大明屡战屡败，大明朝廷急征各地明军前往辽东救援，西南地区自然也在应征之列。

不甘寂寞的安邦彦觉得起事的时机已经到来，特意到贵州巡抚官邸拜见李橒，请求出兵援辽。

安邦彦的狼子野心，那是司马昭之心，路人皆知，李橒断然拒绝了他。

尽管安邦彦做梦都想割据一方，做土皇帝，可此时他还是没有足够胆量和勇气这么做，只有暂时忍耐，继续等待时机。

奢崇明起兵造反以后，安邦彦不禁大喜，认为自己雄霸一方的机会终于到来了。

安邦彦再次拜见李橒，声称自己心忧社稷，情系黎民，愿意出兵帮助大明，镇压奢崇明的叛乱。

李橒认为安邦彦此举不过是黄鼠狼给鸡拜年，不安好心，再次毫不犹豫地拒绝了他。

安邦彦返回水西后，琢磨来，琢磨去，最终义无反顾地走上了一条不归路，决心不惜一切代价起兵造反。

既然已经下定决心了，那就付诸实践吧！

天启二年（公元 1622 年）二月，安邦彦以援川为名，率领两万大军，发动叛乱，在乌撒（今贵州省威宁彝族回族苗族自治县）土知府安效良的帮助下，攻占了毕节。

安邦彦的反叛，瞬间点燃了西南地区土司们不甘雌伏的野心，四川东川（今云南省曲靖市会泽县）、云南沾益（今云南省曲靖市宣威县）、贵州洪边（今贵州省贵阳市开阳县境内）等地的土司纷纷起兵响应。

一时间，西南同叛，四海鼎沸。

叛军倾巢而出，四处出击，一路攻无不克，战无不胜，攻破了安顺、平坝、

沾益、龙里、瓮安（今均属贵州省）、偏桥（今贵州省施秉县）、沅州（今湖南省怀化市芷江侗族自治县）、普安（今贵州省盘县）、安南（今贵州省黔西南布依族苗族自治州晴隆县）等地。

贵阳，是贵州的政治、经济、军事、文化中心，被安邦彦视为必取之地。

二月初九，安邦彦率领叛军抵达贵阳，派出攻城车、投石器等器械，轮番攻击。

李橒、贵州巡按御史史永安一面率领军民坚守，一面派人四处求援。

在贵阳军民的顽强抵抗下，叛军不但没有取得任何成绩，反而损兵折将。

与此同时，大明也作出了反应。

驻守铜仁的总兵张彦芳得知消息后，立马率领两万明军火速驰援。

安邦彦愤怒了，贵阳必须是孤城，既然暂时攻不进去，那就困死它，如果有了外援，那还怎么围困？

于是，安邦彦在张彦芳行军的必经之路龙里埋下了伏兵。

张彦芳就这样冲进了安邦彦的伏击圈，结果毫无悬念，明军全军覆没。

三月，安邦彦叛乱的消息传到了京师，朱由校终于生气了。

朱由校任命王三善为都察院右佥都御史兼贵州巡抚，抽调湖广、云南、广西三省共计四万明军，外加贵州附近各镇驻军驰援贵阳。

王三善

要说一下王三善。

王三善这个人，喜欢戏剧的朋友应该不会陌生，他就是戏剧《玉堂春》里的男主角。

王三善，字彭伯，河南永城人，祖籍江苏岳西县。

王三善家世极其显赫，是永城方圆几百里有名的富商，家有良田千顷，王三善因在家里排行第三，大家都称呼他为三公子。

王三善从小就聪明好学，读书过目不忘，是大家公认的品学兼优的好苗子。

别看王三善年纪轻轻，做起事来那是一点也不含糊，不但轻财好义，刚正方直，而且喜欢四处结交朋友。

大家对王三善的事迹，可以说是无人不知，无人不晓。

群众的眼睛是雪亮的，学习成绩好，又善于交际，朋友多，王三善在读书人中鹤立鸡群，赢得了大家的交口称赞。

万历二十年（公元 1592 年），二十八岁的王三善终于等到一个机会，被省学政相中，将他送到了国子监读书，成为了贡生。

王三善在国子监一待，就是四年。

万历二十四年（公元 1596 年），王三善参加乡试，考中了举人。

万历二十九年（公元 1601 年），王三善经过四年一次的会试，考中进士，完成了科举考试的三级跳，正式走上了仕途之路。

王三善被任命为翰林院编修，留在南宫修校诗文。

这样下来，也就惹怒了翰林院许多官员。

这到底是怎么回事呢？

原来按照规定，考中进士的人，进入翰林院后，应该被授予庶吉士，称之为见习期，三年见习期结束后，经考试合格后，才能成为编修。

而王三善呢，居然跳过了庶吉士这一过渡职务，就直接成了编修，这怎么能行？

礼部官员以王三善修校诗文遗漏韵脚为由，将其踢出了京师，调到荆州当推官（正七品）。

推官，又名推府、豸史、司李，为各府的副职，品级低于通判，主要负责审核批示经过州县初审后的案件。

就在王三善前往荆州前，荆州却爆发了一场不小的骚乱。

万历二十八年（公元 1600 年），荆州彝陵（今湖北省宜昌市夷陵区）地区出现了百年不遇的大旱，骄阳似火，江河枯竭，禾苗干死，百姓颗粒无收，食不果腹。

彝陵知县的心态颇为奇怪，他不但看不到民生的疲敝，百姓的艰辛，没有减免赋税，反而把老百姓当作自己的钱袋子，增加了不少苛捐杂税。

老百姓连生存都成问题，哪里还有多余的钱粮纳税。

彝陵知县的做法非常简单粗暴，不交钱粮，就抓人，大批交不起钱粮的百姓遭到逮捕，被扔进了大牢。

这一举动，瞬间点燃了无数挣扎在死亡线上贫苦大众愤怒的火苗，他们在孙振兴、万自力等生员的带领下，前往县衙要求减免赋税，释放被关押的无辜百姓。

彝陵知县不乐意了，一怒之下，下令逮捕了以孙振兴、万自力为代表的八个生员。

为了避免夜长梦多，彝陵知县给孙振兴、万自力等人安上了"攻击朝政"的罪名，上报荆州府。

荆州推官不分青红皂白，就将孙振兴、万自力等八人全部判了死刑，打入了死牢。

荆州推官贪赃枉法的行径，大臣们早有耳闻，对此深恶痛绝，纷纷上疏弹劾这个祸国殃民的家伙。

朱翊钧勃然大怒，下令罢了他的官。

可见，公道自在人心！

王三善刚上任，百姓们就请愿，希望能还孙振兴、万自力等生员的清白。

王三善亲自调查，多方取证，发现实属冤案，于是据实上报刑部，请求将孙振兴、万自力等人无罪释放。

此事被内阁大臣沈鲤知道后，拍板定案，下令将孙振兴、万自力等八人全部无罪释放。

消息传到荆州，犹如平地惊雷，百姓们欢呼雀跃，奔走相告。

这事，干得实在是漂亮。

朱翊钧很满意。

不久，朱翊钧下旨，王三善奉调入京，担任吏部主事。

就在此时，朝堂上又发生了一件大事！

内阁首辅沈一贯指使齐、楚、浙三党的官员，上疏弹劾淮南巡抚李三才干预朝政，图谋不轨。

堂堂内阁首辅为什么要跟一个远离京师的封疆大吏过不去？这其中有什么隐情，这事还得从头说起。

万历二十九年（公元1601年）十月八日，在家养病的内阁首辅赵志皋病逝。

一个萝卜一个坑，职位出现空缺，自然得有人顶上去。

十一月，沈一贯终于实现了自己的愿望，成为了内阁首辅，独掌朝政。

沈一贯这人，整天琢磨着别人的心思，投机取巧，善于钻营，一心想着内阁首辅的职务，颇有雄心壮志。

看起来，似乎一切都在朝着沈一贯预想的方向发展。

然而没过多久，朱翊钧就召集朝臣廷议，诏令已经年过七旬的沈鲤为礼部尚书兼任东阁大学士，进入内阁办公。

沈一贯敏锐地察觉到，这是一个非常不好的信号，很可能是朱翊钧看不惯自己，打算用沈鲤取代自己。

于是沈一贯立刻出手，给李三才送信，让他想尽一切办法阻止沈鲤取代自己。

可惜，沈一贯找错了人！

李三才是一个一身正气的官员。

李三才回信：沈阁老为人忠厚老实，处处与人为善，您俩应该和平相处，精诚合作，一起为朝廷效力。

无论李三才怎么据理力争，怎么苦口婆心，沈一贯不但不听劝，反而记恨上了李三才。

收到李三才回信的沈一贯，又气又怒，下定决心收拾李三才这个吃里爬外的家伙。

这就有了众人弹劾李三才那一幕。

这时，时任吏部铨司的王三善挺身而出，上疏朱翊钧，请求准许自己前往淮南调查李三才的事情。

王三善经过一番仔细深入的调查后，上奏朝廷，称李三才是难得的忠臣，绝对不可能攻击朝政，图谋不轨。

于是朱翊钧撤销了对李三才的审查，李三才逃过一劫。

此举受到朝野上下一致赞誉。

王三善，在朱翊钧心中，赢得了一个精彩的亮相，获得了一个美好的印象。

不过得罪了内阁首辅，自然没有好果子吃。

没多久，王三善就遭到了二十多名言官的弹劾。

王三善心灰意懒，主动辞官归隐，过起了读书会友、灌园除草的田园生活。

没过多长时间，朱翊钧又想起来为官刚正、直言敢谏的王三善，立刻召回他，出任吏部考功清吏司主事（正六品），负责考察京城以外的官员。

明代吏部下设文选清吏司、验封清吏司、考功清吏司、稽勋清吏司，其中又以文选清吏司、验封清吏司最为重要，可见朱翊钧对王三善的重视程度。

来而不往非礼也，王三善知恩图报，上任后斗志昂扬、火力全开，开始

大刀阔斧地整顿吏治。

不过此时的大明官场相互倾轧、恶意中伤，王三善独木难支，处处受到排挤。

就在这个时候，王三善的母亲病逝，于是他果断回家为母亲守孝。

三年守孝期满，朱翊钧又强行召回了王三善，任命他为吏部文选清吏司郎中。

文选清吏司专门负责选授、审核、调动、晋升、提拔有功官员，可谓是重中之重。

得到重用的王三善，深感皇恩浩荡，将全部精力投入到了繁忙的工作之中。

王三善再次失望了！大明的官员不但不帮忙，还处处拉后腿，自己做事处处受限。

万历四十七年（公元1619年），王三善的妻子病逝。

王三善打着回老家奔丧的理由，再次离开了京师。

泰昌元年（公元1620年），王三善受到明光宗朱常洛的重用，被提拔为太常寺少卿（正四品）。

王三善平叛

六月，王三善率领一万明军抵达平越（今贵州省黔南布依族苗族自治州福泉县），距离贵阳仅有一百八十里。

贵阳城军民有如热锅上的蚂蚁，急得团团转，王三善却稳坐钓鱼台，仿佛忘记了自己的使命，除了派遣贵阳知府朱家民前往四川求援之外，就没有其他举动，一直待在平越城，按兵不动。

王三善葫芦里到底卖的是什么药？这不难理解，王三善此人的性格就是认准了就绝不动摇，他打算稳扎稳打，不求赢得漂亮，但求赢得稳当。

狡猾的安邦彦采取围点打援的策略，将目光瞄向了驰援贵阳的各路援军。

这时候进兵不叫救援，而是往虎口里钻，主动送死！

很快，就有鱼上钩了！

贵阳危急，大明当然不可能不救，副总兵徐时逢、参将范仲仁率领三万明军驰援贵阳。

安邦彦得到消息喜出望外：皇天不负苦心人，终于让我等到机会了！

最终结果毫无悬念：明军在新添（今贵州省黔南布依族苗族自治州贵定县西部）瓮城河遭到叛军伏击，全军覆没。

贵阳外援断绝，城内粮草用尽，草根、树皮这些能够充饥的东西也全部吃光了，只能靠抓捕罗雀挖掘老鼠艰难度日，形势万分危急！

消息传开后，王三善气得差点从椅子上跳起来。

愤怒过后，王三善随即下令，兵分三路：右路明军由副使何天麟等人率领，从清水江出发；左路明军由佥事杨世赏等人统领，从都匀出发；中路两万明军由王三善本人、参议向日升、副总兵刘超、参将杨明楷、刘志敏、孙元谟、王建中等人统率。

不成功，便成仁！

王三善等人出其不意，经新添，至龙里，长驱直入，连战连捷，斩杀叛军一万多人。

叛军没有料到，明军主力来得这么快，顿时军心大乱，再也无心恋战，很快他们就溃不成军，夺路而逃。

眼见明军来势汹汹，安邦彦不敢硬磕，决定避开明军兵锋，于是解除对贵阳的包围，退守陆广河。

与此同时，云南的明军也是遍地开花，战果丰硕，收复了平夷（今云南省曲靖市富源县）、沾益二城。

尽管损失惨重，但倔强的安邦彦还是不打算认输，因为他知道，自己不做土皇帝，就做不了人了！

就在此时，奢崇明派人给安邦彦送信，希望能够强强联合，共谋大事。

通过与奢崇明的结盟，安邦彦实力大增，很快缓过劲来。

有了点资本的安邦彦，又开始蠢蠢欲动了。

天启三年（公元1623年）正月，安邦彦联合奢崇明、安效良等人，继续发动叛乱，叛军个个义愤填膺，誓死拼杀，在陆广河大败总兵刘超率领的明军，斩杀姚旺等明将二十六人。

叛军随后继续前进，攻破鸭池，守将覃弘化率先逃跑，明军一看守将都跑了，斗志全无，纷纷逃窜。

与此同时，叛军将领何仲蔚也击败了龙里一带的明军，重新占领了这一地区。

贵州一带，再次被安邦彦折腾得昏天黑地。

四月，安邦彦命令李阿二率领一支叛军前去攻打青岩，切断定番明军粮道，主力部队则兵分三路，宋万化为左路，吴楚汉为右路，安邦彦亲率中路，气势汹汹直奔贵阳而来。

王三善得知消息后，非常震惊，做梦也没有想到，安邦彦经历了大败，还能如此猖狂？

面对这个祸害，王三善终于下定决心，调遣大军征剿叛军。

王三善命令游击祁继祖夺取龙里，参将王建中、刘志敏救援青岩。

祁继祖、王建中、刘志敏没有辜负王三善的信任，战事进展得非常顺利，先后在龙里、青岩大败叛军，生擒叛将多人。

五月，明军再次进军，直抵乌撒，面对蜂拥而来的明军，安效良想都没想，立刻选择了投降。

六月，总兵张彦芳趁势扩大战果，在羊耳大败叛军。

九月，云南明军不甘落后，兵分两路，驰援贵州，围困安南的叛军节节败退，撤围而去。

十月，明军收复普安、新兴（今贵州省黔西南布依族苗族自治州普安县），打通了贵州上六卫的通道。

随后，王三善亲率六万明军，渡过陆广河，一路士气高涨，兵锋甚锐，一击破敌，斩杀叛乱一万八千多人。

夫战，勇气也，一鼓作气，再而衰，三而竭！于是王三善趁热打铁，率领大军直逼大方（今属贵州）。

惹不起，逃！

重压之下，水西宣慰使安位、安邦彦等人弃城而逃。安位带着母亲奢社辉窜入火灼堡（今贵州省毕节市黔西县西北），安邦彦则逃窜到织金。

短短几个月时间，明军就收复了叛军占据的绝大部分地区，战果不可谓不辉煌。

这以后，王三善却一直待在大方，按兵不动。

这是什么情况？

原来，安位派遣使者前来求见王三善，表示愿意将奢崇明、奢寅父子交给大明，以示投降诚意。

王三善觉得自己掌握了谈判的主动权，自然不会同意安位的条件，要求必须将奢崇明、奢寅父子，外加安邦彦一起交给大明，否则大明誓不罢休！

到目前为止，一切顺利，王三善认为叛乱已经平定，可以在这些地区实行改土归流，将土司世袭改为郡县。

此举，最终将保持中立的一些土司推向了安邦彦一边。

王三善期待的和平，并没有到来！

王三善几十天的按兵不动，让安邦彦赢得了难得的喘息之机。

在大方待了四十多天的王三善，突然发现了一个非常窘迫的问题：没有余粮了！

迫不得已，王三善决定放弃大方，撤往贵阳。

天启四年（公元 1624 年）正月，王三善命令明军焚毁大方的所有房屋，开始撤退。

蛰伏这么久，等的就是这一刻！可以开始办事了！

安邦彦侦察到明军动向后，立刻做了军事部署，率领叛军主力追击明军，很快就追上了明军。

决定命运的战斗，就这样不可避免地到来了！

在安邦彦的指挥下，叛军如潮水般向明军涌来，仿佛随时都能将明军淹没。

明军在参将王建中、副总兵秦民屏的带领下，抵御了叛军一次又一次进攻，最终因为寡不敌众，明军死伤无数，王建中、秦民屏死于乱军之中。

明军后路逃到内庄的时候，被赶到的叛军团团围住。

王三善得知消息后，大惊失色，再也顾不了那么多了，必须立刻掉转马头，率领明军回师救援。

后路、中路明军战败的消息，一传十，十传百，百传千千万，很快在军中传开，明军乱作一团，无精打采，哪里还有斗志，一路都有逃窜的士兵。

王三善就这样陷入了安邦彦给他挖好的泥潭。

王三善还没有赶到内庄，就遇到了戒备森严、严阵以待的叛军。

王三善一下子就懵了，也一下子就慌了！

战场瞬息万变，总有些奇怪的事情在不经意间发生。

距离王三善近在咫尺的陈其愚居然放马撞向了王三善的坐骑，王三善猝不及防，摔下马来。

陈其愚为什么要这么做呢?

原来陈其愚以前是叛军将领,投降王三善,根本就是诈降。

当然按照陈其愚此人的城府,表面上肯定是看不出来任何异样!

王三善没有识人之明,将他当成亲信,经常与他探讨军情,拜王三善所赐,陈其愚对明军的状况那是无所不知,无所不晓。

王三善做梦也没有想到,陈其愚表面对自己毕恭毕敬,但一转身就将明军情报一股脑儿传递给了安邦彦。

为了表示对老朋友久别重逢的重视,陈其愚决定给安邦彦送点见面礼,就有了前面的一幕。

直到此时,王三善才如梦方醒,急忙将印绶解下,交给家人让其带走,随后拨出佩剑,想要自刎,但哪里还来得急!

叛军蜂拥而上,将王三善扑倒在地,将其生擒活捉。

王三善被俘后,非常硬气,他不但没有乞求投降,反而破口大骂。

王三善从容就戮,死时刚好六十岁。

王三善一生,有过成功,也有过失败,有过辉煌,也有过低谷,却从来没有胆怯和背叛。

接下来的日子里,心狠手辣的安邦彦,又连续诛杀了同知梁思泰、主事田景猷等四十多明军将领。

尾声

明军战败,王三善战死的消息,仿佛在沸腾的油锅里注入了一滴冷水,瞬间炸开了锅!

接下来,大明自然是要着手平叛了。

四月,在新任兵部右侍郎兼贵州巡抚蔡复一的安排下,川、贵、湖广总理鲁钦、参将尹伸、副使杨世赏等人开始率领明军,四处围剿叛军。

这里不得不提一下的,就是后来被崇祯皇帝朱由检追赠为少保、左都督,世荫指挥佥事,并为其建"旌忠祠"的鲁钦。

鲁钦出生于济南长清的一个武将家庭,从小就把习武当成了一种习惯,骑马射箭,刀枪棍棒,那是无所不精,无所不会。

父亲死后,鲁钦继承了父亲的官职,正式迈入了仕途。

此时的鲁钦并不高兴，他希望能够凭借自己的双手，去闯出一番事业。

怀着这样的想法，鲁钦以府军卫的身份报名参加了全国武举会试，以优异的成绩考中了进士。

出生武将世家，又武功超群，罕有敌手，鲁钦的仕途之路自然特别顺畅。早在万历年间，他就受到了朝廷的赏识和重用，被提拔为山西副总兵。

天启元年（公元 1621 年），鲁钦先后做过神机营副将，都督金事，最后总算做到了保定总兵。

不过，鲁钦虽然身居高位，却从来没有失去建功立业的志向。

机遇总是留给有准备的人。

安邦彦、奢崇明叛乱以后，总理川、贵、湖广军务的杜文焕害怕难以平定各地叛乱，将受到惩罚，便称病辞职。

天启二年（公元 1622 年），朝廷命令鲁钦接替杜文焕，总理川、贵、湖广军务，南下平叛。

明军一路攻无不克，势如破竹，鲁钦在凯里击败叛军，斩杀五百多人，尹伸、杨世赏也不甘人后，在普定（今贵州省安顺市）大胜叛军，击杀一千二百多人。

得知明军卷土重来的消息，安邦彦坐不住了。

十月，安邦彦亲率三万多叛军，渡过三岔河，打算重新占据普定。

叛军的一举一动，尽在蔡复一的视线范围内。

蔡复一命令鲁钦、总兵黄钺再次出击，攻打叛军。

鲁钦、黄钺不负众望，率领明军在汪家冲、蒋义寨大败叛军，斩杀两千两百人。

这种情况下，想脱离危险，只有片刻不停、全速逃跑，才有一线生机，但想逃就能逃得掉吗？

鲁钦、黄钺率领明军，渡过三岔河，继续追击，直逼安邦彦老巢织金。

天启五年（公元 1625 年）正月，鲁钦、黄钺打算率领明军返回。

窝囊了这么久，终于可以一洗前耻了。

此时，安邦彦已经在鲁钦回师的必经之地三岔河设下了重兵。

等明军正在陆陆续续渡过三岔河的时候，叛军立刻发动了突然袭击。

渡河未半而击之，教科书一样的伏击战略，明军猝不及防，乱作一团，人马相互践踏而死的，跌落河中淹死的，多达两千人。

鲁钦、黄钺在亲兵的拼死保护下，边打边退，狼狈逃了回去。

战败的消息传到京师，朱由校勃然大怒，立刻剥夺了蔡复一的一切官职，连个闲职都没有给他留。

蔡复一没有任何解释，也没有任何推脱，而是坦然接受了朝廷的处罚。

就在安邦彦为战胜明军扬扬得意的时候，大明预料之中的报复行动，随之而来。

三月，大明朝廷任命王瑊为都察院右佥都御史兼贵州巡抚，主持围剿安邦彦事宜。

王瑊的履历表非常粉嫩苍白，名不见经传，找不出什么光辉业绩来，因此凡事王瑊都要与蔡复一、巡按御史傅宗龙等人商议。

王瑊听取了蔡复一、傅宗龙的建议，决定吸取以往教训，改变作战策略，以军事进攻为辅，经济封锁为主。

有了方案，那就开始实施，说干就干。

明军开始在有河流的渡口开工，没完没了地修建城寨，一座座城寨有如雨后春笋般拔地而起。

城寨修好后，明军又开始在城寨周围屯田，颇有点赖着不走，居家过日子的感觉。

安邦彦彻底被激怒了，这是想困死我啊！

天启六年（公元 1626 年）三月，安邦彦亲率数万叛军渡江威海（今贵州省贵阳市清镇），威胁贵阳。

王瑊得知情报后，立刻行动，抢先一步，派重兵扼守在了叛军的必经之地。

安邦彦没有料到，明军反应居然这么快，不禁大吃一惊，不过出都出来了，也不能空手而归，只有硬着头皮迎战。

在明军的猛烈冲击下，叛军军心大乱，再也无心恋战，纷纷夺路而逃。

安邦彦在亲兵的护卫下，侥幸逃脱，跑回了水西。

安邦彦再次开始了煎熬的等待！

崇祯元年（公元 1628 年）六月，大明启用朱燮元为兵部尚书兼贵州巡抚，总督云南、贵州、四川、湖南、广西五省军务。

朱燮元一上任就将办公场所移到了贵竹司（今贵州省贵阳市），开始一边召集流民，开垦荒地，发展农业生产；一边在险要地段建立营寨，训练军队，

开始为彻底解决安邦彦做准备。

对付安邦彦、奢崇明等人为首的叛军，首战必须大胜！

崇祯二年（公元 1629 年）四月，朱燮元任命贵州总兵许成名为统帅，率领明军从永宁出发，围剿叛军。

明军此次出征，一路摧城拔寨，如入无人之境，迅速收复了赤水卫（今四川省赤水河）。

叛军战败的消息传来，安邦彦有如惊弓之鸟，惶惶不可终日。

这样下去，不是办法！

八月，安邦彦命令歹费防守陆广（贵州省贵阳市修文县六广镇），乌迷防守遵义，阿蚱怯防守鸭池、三岔。

安邦彦自号"四裔大长老"，奢崇明称"大梁王"，率领十万叛军，进犯赤水卫。

朱燮元一边命令总兵林兆鼎牵制阿蚱怯，副将王国祯牵制歹费，副将刘养鲲牵制乌迷；一边让许成名率领明军前去迎战安邦彦、奢崇明的大军，只许败不许胜。

安邦彦、奢崇明等人不知是计，胜了之后，不禁生出了轻敌之心，自认为明军不过如此，根本不堪一击。

在许成名的忽悠下，安邦彦、奢崇明等人瞬间感觉自己战神附体，战斗力爆棚，率领叛军一路追到了五峰山桃红坝。

就在这时，四川总兵侯良柱、兵备副使刘可训率领明军出现在了安邦彦、奢崇明的眼前。

这是一场你死我活、不留余地的战斗，只有胜利才能平安走下战场，双方将士，不管是勇敢的，还是怯弱的，都爆发出了惊人的勇气。

明军以绝对优势的兵力，对叛军发动了数十回合的猛烈冲击，取得了压倒性的胜利。

叛军全军溃败，一发不可收拾，这些人想要活命只有片刻不停，全速逃跑，将领们扔下部队独自逃生，士兵们丢盔弃甲，怎么方便怎么逃。

侯良柱、刘可训等人都疯了，玩了命地追着叛军的屁股狂砍，一路追到了红土川，斩杀叛军数万人。

八月十七日，安邦彦、奢崇明率领残兵穿越大雾，逃到红土川的时候，

早已等候多时的明军将领李仕奇如同神兵天降，率领明军直扑过来。

这下好了，前有拦截，后有追兵，神仙也救不了他们了！

这一刻，叛军如遭雷击，慌作一团，混战之中，包括安邦彦、奢崇明、奢寅、莫德在内的叛军头目一百四十三人被击杀。

此战，明军完胜。

安邦彦、奢崇明等人被杀后，安位率领叛军残部继续与明军缠斗。

朱燮元调集重兵，驻守险要地段，四面合围，逐步压缩叛军的生存空间，经过一百多天的围剿，击杀叛军一万多人。

崇祯三年（公元 1630 年）春，安位已经无力挣扎，于是派遣使者，求见朱燮元，正式宣布投降。

轰轰烈烈的奢安之乱，历时十年，终于结束了！

熊廷弼再次经略辽东

让我们再次将视线转到大明和后金

辽阳、沈阳失陷的消息传来，举朝震动！

朱由校闻报，鼻子都快气歪了！他意识到自己被那帮言官给害苦了！

亡羊补牢，为时未晚！

曾经弹劾过熊廷弼的一众官员全部被朱由校削职，立案调查，等待处罚。

朱由校好像什么都没有发生过，马上派人召回了熊廷弼，任命熊廷弼为兵部右侍郎兼都察院右佥都御史。

这真是明智的决定！

熊廷弼没有让朱由校失望，他迅速收拾了包袱，在五千京营精锐的护卫下，日夜兼程、马不停蹄地赶往辽东，并以迅雷不及掩耳之势稳定了辽东岌岌可危的局势。

看来只要有熊廷弼在辽东主持大局，努尔哈赤和他精锐的八旗军队就不敢再侵犯大明在辽东的军事重镇。

一个人的出现，使局面逐渐不受熊廷弼的控制，从而彻底改变了辽东的稳定局势，使得稳定辽东的计划变成了一个可望而不可即的梦。

这个人就是王化贞。

王化贞

王化贞，诸城人，万历四十一年（公元1613年）进士，光看王化贞能够考中进士，就知道他是个有能力的人了。

王化贞考上进士，朱翊钧也没有让他的辛勤和苦劳白费，任命他为户部

主事历右参议，去驻守广宁城。

派文官去守城，鬼知道能不能够守住，蒙古的炒花部落也明白这个道理。

炒花部落也没有跟王化贞客气，直接集中精锐骑兵朝广宁城大大方方开来了，事先也没有和广宁城的主人王化贞打个招呼，就当是他们自己的家一样，想来就来。

炒花骑兵来得快，走得更快，什么东西都没有抢到，还白遭了一次罪。

说出来你可能不信，王化贞不是靠骁勇善战，骑着高头大马，带着广宁城的守军把蒙古军队打得落花流水、抱头鼠窜，而是用他的三寸不烂之舌把蒙古军队说回去了（化贞抚之，皆不敢动）。

不仅如此，这些跑回蒙古高原的炒花骑兵还劝诫他们的同伴也不要去抢劫广宁城。

短短几天，王化贞火了，火遍了长城内外，火遍了大江南北，风头一时无两！

可是按下葫芦，起了瓢。

蒙古人稳住了，努尔哈赤又开始折腾了，接连攻陷辽阳和沈阳！

情况紧急！

朱由校提升王化贞为都察院右佥都御史，巡视整个辽东。

当时的广宁城只有数千人，而且城墙有多处被敌军打垮，明眼人一看就知道广宁城守不住。

即使如此，王化贞也没有选择逃跑，而且王化贞不但没有选择逃跑，还决定坚守广宁城，誓与广宁城共存亡。

王化贞四处召集逃兵，整编训练，居然也凑够了数万军队，先不说这些士兵的战斗力怎么样，光看人数，就足以吓努尔哈赤一大跳。

王化贞也充分发挥了他的优势，他运用他的演讲与口才技能，鼓舞军民的信心，还派人联络辽东其他的城镇，使士兵们不再慌张，士气也有所提升。

当时辽阳城刚刚被努尔哈赤攻陷，大明境内莫不惊慌失措，都说辽东一定守不住，王化贞的这些措施无疑稳定了他们的情绪。

因此《明史》称赞王化贞"化贞提弱卒，守孤城，气不慑，时望赫然"。

想不到，王化贞还是个有故事的人！

内部矛盾

熊廷弼自始至终就没有喜欢过王化贞这个人，自从熊廷弼第一次看到王化贞这个事实就已经注定。

为什么熊廷弼不喜欢王化贞这个人呢？道理很简单也很明显，那就是王化贞这个人狂妄自大，目中无人，根本就不把熊廷弼放在眼里。

熊廷弼此时是辽东经略，王化贞仅仅是辽东巡抚，从大明官职级别来看，辽东就没有比熊廷弼官职更高的人了，理所当然，熊廷弼是王化贞的上级，而王化贞是熊廷弼的部属。

然而王化贞是个狂妄自大、目中无人的人，他不会心甘情愿地扮演部属的角色。

王化贞这么想并不是白日做梦，而是他亦非寻常之辈，确确实实有这个实力。

王化贞有非常强大的后台，这个后台就是王化贞的授业恩师，时任内阁首辅的叶向高。

熟悉和了解大明历史的人都知道，在整个明朝，内阁首辅是个非常高的职务，可以说是"一人之下，万人之上"，权倾朝野，翻手为云，覆手为雨，而严嵩、徐阶、高拱、张居正等人就是这些人中的典型代表。

当然这仅仅是一方面的原因，另一方面的原因就是王化贞有资本与熊廷弼较劲。

王化贞在辽东待了多年，基本上辽东的将领与官员都是王化贞的熟人，所以辽东的士兵王化贞都认识，就算是不认识也混了个脸熟。

当时整个大明在辽东的军队有十五万多人，基本上都是王化贞的人，而熊廷弼习惯了独来独往，从来都不要人跟随，手里能够调动的军队仅仅有五千多人。

王化贞手中的军队基本上是熊廷弼手中的十几倍。

这就是王化贞看不起熊廷弼的雄厚资本。

至此，王化贞取代了熊廷弼的位置，将他的权力，全部架空取代，熊廷弼成了盖章的机器，纯粹是个摆设。

两人关系相当地紧张，情绪敌对得很，这样一来，熊廷弼想要做一番大

事业，施展抱负就很难了！

王化贞的部署

按照熊廷弼的想法，要想保住辽东，就必须加固辽东各大军事重镇的城墙，并且在各大军事重镇添设火器，坚守不出，跟努尔哈赤耗时间，看谁耗得过谁。

好药不治心头病，好言难劝糊涂人！

王化贞压根儿就不同意熊廷弼的看法，不行，我们要化被动为主动，我们要转守为攻，争取一次打败努尔哈赤，直接捣毁努尔哈赤建立的后金。

我们都知道熊廷弼的观点是正确的，只有巩固了辽东防线，再一步步蚕食，才能够彻底打败努尔哈赤，推翻他建立的后金。

后来的孙承宗、袁崇焕等人都是这么做的。

熊廷弼只能空有想法，却无法落实。

这样的事，在熊廷弼和王化贞之间，一而再、再而三地发生了多次。

熊廷弼和王化贞不合的传闻，不胫而走，短短几天之内，就通过大家的口口相传，有如滚雪球一般，在辽东地区迅速蔓延开来！

接下来，自然该轮到努尔哈赤上场了！

天启二年（公元 1622 年）正月十八日，努尔哈赤亲自率领八旗精锐马不停蹄赶往王化贞经营了数年的广宁城，打算狠狠抢一把，改善改善女真人民的生活。

这惊人噩耗，在明军阵营里就像一枚重磅炸弹，顿时炸开了锅！

辽东的官员都凑在了一起，开碰头会，研究一下该如何应对！

熊廷弼建议王化贞，应该把辽东的所有明军全部集中到广宁城，尽全力抵抗八旗军队的疯狂进攻，并且马上命令天津、登莱等地的明军水师开赴辽东海域，趁努尔哈赤进攻广宁的良好时机，偷袭辽阳城，努尔哈赤知道了辽阳城被明军偷袭的消息后，一定会率领八旗军队回师救援，则广宁可保。

结合当时辽东的实际情况，这已经是可以实行的最佳方案了！

王化贞听了熊廷弼的慷慨陈词，丝毫没有放在心上。

这对于熊廷弼来说，无疑是一个致命打击！

王化贞现在手头精兵云集，是真的财大气粗啊！底气足了，口气自然也就大了！

王化贞，急功近利，不容任何的更改。

来吧，努尔哈赤，让我们战场上见分晓！

王化贞决定，调集一部分明军赶往三岔口，修筑坚固的防御工事，作为抵挡八旗军队的第一道防线；又调集三千明军，交由总兵罗一贯统率，赶往西平堡，修筑坚固的防御工事，作为抵挡八旗军队的第二道防线；王化贞和明军的主力部队驻守广宁城。

当时王化贞能够调动的军队多达十几万人，是八旗军队的两倍，而三岔口、西平堡的明军加起来才三万多人。八旗军队的人数比这两个地方的明军多，而且战斗力也比这两个地方的明军强。

明眼人一看就知道，这两支军队根本不可能打败八旗军队，他们不过是王化贞指挥这次战役的棋子，那么王化贞为什么要这么做呢？

王化贞这么安排，是让这两个地区的军队拖住努尔哈赤，为自己赢得足够的时间，因为他在等一个人，只要这个人回来了，那自己就可以轻易战胜努尔哈赤。

这个人就是前去后金策反的孙得功。

正月二十日，努尔哈赤亲率八旗军队进攻明军驻守的三岔口。

事实证明，八旗军队的战斗力真的很强！

士气高涨的八旗军队，只一个照面，就把明军揍得找不着北了。

还没开始就结束了，三岔口失陷。

西平堡激战

次日，努尔哈赤集中八旗军队，开始猛烈攻击明军驻守的西平堡。

看气势，来者不善！

王化贞打仗不咋样，但驻守西平堡的将领罗一贯是一个勇冠三军的虎将，一向坚持对敌人要狠，要压倒它，要消灭它，打起仗来是出了名的不要命。

如果一个人连生命都可以不要，那么就没有人能够轻易打败他。

事实也证明了这一点。

罗一贯站在西平堡的前沿阵地上，面对着蜂拥而上的八旗军队，没有一丝惊慌和恐惧，从容地指挥三千明军用火炮和火枪猛烈地轰击八旗军队。

八旗军队被火炮和火枪轰得哭爹喊娘，在留下数百具尸体后，狼狈地退

了下去。

狡猾的努尔哈赤一看来硬的不行，就只有来软的，他又玩起了一套屡试不爽的老把戏，派孙女婿李永芳去劝降。

李永芳许诺只要罗一贯能够投降努尔哈赤，归顺后金，后金就给罗一贯高官厚禄，努尔哈赤就把自己的孙女许配给他。

百折不挠，宁死不降！

罗一贯是吃了秤砣——铁了心要与西平堡共存亡。

要打就打，别找理由！

李永芳为虎作伥，不但可恨，还相当可怜！罗一贯丝毫没有给这个大明汉奸什么面子，把李永芳家族的祖宗十八代都骂了个遍。

李永芳狼狈不堪地逃了回去。

罗一贯这仇恨拉得满满的！这就很尴尬了！一时间，现场剑拔弩张！

阴谋破产，努尔哈赤气结，罗一贯，你翅膀硬得很呢，既然你不识抬举，就别怪我努尔哈赤不客气！

努尔哈赤立刻下令，全军出击，狠狠教训一下这目中无人的家伙。

努尔哈赤折腾了一整天，没有取得丝毫进展。

王化贞没有想到自己设置的第二道防线真的把努尔哈赤那个扫把星给挡住了，看来真是天助我也！广宁城保住了，熊廷弼再也不敢瞧不起自己、给自己脸色看了。

这是机会，这是他扬名天下的大好机会！

王化贞开始胡思乱想，沉浸在自己的想象世界……

王化贞马上改变策略，决定立刻调集明军增援西平堡，彻底打败努尔哈赤，让熊廷弼好好学学，什么叫作打仗？什么叫作牛气？

决一死战，成败在此一举！

王化贞命令广宁总兵刘渠、援剿总兵官祁秉忠、孙得功各自率领一支明军火速赶往西平堡增援罗一贯。

王化贞算是把那点家底全掏了出来，真是下了血本。

援军！援军到达！

努尔哈赤听说王化贞调集军队救援西平堡的消息以后，心里喜得直冒泡，哎，又有肥肉可以吃了，已经很久没有找到这种吃肥肉的感觉了。

刘渠、祁秉忠这两位总兵冲在明军的最前面，挥舞着手中的兵器，猛砍敌人，八旗军队虽然长期骑马射箭，骁勇善战，但还是被刘渠、祁秉忠这两位仁兄的气势压倒，被明军打得落花流水、抱头鼠窜。

可见人一旦连死都不怕了，做任何事情都有可能成功。

看起来，似乎一切在朝王化贞预想的方向发展！但战场上的事，不到最后一刻绝不可以高兴得太早。

孙得功一看刘渠、祁秉忠这两位总兵打得满头大汗、热火朝天，也不甘寂寞地带领着他的军队冲了上来。

孙得功这位仁兄冲上来本应该指挥他的手下砍杀八旗军队的，可是他什么都不干，只是扯开嗓子大喊一声："明军惨败了！明军惨败了！"

这是唱的哪一出呢？这样也行吗？

明军就跟淝水之战中苻坚指挥的前秦军队一样，风声鹤唳，草木皆兵，彻底乱了！

结果一点都不意外！

八旗军队瞬间就将明军彻底压制，然后展开了惨无人道的群殴！

刘渠、副将刘征当场被蜂拥而上的八旗军队乱刀砍死，祁秉忠也被凶猛的八旗军队砍伤（不久死去），数万明军全部阵亡。

只有孙得功毫发无损地逃回了广宁城。

就像秋天来临了，花草迟早会枯萎一样，任何人都看得出，在援军被歼灭后，西平堡的陷落只是时间问题。

罗一贯不会弃城逃跑，更不可能投降努尔哈赤。对罗一贯来说坚守西平堡是他的职责与义务，即使守不住，也要凭借手中的数千明军拖延努尔哈赤的进攻速度，给广宁城的明军赢得时间，减少压力。

这就是罗一贯的胆识！

赶早不赶晚，俗话说夜长梦多，今天不赶紧把生米煮成熟饭，明天可能煮熟的鸭子就要飞了！

正月二十二日，努尔哈赤下达了总攻的命令，五万多八旗军队向西平堡发动了最后的冲锋，而罗一贯仅仅有三千多人。

这个时候，所有人都明白，他们已经退无可退了！

战斗进入白热化！

八旗军队以数倍于明军的兵力优势，发动了十一次进攻，都被明军击退。

明军凭借西平堡坚固的城池与火炮、火枪坚守西平堡，并且不断轰击八旗军队，八旗军队成队成队地被轰倒在西平堡的城池外，身上的鲜血染红了城池外的土地，空气中散发着浓烈的血腥气味，让人有种想呕吐的感觉。

八旗军队没有攻下西平堡，一方面是因为明军视死如归、顽抗到底的精神，另一方面是因为八旗军队没有掌握先进的科学技术。

横在努尔哈赤面前的这块硬骨头，相当之难啃啊！

突然，城头不再发射炮弹和子弹。

机不可失，时不再来！这么好的机会，努尔哈赤自然不会放过！

八旗军队知道驻守西平堡的明军已经弹尽粮绝了，他们兴奋异常，再次朝西平堡排山倒海般地冲来。

如此局面，罗一贯已然瓮中之鳖！

但是，很难想象，罗一贯仍在坚守！

这种宁死不降、坚韧不拔的勇气，已经远超常人，即使身为敌人也不得不表示尊重了！

敌众我寡，兵力的对比十分悬殊！

明军没有了先进的武器，开始节节败退，都司陈尚仁、王崇信，参将黑云鹤皆战死。

罗一贯尽力了，也力尽了！

西平堡的沦陷已经成为不容改变的事实了。

告别的时候，终于到来！

罗一贯爬上了城头，他整理整理自己的衣帽，学着袁应泰的样子，向北京城的方向望去，说出了他在人世间最后一句话："臣已经尽力了！"然后抽出佩刀，毫不犹豫地伸向了自己的脖颈。

广宁战役

孙得功孤身一人跑回了广宁城。

孙得功所做的一切的一切，都是他自己安排的一个局，一盘大棋局。

孙得功这烟幕弹放得很到位啊！

孙得功并没有受到王化贞的责罚，当然王化贞也有自己的苦衷与理由。

人家孙得功是在八旗军队的重重包围中逃出来的，光这份逃跑的本事，有几个人能赶得上，这种能人还需要惩罚吗？

王化贞安慰完孙得功后，又去广宁城巡视了一遍，就回家睡大觉了。

王化贞敢回去舒舒服服地睡觉，也有充足的理由。

王化贞认为，广宁城已经被自己修筑得有如铁桶，滴水不漏，城内还有数万名经过自己长期训练、骁勇善战的军队，即使努尔哈赤和他的八旗军队有三头六臂也休想踏进广宁城半步。

孙得功用残酷的现实，敲醒了王化贞不切实际的美梦。

半夜的时候，孙得功和他的几个亲信悄悄摸到了城门下，打开了广宁城的城门，把努尔哈赤精锐的八旗军队放了进来，还主动给八旗军队做了带路党。

要说起孙得功这个人，确确实实是个人才。

这还得从头说起！

王化贞立功心切，他太期盼、太需要、太渴望一场胜利了。

可如今努尔哈赤猛将如云，兵强马壮，总兵力不下十万，自己手里也仅仅有十来万人，兵力相当，没有必胜把握。

怎么办？

王化贞一琢磨，立刻想到了一个人。

李永芳！

王化贞认为，李永芳本身就是汉人，估计是迫不得已归顺后金的，如果能争取过来，还是要争取一下！

打着这个如意算盘，王化贞于是派了孙得功前去游说。

得到王化贞的授意，孙得功很快来到了李永芳的住处，和李永芳有了第一次接触。

事实证明，王化贞这样的假大空，真不该去玩阴谋诡计！

王化贞的意图，被李永芳料中了！

背叛是不可能背叛了，这辈子都不可能背叛了！既然打定主意投靠后金了，李永芳就不可能回头！

李永芳的直觉告诉他，孙得功能派上用场。

察言观色，拉拢人心可是李永芳的强项。

李永芳绝对不会放过这个千载难逢的机会，他露出了那种诱拐小孩般的笑容，开始胡说八道，连打草稿的时间都不需要。

接下来的时间，李永芳就投降后金的好处，摆事实给依据讲道理，足足讲了几千字都没有停止。

结果可以预料到了，李永芳和孙得功一拍即合。

在这种情况下，孙得功急需立几个大功，来证明自己，来争取努尔哈赤的认同。

于是孙得功又跑回了广宁城，潜伏在王化贞身边，斗智斗勇，在生与死的边缘，为努尔哈赤获取了大量重要的情报！

但是孙得功认为这还远远不够，于是他又帮助努尔哈赤大败王化贞派往西平堡的三路明军。

孙得功打算再送给努尔哈赤一份珍贵的礼物，这份礼物就是广宁城。

王化贞正在床上做美梦的时候，突然被巨大刺耳的吵闹声给惊醒，看见参将江朝栋满头大汗、气喘吁吁地冲进了他的卧室。

"王大人，我们快逃，八旗军队打进广宁城了，我们再不逃就永远逃不掉了！"

这句话的药效堪比风油精，王化贞突然感到后背一阵恶寒，本来昏沉沉的大脑瞬间恢复了清醒。

管不了那么多了！走！

王化贞自然没有袁应泰、罗一贯等人那样高的思想觉悟，选择自杀殉国，对他来说，天大地大，保命最大，活下去比什么都重要。

说走就走！

王化贞这个人打仗不行，跑路还是蛮有一套的，他慌慌张张穿好衣服，带着少数几个侍卫，趁着广宁城的混乱形势，逃得干净利索、踪影全无。

人生大起大落，真是太刺激了！

拥兵十几万的王化贞，就这样被打回了原形！

撤退以及撤退的影响

累死王化贞了，逃跑那是个力气活儿啊！

王化贞才跑没多久，就已经累得气喘如牛，上气不接下气！

王化贞现在别提多狼狈了。

也是巧了，王化贞逃到大凌河的时候，遇到了他的上司熊廷弼。

三十年河东，三十年河西！

王化贞痛哭流涕地对熊廷弼说："熊大人，不好意思哈！我错了！我真的错了！都怪我没有听您的肺腑之言，才落得今日的下场啊！"

熊廷弼听了王化贞的哭诉，并没有感动，对王化贞冷言冷语地说："王大人，现在后悔已经晚了，你还是想一想我们接下来咋整？"

王化贞也是个实诚人，一点儿也不把熊廷弼当外人，在熊廷弼面前滔滔不绝地讲述他的应对之策。

他告诉熊廷弼，现在唯一的出路就是集中所有明军，防守明军在辽东的最后一道防线——宁远城与前屯。

事实上，必须承认的是，这是个正确的策略，至少本人这么认为。

不过正不正确，都已经不重要了！

说实话，熊廷弼蛮记仇的！对熊廷弼来说，跟自己作对不买他账的人，他提出的观点即使是正确的在他看来也是错误的。

毫无疑问，王化贞就是那个既跟他作对又不买他账的人。

熊廷弼老毛病又犯了，还没有等王化贞说完，就迫不及待地泼了一盆冷水："说得轻巧！广宁城已经沦陷，辽东的所有军队都惊慌失措，谁还有心情给你坚守宁远城与前屯呢？为今之计，就只有把辽东的所有人口与财产运到关内这一条路可以走了。"

王化贞没有猜中开头，也没有猜到结尾！

熊廷弼不愧是个牛人，他做了许许多多人只敢想不敢做的事情，把辽东的军队、百姓全部迁往关内，那相当于把整个辽东拱手让给了努尔哈赤。

熊廷弼和王化贞这两位辽东的最高统帅就这样带着几十万明军与百姓回到了关内。

现在，熊廷弼和王化贞离北京城更近了，离死神也更近了！

朱由校立刻把熊廷弼和王化贞都革职查办了。

也怪熊廷弼脾气不好，得罪了大明不少文武大臣，他现在刚刚被朱由校革职查办，弹劾他的奏折就铺天盖地而来。

朱由校二话不说，就下令处死了熊廷弼。

这一年是天启五年（公元 1625 年）。

如果熊廷弼运气再好一点，多活一年的话，他就能够看见他的对手努尔哈赤归西了。

事实证明，王化贞运气确实比熊廷弼好多了，不过也就好了那么一点点。

朝中的文武大臣都帮王化贞说好话，因此，他比熊廷弼多活了七年，直到崇祯五年（公元 1632 年），才被拉到菜市口斩首。

王化贞能活这么久已经是个奇迹了！

可惜，再严厉的处罚，此时也挽回不了辽东的颓势！

巩固后金

事实上，自建国，与大明分庭抗礼以来，努尔哈赤对汗王这份工作真的挺敬业，无论是对外军事作战，还是内政的处理上，都是亲力亲为，兢兢业业，努力将每件事情做到极致。

那么，下面我们就一起来看一看，努尔哈赤这几年除了对外用兵之外，在内政等方面到底做了些啥。

我个人认为，这些事情中，对后金影响最大也最深远的事情还是迁都。

重大的迁都事件

汤建立殷商王朝以来，经常受到黄河洪水的侵扰和王朝为了最高统治权力的内部争斗，为了摆脱这一局面，殷商的统治者屡次迁都，直到盘庚于公元前十三世纪把都城迁到殷（今河南安阳西北），迁都事件才算尘埃落定。

公元前771年，中国西北游牧民族犬戎攻破了西周都城镐京（今陕西长安县西北），俘获了周幽王姬宫湦与其宠妃褒姒。公元前770年，姬宫湦的儿子姬宜臼继位，将都城由渭水流域的镐京迁到了黄河南岸的洛邑（今河南省洛阳市境内），历史上称这一事件为"平王东迁"。至此西周结束，东周开始，这也是中国历史上第二次大规模的王朝迁都。

春秋战国时期，秦孝公赵渠梁任用商鞅开始在秦国变法。秦国要想成为真正的中原霸主，统一整个中国，就必须加强对中国东部地区的监管与控制，赵渠梁将秦国的都城从默默无闻的溧阳迁到了咸阳，从此秦国开始了它问鼎中原、一统天下的战略构想。

建兴四年（公元 316 年），匈奴大军攻破西晋都城长安，俘获晋愍帝司马邺及大批文武大臣，西晋就此灭亡。建兴五年（公元 317 年），晋室遗族司马睿逃到长江以南，在当地豪族的支持与拥护下称帝，定都建康（今江苏南京）。历史学家称司马睿建立的王朝为"东晋"，至此晋朝完成了从长安到建康的迁移。

中国历史上最著名的一次迁都应该是北魏孝文帝元宏迁都。元宏实行一系列军事政治改革的时候，就把迁都作为了改革的重要内容。元宏将北魏都城从偏远地区的平城（今山西大同）迁到了黄河流域的腹地洛阳。

为了加强对中国北方广大地区的控制，也为了更加方便对南宋展开有力的军事进攻，海凌王完颜亮于贞元元年（公元 1153 年）将都城从会宁（今黑龙江省哈尔滨市阿城区）迁到了长城以南的燕京，更名中都（今北京）。

忽必烈击败了与他争夺汗位的阿里不哥后，成为蒙古大汗，继承了成吉思汗与窝阔台的事业，建立了元朝，并将蒙古帝国的都城从蒙古高原的和林迁到了北京，开始了对整个中国的统治。

……

迁都

如今努尔哈赤城池多了，队伍壮大了，控制的人口也多了，家底也殷实了，自然不可能窝在原来的小城里。

努尔哈赤接连打败杨镐、熊廷弼、袁应泰、王化贞等大明将领，占领了辽东大部分地区，为了加强对占领区的控制与管理，也为了更加方便地对大明展开强有力的侵略，他决定把后金都城搬到沈阳。

其实在这以前，努尔哈赤已经有许多次搬家的经历了，他先于万历三十一年（公元 1603 年）把建州总部从虎阑拉城搬到了赫图阿拉城，并改名为兴京，后来又于天启元年（公元 1621 年）把都城从赫图阿拉城搬到了新占领的辽阳，将辽阳改为东京。

天启五年（公元 1625 年），努尔哈赤率领东京数十万军民携带着成千上万的奇珍异宝，拖着数不胜数的粮食牲畜离开了东京，浩浩荡荡开往沈阳。

当时沈阳城的规模还不到东京城的一半，可是努尔哈赤坚信后金将在沈

阳这座不一般城市的带动下，创造不一般的历史。

努尔哈赤还充分发挥了他的文学功底与创造思维，把沈阳城改为盛京，也许他相信"盛京"这两个字将会使女真民族与他辛辛苦苦创立的后金更加繁荣富强吧！

继承人之争

　　而令努尔哈赤操心的，远远不止这些，除了迁都这些大大小小的琐事，还有皇族内部的事情。

　　万历三十七年（公元 1609 年），努尔哈赤任命年仅二十九岁的褚英执掌国政，协助自己处理政事。

　　很明显，努尔哈赤正式开始了培养接班人的进程。

　　一场围绕汗位的明争暗斗的大戏也就此拉开了序幕。

　　据史书介绍，努尔哈赤一生共有十六个儿子，其中有资格染指汗位的就多达六人。

　　按照我国历朝历代的皇位继承制度，努尔哈赤第一任福晋哈哈纳扎青的第一个儿子褚英，可以说是最有资格的。

　　褚英是一个很复杂的人，本身就是一个谜团。

　　关于褚英的人生经历，通过大家的口口相传，有好多流行的版本。

　　传言很多，但都是道听途说，也许只是杜撰。

　　褚英这个名字，是努尔哈赤起的，具有非常美好的意义。

　　万历十三年（公元 1585 年），褚英被辽东总兵李成梁邀请到府上做客，看起来是走亲访友、联络感情，实际上却是当了人质。

　　当人质的日子，可真难熬啊！褚英那时只是个五六岁的孩子呀！

　　因为这个缘故，努尔哈赤一直觉得亏欠了这个儿子。

　　熬啊，熬啊！

　　褚英总算回到了建州，努尔哈赤立即对他委以重任。

　　万历二十年（公元 1592 年），努尔哈赤的嫡福晋、褚英的母亲哈哈纳扎青病逝，年仅三十三岁。

哈哈纳扎青，在努尔哈赤最艰苦最卑微的时候遇到他，却在他最光鲜最显耀的时候离开他，努尔哈赤的痛苦可想而知。

从此以后，努尔哈赤将对哈哈纳扎青的愧疚，加倍补偿给了她的长子褚英。

努尔哈赤思来想去，决定让褚英立下盖世军功，为将来掌权做准备。

褚英没有辜负父亲努尔哈赤的信任，此后南征北战，屡立军功。

努尔哈赤龙颜大悦，对褚英大加奖赏，先封他为"洪巴图鲁"（在满语中的意思是英勇的战士），后又赐封他为"阿尔哈图们"。

此时的褚英，已是建州冉冉升起的一颗将星。

褚英有多得宠，只看一件事就知道了！

万历四十年（公元 1612 年），努尔哈赤将建州的五百多户部众以及八百多头牲畜、一万两白银、八十道敕书赏赐给嫡长子褚英。

褚英的声望就此达到一个新的高度！

长子的身份，军功在身，父亲的赏识，放在任何一个王朝，都是妥妥的第一继承人。

如果按照这样的态势发展下去，褚英继承汗位应该只是早晚的问题。

然而，谁也没有想到，事情突然发生了三百六十度大转变。

自从褚英被正式确立为继承人后，立马变了个人，开始居功自傲，处处觉得自己高人一等，这个瞧不起，那个看不上。

很多人都知道了褚英和四大贝勒、五大臣关系不咋样，形同陌路，连奴仆和马夫都在口口相传。

努尔哈赤一看，褚英这个孩子还得教育，于是严厉批评了他！

然后，新的问题就出现了！

褚英似乎有逆反心理，他觉得自己受到了天大的耻辱，变得更加疯狂了。

在褚英这里，政治已经变得非常简单：支持他的就是自己人，反之就是敌人！

褚英暗中策划，打算逐渐削夺几兄弟和五大臣的财富和权力，以便巩固自己的地位。

在褚英看来，他要实现自己的计划并不难！

但是理想与现实总是有着无法弥补的距离。

这件事,被曝光了!

这下褚英和四大贝勒、五大臣的梁子,结得更深了!

哪里有压迫,哪里就有反抗!你不仁我就不义,有什么大不了的?如今之计,唯有先下手为强,把新生的褚英扼杀在襁褓里!

所有人预想之中的激烈争斗,并没有发生!

为了保卫自己的财富和权力,四大贝勒和五大臣开始抱团取暖,共同对抗强势的褚英。

如今摆在努尔哈赤的面前,是道选择题:不是选择站在褚英一边,就是选择站在四大贝勒和五大臣一边?

对于努尔哈赤这样的枭雄来说,这道题根本就只有一个答案。

没有五大臣,哪来自己的今天?为了日益强大的建州,努尔哈赤可以牺牲任何人。为了这个目标,努尔哈赤已经把亲兄弟舒尔哈齐推下了万丈深渊,就不怕再搭上一个儿子。

努尔哈赤开始疏远褚英,随后两次攻打乌拉,都没有派褚英出征,而是让他在家留守。

褚英被没收了武器,限制了自由,整天待在家里。

就这样,褚英从终点又回到了起点,成为了后金的笑柄,兄弟、大臣再也不把他当回事儿。

父子离心,兄弟反目,臣僚不和,褚英终于尝到了众叛亲离的滋味儿。

褚英和四大贝勒、五大臣的冲突就此告一段落。

褚英越想越气,越气越想不开,最终发起疯来,写诅咒对天地焚烧。

你说褚英这不是倒霉催的吗?他压根儿没有意识到,这一行为已经触犯了历代帝王最忌讳的东西,厌胜之术,有了这行为,基本可以和图谋不轨画等号了,这可是要掉脑袋的啊。

褚英的事迹,再度轰动了整个建州!

要扳倒褚英,这一条就足够了!

努尔哈赤得知此事后,不禁勃然大怒,褚英,你想干吗呢!你居然敢诅咒我,看来我对你处罚太轻了!

万历四十一年(公元1613年)三月二十六日,努尔哈赤下诏,废褚英为庶人,将其幽禁在四面是墙、空无一物的高墙之内,隔绝外界消息。

叔叔舒尔哈齐的下场历历在目，褚英的后脊梁骨阵阵恶寒。

褚英诅咒一案，暴露得很快，处理得迅速！

至此，褚英退出了汗位继承人的行列。

褚英的境遇已经够悲惨了，但更让他狼狈不堪的时刻还没到来！

万历四十三年（公元 1615 年）八月二十二日，努尔哈赤以不思悔改为由，下令处死了褚英。

这一年，褚英仅仅三十六岁！

第二个遭殃的

褚英被废黜了，褚英的小圈子解散了，一个新的问题摆在了面前，就像国不可一日无君一样，国也不可一日无储君啊！

该立谁为储君呢？

答案已经非常明显了，当然是代善了！

代善，努尔哈赤第二子，褚英同父同母的弟弟，也是汗位的第二顺位继承人。

万历四十年（公元 1612 年），努尔哈赤下诏任命代善为执政，接替褚英，并当着文武大臣的面宣布：等我百年之后，我的幼子们和大福晋都交给代善收养。

言语之中，已经将代善当作自己的接班人。

然而，代善还是有危机意识的，大哥褚英虽然被废，但是万一哪天父汗一时心软，原谅他了呢？

一个篱笆三个桩，一个好汉三个帮！

于是，代善开始寻找政治上的盟友，以便更好地巩固自己的地位，培植自己的势力。

选来选去，代善最终选定了一个人，他深信，只有这个人能帮助他在父汗面前刷好感度。

此人，不是别人，正是努尔哈赤的大福晋，建州的大妃——阿巴亥。

阿巴亥，出生于海西四部之一的乌拉部，是乌拉贝勒满泰之女，布占泰的侄女。

据说，幼年的阿巴亥不仅风姿貌美，而且颇有机变，周围的人都非常惊奇：

这女人将来定非常人可比。

万历二十四年（公元1596年），满泰被部下杀死，年仅七岁的阿巴亥失去了父亲，随后被她叔父布占泰收养，过起了寄人篱下的日子。

这一待就是五年！

万历二十九年（公元1601年），布占泰做主，将年仅十二岁的阿巴亥送去了佛阿拉城，嫁给了大她三十岁的努尔哈赤。

万历三十一年（公元1603年）九月二十七日，努尔哈赤的大福晋孟古病逝，享年二十九岁。

孟古病逝后，努尔哈赤自然要重新立一个大福晋，立谁为大福晋呢？

大福晋这个位置一人之下，万人之上，后宫的很多女人都想争一争，不过最有实力和资本的争夺者主要有两个：衮代和阿巴亥。

衮代，富察氏，萨济部落人，是建州右卫首领莽色督珠乎的小女儿。

后来萨济部和苏克素护部联姻，莽色督珠乎将衮代嫁给了努尔哈赤三伯祖索长阿的孙子戚准，并生有一个儿子昂阿拉。

万历十三年（公元1585年），戚准病逝，衮代依照当时女真部落兄死弟妻其嫂的风俗带着孩子改嫁给了努尔哈赤，成为了努尔哈赤的继妃。

衮代的优势就是为努尔哈赤生下了两子一女，莽古尔泰、德格类和莽古济。

衮代和阿巴亥争夺大妃的传闻，一传十，十传百，百传千千万，在皇城中迅速蔓延开来。

到底选哪个呢？

由于阿巴亥清新脱俗与众不同，非常得努尔哈赤的宠爱，笑到了最后，她成了新的大妃。

阿巴亥从饭来张口、衣来伸手的格格，到寄人篱下、看叔叔脸色的养女；从后宫中名不见经传的妃子，再到现在帝国后宫炙手可热的头号人物，阿巴亥的命运完成了从奢到简、再从简到奢的华丽变身。

阿巴亥的人生，每一步都是传奇！

阿巴亥的大名，一夜之间，光芒万丈。

万历三十三年（公元1605年）八月二十八日，阿巴亥的第一个儿子阿济格出生；

万历四十年（公元1612年）十一月十七日，阿巴亥的第二个儿子多尔衮

出生；

万历四十四年（公元 1616 年）四月二日，阿巴亥的小儿子多铎出生。

代善双眼放光、如获至宝，毫不犹豫地向阿巴亥伸出了橄榄枝。

面对未来接班人的主动示好，阿巴亥没有拒绝，她与代善的关系也日益密切。

储君的身份、强大的盟友，代善称得上是势力庞大，前途不可限量，真是人生赢家羡煞旁人。

然而好景不长！

看着炙热的太阳眼会黑，看着别人的成就眼会红！代善待在储君的位置上，就犹如坐在火山口上，就算他不想惹麻烦，麻烦也会来找他！

不能再空等下去了！

汗位觊觎者们开始蠢蠢欲动，很快就有人按捺不住了，开始活动频繁，小动作不断。

等天赏饭，不甯跪地求死！

可是怎么才能扳倒代善和阿巴亥呢？

汗位觊觎者们有办法！

好戏就此开始！

努尔哈赤的小福晋德因泽告发阿巴亥深夜出宫密会代善；还告发举行聚会时，阿巴亥精心打扮，和代善眉来眼去。

这肯定不能忍，不过努尔哈赤认为家丑不可外扬，决定重新找个借口惩罚阿巴亥。

努尔哈赤的庶妃阿济根当然不会放过这个表现的机会，立即跑去努尔哈赤那儿告密：

大福晋阿巴亥将汗王宫里的银两、绸缎、首饰及古玩等物偷出宫去分别藏匿在了大儿子阿济格和乌拉城娘家家中。

努尔哈赤大惊，以迅雷不及掩耳之势派人前去调查。

此人不是别人，正是额尔德尼。

额尔德尼这个人大大有名啊！才华出众、足智多谋，无圈点满文就是他和噶盖等人共同创立的。

额尔德尼手持尚方宝剑，查抄了阿巴亥儿子阿济格的府邸，抄出了大量

财物。

一不做二不休，努尔哈赤又派人到乌拉城抄了阿巴亥的娘家。

努尔哈赤随后下诏，休弃了阿巴亥，将她囚禁在小木屋里，老死不相往来。

阿巴亥失宠后，告发有功的德因泽和阿济根的地位迅速上升，甚至可以和努尔哈赤共进晚餐。

拆散了代善和阿巴亥的结盟，按理说，汗位觊觎者们这下该放心了吧，事情到此应该结束了吧。

幕后黑手岂肯就此罢休，于是他又精心安排了一场好戏。

幕后黑手指使努尔哈赤的妃子塔因查告发代善与莽古尔泰的母亲衮代有染。

努尔哈赤立即抽调办事效率高的官员，组建查案小组，查证是否真有此事。

人心叵测，伴君如伴虎！这差事，得罪人。

这些官员查案归查案，有些事儿不能碰，就坚决不碰；有些事儿能装瞎，就绝对装瞎。

很快调查结果就出来了，说衮代"盗藏金帛"。

于是，努尔哈赤将衮代休弃了。

努尔哈赤对代善也日益疏远。

代善被排挤出了争夺汗位继承权的圈子。

努尔哈赤总算出了口恶气。

按理说，事情到此就结束了。

但是树欲静而风不止！

衮代的儿子莽古尔泰，整天琢磨着父汗努尔哈赤的心思，讨父汗的欢心，好占据继承汗位的优势。

衮代的举动，可把莽古尔泰给惹恼了。

莽古尔泰善于玩刀，是个狠角色，他再也按捺不住，渐渐丑态百出。

为了讨好父汗努尔哈赤，莽古尔泰怒从心头起，恶向胆边生，直接将矛头指向了母亲，他一不做二不休，拔出佩刀，将母亲衮代给杀死了。

努尔哈赤大怒，恨莽古尔泰禽兽不如，连生自己养自己的母亲都敢杀，于是，对他日益疏远。

尽管后来，莽古尔泰仍然领兵出征，屡立军功，但他这件事，在后金闹得人尽皆知，汗位是与他无缘了。

看起来，似乎一切都在朝着幕后黑手预想的方向发展，幕后黑手都不需要再行动，只要看着代善、阿巴亥倒台就行了！

然而，并没有！接下来事情的发展，让幕后黑手失望了！

努尔哈赤占领沈阳后，立即作出了一个重要的决定，就是召回了离异的阿巴亥。

其实在我看来，努尔哈赤和阿巴亥的关系，并没有外界盛传的那般糟糕。

酒不醉人人自醉，色不迷人人自迷，阿巴亥一动一风姿，千动千风姿，色艺双全，琴棋书画无一不精，吹拉弹唱无一不通，想努尔哈赤阅人无数，终究忘不了这位多才多艺多愁善感的人间尤物！

幸福的时光，总是让人记忆犹新，失去了才知道彼此的重要！

努尔哈赤当然是选择原谅她了啊！

就这样，阿巴亥又回到了努尔哈赤的身边，重新坐上了大妃的位置。

长江后浪推前浪，不得不说，阿巴亥是真正的宫斗高手。

争斗没有，后金一片和平。

然而，代善很快就高兴不起来了！

要想栽赃嫁祸代善，办法有很多！

万历四十八年（公元1620年）九月，有人向努尔哈赤揭发代善前妻李佳氏之子硕托与阿敏之弟斋桑古等人图谋叛乱。

这种事情在我国封建社会时期是相当严重的。

努尔哈赤立刻派人严加审查硕托与斋桑古。

代善都急坏了，恨不得掏出心来，证明自己与此事绝对没有半点关系。

这个时候，代善的继室叶赫那拉氏给代善吹起了枕边风，说硕托会牵连代善，让代善与其划清界线。

很显然，叶赫那拉氏就是要挑拨代善和硕托的父子关系。

枕边风，威力大啊！

听了叶赫那拉氏的话，脑子发热的代善见当就上，见圈套就钻，想都没想就决心和硕托彻底断绝关系。

代善"大义灭亲"，主动请求他父亲努尔哈赤将硕托斩首示众。

虽然努尔哈赤心狠手辣、六亲不认，但是听了代善的话，还是大吃一惊，我以为自己挺狠的，没想到你比我更狠，硕托无论犯了什么错误，可是人家好歹也是你的亲生骨肉啊！虎毒还不食子呢？你怎么能够这么铁石心肠、六亲不认呢？

努尔哈赤不但没有接受代善的建议，反而将代善狠狠地骂了一顿。

俗话说"清者自清，浊者自浊"，没有做过的事情终究还是没有做过，努尔哈赤的审查结果是硕托与阿敏之弟斋桑古等人图谋叛乱这件事情纯属无风起浪、空穴来风，硕托又被无罪释放了！

不久，努尔哈赤又发现了代善另一个缺点，那就是代善经常虐待硕托，不是不给硕托饭吃，就是叫硕托干些笨重的体力劳动。

代善这简直就是不知死活，因为他忘记了他父亲努尔哈赤跟他叔父舒尔哈齐年轻的时候跟硕托一样，也受尽了后母的折磨与虐待。

如果代善知道这一点，那么恐怕打死他，他也不敢虐待硕托。

努尔哈赤很生气，决定敲打一下代善！

没过多久，代善就被他父亲努尔哈赤叫去了。

努尔哈赤二话不说，对代善就是一顿劈头盖脸的臭骂。

当然努尔哈赤对代善一顿臭骂以后，还是耐心地做起了代善的思想工作。

然而代善根本就没有听进他父亲耐心的思想教育，还反驳说："硕托勾引我的小妾，并与之发生了奸情！我这样对他已经算好的，遇上其他人，早就把他杀了！"

努尔哈赤作为女真民族著名的政治家、军事家，自然不可能听信代善的一面之词。

努尔哈赤又不辞辛劳地亲自调查这件事情，经过缜密调查，发现事实并非如代善说的那样。

真相大白了！

这下坏啦！代善忠厚老实的印象瞬间崩塌！

撞了南墙才回头，见了棺材才落泪，代善这才低头认错！

这件事，对努尔哈赤的刺激是很大的！激怒了本就在火头上的努尔哈赤。

努尔哈赤对代善的所作所为深恶痛绝，也对代善这个儿子彻底失望。

努尔哈赤立刻召集后金的贝勒台吉、文武大臣，对他们宣布："我先前

打算让代善继承汗位，曾经将代善立为太子，现我废除太子，并将他处理军政的大权剥夺，他的幕僚、部众也全部收回！"

这是最终决定，不接受任何反驳！

代善生怕煮熟的鸭子飞了，可是煮熟的鸭子这次真的飞了！代善彻底失去了继承汗位的机会！

努尔哈赤心目中的继承人

我们首先可以排除的是努尔哈赤的第三子阿拜、第四子汤古岱、第六子塔拜、第七子阿巴泰、第九子巴布泰、第十子德格类等人。

其实原因很简单也很明显，努尔哈赤在万历四十三年（公元 1615 年）组建满洲八旗的时候，并没有使这几个人成为旗主，可见努尔哈赤对他这几个儿子并无多大的好感，这几个儿子自然也失去了继承汗位的机会。

努尔哈赤诸子中剩下的可以继承汗位的就只有第八子皇太极、第十二子阿济格、第十四子多尔衮和第十五子多铎了。

其实在努尔哈赤心目中，最合适继承汗位的人就是多尔衮。

努尔哈赤晚年的时候，将亲率的正黄旗、镶黄旗大部分赐给了阿济格、多尔衮、多铎三兄弟，每人十五牛录。

努尔哈赤更是向后金的文武大臣表示，将来多铎领正黄旗，阿济格领镶黄旗，另赐一旗给多尔衮；自己死后统率的亲军全部给多铎。

这个举动看起来似乎平淡无奇，其实却暗藏玄机！

俗话说"名不正，则言不顺；言不顺，则事不成"，黄色一直是我国封建社会帝王的专用色，努尔哈赤的用意不言而喻。

最有实力的继承人

不过最有实力和资本继承汗王的，并不是多尔衮，而是努尔哈赤的第八子皇太极。

皇太极，努尔哈赤第八子，母亲为叶赫贝勒杨吉砮之女孟古，他出生于万历二十年（公元 1592 年）十一月二十八日。

皇太极出生得不是时候，他出生时，努尔哈赤已经有七个儿子了，而这些兄长都比皇太极年长不少。

当这些兄长都在跟随父亲努尔哈赤驰骋疆场、南征北战的时候，皇太极就只能够待在赫图阿拉城处理家务。

皇太极虽然迟到片刻，但至少没有错过正餐！

皇太极在二十岁的时候也开始跟随父亲努尔哈赤傲视沙场，并肩作战了！

万历四十年（公元1612年），皇太极第一次参加了大规模的行军作战。

这一年，布占泰背信弃义，公然背叛建州。

努尔哈赤的心潮在翻滚，愤怒在升腾，决定狠狠教训一下布占泰这个不识抬举的家伙。

不久，努尔哈赤就调集了建州部队于九月二十二日出发，努尔哈赤命令建州军队在布占泰所居住的城池二里处安营扎寨，与乌拉军队整整对峙了三天。

当然对于视"时间就是金钱"为座右铭的努尔哈赤来说，在这三天时间里也不可能什么都不做，努尔哈赤派遣了数百名身强力壮的建州将士袭击乌拉运粮队，焚烧了乌拉粮草！

这些粮草对乌拉来说，并不算什么，他们仍然每天大鱼大肉，吃香的喝辣的，乌拉军队白天就从城池里浩浩荡荡冲出来，排着整齐的队列与努尔哈赤的建州军队对垒，到了夜晚就退回城池舒服地睡大觉，一连数天都是这样，这哪里是在打仗。

莽古尔泰和皇太极都是那种闲不住的人，自然对这种作战方式深恶痛绝。

莽古尔泰与皇太极进行了短暂的会晤，达成了共识，他俩都劝说努尔哈赤率领建州精锐杀进乌拉军队的城池。

努尔哈赤并没有听从莽古尔泰与皇太极的建议，只命令建州军队毁掉了乌拉八个村寨的城墙，烧毁了他们的房屋，就率领八旗军队退回了建州总部赫图阿拉城。

虽然，皇太极参加第一次大规模行军作战并没有出色的表现，但是好歹他亲自来到了战场，感受到战场的血腥与残酷，这为皇太极以后驰骋疆场、屡立战功打下了坚实的基础。

毕竟"万事开头难"嘛！凡事只要经历了第一次，以后就变得顺理成章、得心应手啦！

有一件事，很能体现皇太极的才能！

万历四十六年（公元1618年），努尔哈赤欢庆六十大寿，努尔哈赤作为后金至高无上的汗王，前来贺寿的人自然是络绎不绝，送的礼物理所当然也是价值连城，但他对这些都不感兴趣。

努尔哈赤在饭桌上问了他几个儿子一个问题，那就是后金该如何进攻大明的城池。

虽然代善、阿拜、汤古岱、莽古尔泰、塔拜等人都提出了许多个人的主张与看法，但是没有一个人的主张与看法和努尔哈赤心目中的想法相符合。

当然这也不能够怪代善、阿拜、汤古岱、莽古尔泰、塔拜等人，毕竟猜测人的心思最重要的还是察言观色。

在这方面，皇太极就比其他人优秀多了，皇太极滔滔不绝、口若悬河地向他父亲讲述着自己的独到见解与看法。

皇太极的看法与他父亲努尔哈赤的看法不谋而合，努尔哈赤自然对皇太极这个儿子刮目相看。

虽然皇太极仅仅是努尔哈赤的第八子，但努尔哈赤还是让皇太极成为了后金的四大贝勒之一，与代善、阿敏、莽古尔泰一起处理后金的军政大事。

如此一来，皇太极的势力迅速膨胀，风头俨然盖过了代善、莽古尔泰等一大批兄弟。

尽管如此，皇太极仍然没有感到满足，皇太极的梦想就是成为至高无上、无人可及的汗王。

为了这个梦想，皇太极可以出卖一切，包括自己的良知与兄弟，谁敢阻拦皇太极成为汗王，谁就是皇太极的敌人，皇太极就会毫不犹豫地铲除他。

皇太极设计先后铲除了褚英、代善、莽古尔泰、阿巴亥母子这几个对自己成为汗王构成潜在威胁的人，如今皇太极已经成为了最有资格继承他父亲努尔哈赤汗位的人选。

没过多久，突然发生了一件事情，却令皇太极吓出了一身冷汗。

这件事情是这样的：

天启三年（公元1623年）二月初七，为了不使自己的八个儿子太辛苦、过度劳累，努尔哈赤又对八旗官职进行了大规模的改革，设立八旗督堂官八人来辅助八大贝勒，帮助他们处理后金的军政大事。

而八旗督堂官的首领，就是额驸乌尔古岱。

乌尔古岱不是什么好人，他最大的缺点就是喜欢贪小便宜。

苍蝇不叮无缝的蛋，天下没有不透风的墙！乌尔古岱很快就被告发了！

同年六月，复州备御王彬、永宁监备御李殿魁两人检举乌尔古岱收受贿赂。

这还了得？

努尔哈赤马上大张旗鼓、兴师动众地组织审查小组，对乌尔古岱这个人进行了隔离审查。

不过努尔哈赤似乎太高看乌尔古岱了！

乌尔古岱这个人贪小便宜、收受贿赂的时候，胆子特别大，就是叫他上刀山下油锅，他也会毫不犹豫地去干。

可是谁又会想到，乌尔古岱在接受隔离审查的时候，性格马上来了个三百六十度的大转弯，由一个顶天立地、天不怕地不怕的男子汉大丈夫一下子变成了一个贪生怕死、胆小如鼠的软骨头。

还没有等人严刑逼供，就自觉地交代了自己的犯罪事实。

乌尔古岱不愧是高手中的高手，在这么危急的情况下仍然能够随机应变，化不利为有利，将自己收受贿赂的事情推到爱塔和李殿魁的头上，不但认为自己没有错，反而认为自己有功，自己收受贿赂就是为了揭穿刘爱塔（汉名刘兴祚）的阴谋。

主审官可没有按照乌尔古岱的思路推断，他们一听到皇太极也参与了这件事情就高兴得两眼放光，认为这是击败皇太极的最好机会。

几位主审官决定假借这次的名头，排除异己，打压对手。

他们经过商议，达成了共识，联名给努尔哈赤上了一道奏疏，详细阐述了乌尔古岱收受贿赂的经过，一一罗列了皇太极、德格类、济尔哈朗等涉案的贝勒与官员，希望努尔哈赤能够尽早处理。

随着主审官的揭露，皇太极的地位便岌岌可危了！

皇太极心头的震惊甚至无法用语言来形容。

皇太极为此忧心忡忡，十分紧张！

皇太极不会忘记褚英和代善是如何失去汗位继承权资格的，可是现在再着急也没有什么用处，只能够听天命尽人事了。毕竟这件事情的处置权不在于自己，而在于他的父亲努尔哈赤。

现在一切也只能够看他父亲努尔哈赤的决定了。

幸运的是，皇太极预料的最坏的情况并没有发生！

这件事情并没有引起努尔哈赤的足够重视，努尔哈赤给出的判决也是无足轻重：刘爱塔送给乌尔古岱的金银，请刘爱塔派人到四贝勒的府邸去领取以作补偿，另外剥夺德格类一牛录，济尔哈朗两牛录，岳托一牛录以作惩戒。

随后，努尔哈赤又将皇太极召去狠狠地骂了一顿。

兄弟们始终将自己视为潜在敌人，自己若招摇活跃，必遭毒手，只有韬光养晦，才能闯过难关。

从此以后，皇太极事事谨慎，处处低调，埋头做事。

现在四贝勒中唯一有资格成为汗王的人，仅仅有皇太极一人而已！

孙承宗经略辽东

接下来，让我们把视线转向大明。

该惩罚的也惩罚了，该杀的也杀了，可惩罚与杀戮并不能够真正地解决问题，现在最需要解决的问题就是必须重新找一个有能力的人去担任辽东经略这个职务，把辽东的局势稳定下来。

但是很显然，满朝文武，是没有人对这个工作感兴趣的！

熊廷弼为了不便宜努尔哈赤，在临走的时候，还不忘为大明办点实事，他把辽东的房屋烧了，水井填了，百姓全部撤到关内，基本上实现了千里无鸡鸣，万里无人烟。

这种情况，去辽东，不要说稳定辽东了，连起码的人身安全都得不到保障。

满朝文武大臣都不是傻子笨蛋，对于这个倒霉的差事，是避之唯恐不及的。

朱由校也表明了自己的态度：辽东就在那里，你们不找个人出来是不行的！

满朝文武绞尽脑汁也无法找到一个合适的人选！

为大家解决这个难题的是张鹤鸣！

就在众人一筹莫展、唯恐选到自己的时候，已经辞官归隐，过着田园生活的张鹤鸣，主动站了出来。

张鹤鸣

张鹤鸣，字元平，号凤皋，河南颍州焦陂镇张寨村（今安徽省阜阳市新村镇天棚集村）人。

万历十四年（公元1586年），三十四岁的张鹤鸣刚到北京城，参加考试，十年寒窗，鲤鱼跳龙门，就看今朝了。

张鹤鸣还没来得及参加会试，他的家里人就赶来告诉张鹤鸣，他的父亲去世了。

张鹤鸣可是个孝顺的好孩子，一听说自己的父亲去世了，二话不说，连会试都不参加了，拿起包袱就奔家里去了。

张鹤鸣实在太孝顺了，他为父亲守孝就守了整整六年。

万历二十年（公元1592年），张鹤鸣再一次来到了北京城，想想当年自己踏上这繁华的都城的时候，还是一个懵懵懂懂的壮年人，如今都已经是年过四十的中年人了，真是"年年岁岁花相似，岁岁年年人不同"啊！

老天没有亏待这个孝顺的好孩子，张鹤鸣就在这一年考中了进士，虽然整整迟了六年，但是毕竟还是得到了。

当时的大明王朝，进士简直多如牛毛，朝廷也没有太在乎张鹤鸣这个人，用一个历城知县就把他打发走了。

张鹤鸣这个人，有一个特大的优点，那就是越是基层的工作，他干得越起劲。

张鹤鸣当上历城知县后，勤勤恳恳、兢兢业业，辖地路不拾遗、夜不闭户，政绩突出，口碑爆棚，叫好又叫座。

功劳是巨大的，成绩是显著的，朝中的文武大臣看见了。

没有过多久，张鹤鸣就被提拔为南京兵部主事（正六品）。

张鹤鸣实在太有才能了，还没有在南京兵部主事这个职务上坐热，就被提升为陕西布政使司右参政（从三品），巡视临、巩这两个地方。

张鹤鸣硬是在陕西干出了成绩。

张鹤鸣的英雄事迹在陕西广泛流传，连唱戏的人都把他的光荣事迹编成了剧本，在戏台上广为传唱了。

没多久，会做事的张鹤鸣，就被朝廷提升为陕西布政使司右布政使（从二品），随后被提拔为贵州巡抚兼都察院右佥都御史，管理贵州的军政、民政，迈出了仕途最关键的一步。

巡抚这个职务，在明代初期不过是个临时官职，就是朝廷派遣京官到地方办事，办完事就回京师继续干你原来的职务，不过经过不断演变，这个职务由临时的变成了固定的，人还算是京师的，但具体办公地点却在地方。

贵州巡抚，手握贵州省的军政大权，上马管兵，下马管民，大明朝廷的出手着实大方。

贵州一带是一个少数民族聚居的地方，在明朝，被称为蛮夷之地，沟壑纵横、山崖陡峭、荆棘密布、人烟稀少。

在大明王朝两百多年的历史中，他们就没有少给大明政府添麻烦。

张鹤鸣的运气还不错，去巡视贵州的时候，杨应龙领导的叛乱已经遭到大明政府的血腥镇压。

可是"百足之虫，死而不僵"，杨应龙领导的叛乱虽然被大明政府血腥镇压了，但是他的手下并没有被一网打尽，他们常常聚集在一起，干些拦路打劫、杀人放火的勾当。

这些人成为贵州的一大隐患，也成为大明王朝的不稳定因素。

张鹤鸣对待人民那是相当友善的，对待敌人那是绝不留情的。

到了贵州，张鹤鸣看到这种情况，二杆子精神就来了，二话不说，就调集大军扫平了洪边的十二马头，大破红苗，并且乘胜追击，打得贼寇落花流水、抱头鼠窜，再也不敢轻易出来为害乡里。

乱世需用重拳，张鹤鸣此举显然震慑住了所有的叛乱分子：胆敢与朝廷为敌，就是如此下场！

大明朝廷通过张鹤鸣镇压贵州叛乱这件事情，看出张鹤鸣实在是一个多才多能的人，在军事方面也有很高的造诣。

天启元年（公元1621年），努尔哈赤亲率八旗精锐攻破辽阳，辽东局势已经相当危急，兵部右侍郎张经世调集各地的明军紧急出关去稳定辽东局势。

兵部右侍郎的职务就空缺了。

大明朝廷于是提拔张鹤鸣为兵部右侍郎，总督陕西三边的军务，权力那是相当的大。

张鹤鸣还没有来得及上任，又被改任为兵部左侍郎。

张鹤鸣耍起了小性子，回到家中，拒绝上任。

张鹤鸣经略辽东

张鹤鸣纵横官场，叱咤风云，如何甘愿如妇人般闲居。既然左右闲着没事干，那就出来暂时客串一下子。

张鹤鸣主动站了出来，请求朱由校任命自己为辽东经略，管理辽东广大地区。

只有在国家危急的关头，才显忠臣本色啊！

朱由校正在为人选的事情头疼呢，听说张鹤鸣主动送上门，感动得泪流满面。

为了给张鹤鸣鼓劲打气，也为了给臣子树立楷模典范，朱由校授予张鹤鸣太子太保的荣誉称号，并赐给张鹤鸣蟒玉带和尚方宝剑。

朱由校还觉得光这些还远远不够，又给张鹤鸣举行了隆重的送别仪式，并且紧紧握住张鹤鸣的手，很久都不放开。

君王赐，不敢辞！

张鹤鸣什么都没有说，他只是恭恭敬敬地给朱由校行了一个礼，就拍屁股走了。

张鹤鸣这一路啊，青山绿水，水木年华，花生瓜子，走一路停一路，他从北京城走到山海关就足足用了十七天。

张鹤鸣虽然非常不情愿干这个差事，但是干了这个差事后，他还是干了很多实事。

大概是被李永芳、孙得功这样的汉奸吓怕了，被刺激到了，张鹤鸣整天提心吊胆如履薄冰，每天命令几百个士兵，挨家挨户搜查，地毯式大扫除，大海捞针，掘地三尺也要把努尔哈赤派出的间谍揪出来。

你还别说，张鹤鸣的良苦用心，还是产生了一定的效果。

弄得满城鸡犬不宁、人人自危。

张鹤鸣是个享受惯了的人，他追求的是：不仅钱多事少，还得离家近。他自然不可能在辽东久待。

于是意料之中的意外发生了！

张鹤鸣在辽东瞎折腾了几个月，也折腾够了，就给朱由校上书，宣称自己得了重病，重的程度已经达到了没法办公的地步，请求朱由校让他回去。

朱由校看了张鹤鸣的奏折，二话没说，就批准张鹤鸣回来了。

毕竟张鹤鸣在辽东干了几个月也不容易，比起那些一听到要去辽东工作就吓得面无人色、双脚发软的人强多了。

张鹤鸣倒是回来了，可是辽东这一地区的工作，还得有人继续干下去。

谁来背黑锅

朱由校有点病急乱投医死马当作活马医，找了半天，居然找了名不见经传的宣府巡抚解经邦。

解经邦在历史上是一个不太起眼的人，但在当时还是有点知名度的。

解经邦，字嵩磐，陕西韩城人，万历二十三年（公元 1595 年）考中进士，被任命为峰县知县。

虽然解经邦政绩不怎么突出，但他家是名副其实的学霸家族，堪称进士专业户，他的两个哥哥解经雅、解经传于万历二十九年（公元 1601 年）也考中进士，两个弟弟解经达、解经铉虽然差点，但也分别考中了举人和选为贡生，时称"一母三进士，一举一贡生"。

后来解经邦的两个儿子解胤樾、解胤标也纷纷考中了进士，复制了他爹的传奇。

解经邦家族就此，青史留名！

朱由校任命解经邦为兵部右侍郎兼都察院右佥都御史，经略辽东。

沧海横流方显英雄本色，危急关头才知解经邦胆略！

解经邦向朱由校三次上疏，明确表示：不管你怎么说，我就是不去，该怎么样，你看着办吧！

官员应该具备的本职属性就是服从命令听指挥，让他干什么就得干什么，如今有人敢跳出来叫板，影响极其恶劣，怎么都不能轻飘飘地放过去。

朱由校立刻将解经邦一撸到底，革职为民，回家种红薯，永不叙用。

没办法，接着继续寻找去辽东的人选。

找着，找着，就有了。

他就是大明王朝历史上大名鼎鼎的王在晋。

王在晋

其实我早就听说过王在晋的大名，但直到我打算写他，翻遍史书了解他的事迹后，才发现这个人特别了不起，特别有文化。

王在晋著有《三朝辽事实录》，全书共有十八卷，分为首卷和正文，首卷概述辽东分野、沿革、战略地位、边防及朵颜、海西、建州势态；正文叙述了万历四十六年（公元1618年）四月到天启七年（公元1627年）辽东战事，是研究明清战争的重要史籍。

不过王在晋此人经历却颇为坎坷！

王在晋，字明初，号岵云，河南浚县人。

万历二十年（公元1592年），王在晋考中了进士。

跟张鹤鸣是同一年考中的进士，看来这俩人还是挺有缘的。只不过张鹤鸣是第二次来北京参加考试，而王在晋是大姑娘入洞房——头一次。

不过王在晋中进士以来，他的仕途却走得很坎坷，整整七年时间，他的身份就发生了几个变化：中书舍人（从七品）—部营—可监。

万历二十七年（公元1599年）三月，王在晋任工部郎中（正五品）。

王在晋真是枯木逢春，说不定在任上干几年就能摇身一变，成为工部一把手。

然而王在晋错了！

想要站稳脚跟，哪有这么容易啊？

王在晋在工部郎中的位置上屁股还没坐热，就被外放为福建副使兼兴泉兵备。

这样的安排，王在晋当然是不满意的！但是王在晋除了忍受、接受，也没有其他办法了！

就这样，王在晋离开了京城！

万历三十三年（公元1605年）九月，王在晋任湖广参议。

万历三十五年（公元1607年）闰六月，王在晋任湖广提学参议。

万历三十八年（公元1610年）三月，王在晋任浙江右参政。

万历四十年（公元1612年）闰十一月，王在晋任浙江按察使。

万历四十三年（公元1615年）四月，王在晋任浙江右布政使。

万历四十四年（公元1616年）二月，王在晋任江西左布政使。

万历四十七年（公元1619年）三月，王在晋任都察院右副都御史兼山东巡抚，巡查山东等地营田、军务。

泰昌元年（公元1620年）八月，王在晋任都察院右佥都御史、工部右侍郎兼河道总督。

同年十月，王在晋任兵部左侍郎。

就这样，王在晋终于如愿以偿，又回到了梦开始的地方。

被幸福砸得晕头转向的王在晋，还没有回过味来，幸福再次降临。

天启元年（公元1621年）六月，王在晋任兵部左侍郎监督三部事。

天启二年（公元1622年），兵部尚书张鹤鸣被朱由校任命为辽东经略，管理辽东广大地区去了。

一个巨大的馅饼就这样从天而降，王在晋捡了个大便宜，不费吹灰之力就当上了兵部尚书。

王在晋经营辽东

从王在晋的简介上来看，王在晋根本就没有带过兵打过仗。

让他去经略辽东广大地区，他行吗？他不行，他这种书呆子型，去了也白去，办不成事不说，更容易误事。

可是有什么办法呢？人在江湖，身不由己啊！皇帝的命令，就算再有意见也不可能无视，朱由校点名要他去辽东，没得商量，不去是不行的。

朱由校对愿意去辽东的官员一向是非常大方与客气的，对王在晋当然也一样。

天启二年（公元1622年）三月十八日，朱由校任命王在晋为兵部尚书兼都察院右副都御史，经略辽东、蓟镇、天津、登莱地区。

兵部尚书这个职务如果放在努尔哈赤反抗大明之前，那可是一个炙手可热的职务啊！

可是今时不同往日啊，如今兵部尚书这个职务可是一个烫手的山芋，谁捡着谁倒霉，连死都不知道怎么死的。

按照大明惯例，担任兵部尚书的人，就必须出任辽东经略，管理辽东事务，这可是拿着自己的胸口往别人的枪口上撞。

据不完全统计，从天启元年（公元1621年）算起，担任兵部尚书而又能够活着回来的人简直是凤毛麟角！

王在晋是个实在人，他认为应该兢兢业业、尽心尽力为大明政府办事。

他从北京到达山海关以后，不是每天吃了就睡，睡了就吃，而是通宵达旦、夜以继日地思索对付努尔哈赤的计策。

功夫不负有心人啊！

王在晋经过他的长期努力，再加上蓟辽总督王象乾的指点，他终于想出了一个对付努尔哈赤的蠢办法。

那就是仅仅防守山海关那是远远不够的，还应该再修筑一座城池，与山海关相互照应，以确保山海关的安全。

王在晋一看自己的想法这么好，马上上书朱由校，用数万字阐述了自己的观点与主张，并用发散思维与对未来的美好憧憬的心态描绘此计策实行的巨大好处。

朱由校二话不说，就给王在晋拨了银子，并鼓励他好好努力，继续为大明王朝着想，大明王朝自然也不会亏待他。

按说，这件事情就定了，王在晋也该拿着银子去召集民工，开始修建城池了。

然而玉不会完美无瑕，人不会事事顺心！

眼看好事将近，没想到事有不巧，这个时候，却有一个不知天高地厚的人跳出来反对，彻底打乱了王在晋的部署。

这个人就是袁崇焕。

反对的声音

袁崇焕看了王在晋修建新城的方案，就气不打一处来，连夜写了一封信。

袁崇焕在信中指出，修建新城，根本不是在拯救大明王朝，反而是在帮努尔哈赤的忙。

有胆气！这大帽子扣得不给王在晋一点活路！

当然这封信不是送给王在晋浏览的，而是越级送到了京师。

大明官场一片哗然！

这件事闹得动静有点大，这封信最终被送到了内阁首辅叶向高那里。

叶向高是个政治老手，运筹帷幄、征战沙场、带兵打仗是他的软肋，溜须拍马、阿谀奉承、拉帮结派那才是他的强项。

既然叶向高都拿不准这封信的内容是否正确，那么大明的文武大臣中就没有人拿得准了。

病急乱投医！

叶向高毫不犹豫地将这个烂摊子推给了朱由校。

这到底是啥情况？

你让朱由校给你做个柜子桌子之类的家具，他还可以干得有模有样，可是你让他去钻研政治军事问题，那简直比杀了他还难受。

既然这个问题他解决不了，那他也就不解决了。

事态严重，朱由校当然不能置之不理。

在这个时候，朱由校想起了一个比较懂带兵打仗的人，这个人就是朱由校的老师孙承宗。

孙承宗作为大明末期伟大的军事家、教育家、政治家，他有能力也有实力去解决连叶向高和朱由校都不能够解决的问题。

孙承宗

嘉靖四十二年（公元 1563 年）正月二十五日，随着一声婴儿的啼哭，直隶保定府高阳境内（也就是今天的河北省高阳县）孙麒家第四子出生了。

这个孩子就是孙承宗。

据《明史》记载，孙承宗身材高大，相貌奇特，跟人说话声音很大，声若洪钟，都能震动墙壁。

孙承宗跟别的孩子不一样，当其他孩子都乖乖地待在家里，认认真真看着四书五经，忙着参加科举考试，好出人头地，准备离开这个地方的时候，孙承宗却拿着本破兵书看得津津有味、眉飞色舞。

正因为这样，孙承宗都几十岁的人，才混了个县学生（秀才）。

可是孙承宗不但不感到羞耻难过，反而还是一意孤行，继续看他的破兵书，用一句不好听的话来说，就是"不以为耻，反以为荣"。

为了这个问题，孙承宗的父亲孙麒没有少找他进行教育，甚至还扇了孙承宗几耳刮子。

可孙承宗就好这个，不接触那个全身都疼，心痒痒的！

孙承宗铁了心要把军事事业进行到底，对他父亲孙麒的劝说不为所动，继续看着他的破兵书。

男人都是有血性的，为了不受到家人的拖累与影响，孙承宗作出了一个大胆的决定，他不顾父亲孙麒的呵斥与母亲张氏的哭诉，毅然收拾好包袱，离开了家门，开始了他旅游祖国大好河山的伟大计划。

这段时间，孙承宗的确很不容易！

他往来于飞狐、拒马间，直走白登，又从纥干、清波故道南下，不但不觉得劳累，不打算放弃，而且认为这样的生活很好，的确有继续进行下去的必要性。

孙承宗还喜欢向一些打过仗的老兵请教行军打仗的事情，老兵讲得津津有味、唾沫横飞，孙承宗则听得聚精会神、心驰神往。

可是总要有钱吃饭，没有办法，孙承宗决定刻苦学习，认真读书，参加科举考试，先混个功名，好有钱继续吃饭听书。

万历二十年（公元1592年），孙承宗受到大理寺右寺丞姜壁的邀请，来到京师，成为了一名家教，教姜壁的孩子读书学习。

俗话说得好，活到老，学到老，人，只有通过不断的学习，才能成长，才能进步，才能提高。抱着这样的想法，孙承宗毅然辞去了家教的工作，进了大明最高学府国子监，学习进修，充实自己。

功夫不负有心人！

万历二十二年（公元1594年），三十二岁的孙承宗，怀着激动忐忑的心情，参加了乡试，考中了举人。

考中举人的人，一般有两个选择：一个是百尺竿头，更进一步，去参加中央考试会试，争取能考中进士；另一个是通过"大挑"，混个一官半职。

让人百思不得其解的是，孙承宗两个都没有选，而是经人介绍，重操旧业，给榆林兵备道房守士的孩子当家教。

万历二十七年（公元1599年），房守士由河南布政使升为大同巡抚。

大同是明朝的边防重镇，恶劣的环境，血腥的厮杀，条件非常艰苦，孙承宗只是听说过，没有见识过，他很想去看看。

于是孙承宗以家教的身份，跟着房守士一家去了大同。

这个选择，不但改变了孙承宗的一生，也改变了大明的命运。

……

万历三十二年（公元1604年），在大同已经待了五年的孙承宗辞别了房守士，踏上了前往京师的道路，他要参加会试，他要改变现状。

二月，四十二岁的孙承宗以会试一百一十五名、殿试一甲第二名的优异成绩通过科举考试考中了进士，被任命为翰林院编修。

孙承宗这次来对了！

万历四十二年（公元1614年），孙承宗获得了影响他大半生的重要职务，就是被朱翊钧任命为詹事府谕德（从五品）。

当上了詹事府谕德这个官，是很有前途的，因为这个职务就是给太子讲课，高拱、张居正这些人，就是以这个小官为阶梯，一步步登上大明王朝的权力巅峰内阁首辅这个位置的。

太子朱常洛虽然那时非常不起眼，还受到朱翊钧的冷嘲热讽和郑贵妃的欺负，可是这些都只是暂时的，只要朱翊钧一驾崩，朱常洛登上了皇帝宝座，那么孙承宗就是全天下少数几个可以影响皇帝的人。

孙承宗成为了太子朱常洛的老师，也不知道是他哪辈子修来的福气，在前方等待他的将是辉煌无比的前程与未来。

但命运跟孙承宗开了一个天大的玩笑。

谁又能够看出朱常洛是个短命鬼呢？才当了一个月的皇帝，就驾崩了。

这对孙承宗来说，无疑是晴天霹雳，可孙承宗没有绝望，因为他实在是太适合干教师这个职务了，不愁没有学生。

紧接着，不可思议的事情发生了！

孙承宗当上了詹事府左庶子（正五品），当起了朱常洛儿子朱由校的日讲官。

我们都知道，朱由校只对做凳子、桌子之类的工作感兴趣，对其他任何事情都没有兴趣。

比干是商朝纣王的叔父，由于逼纣王做他不喜欢做的事情，结果落得被挖掉心肝的凄惨下场；华佗是西汉末年的神医，由于逼曹操挖开头颅治病，结果落得满门抄斩的下场；张居正是朱翊钧的老师，由于他逼朱翊钧做不喜欢做的事情，结果落得被抄家灭门的下场；多尔衮是顺治皇帝福临的叔父加老师，由于他逼顺治皇帝福临做不喜欢做的事情，结果落得抄家掘尸、去宗籍的凄惨下场。

可是孙承宗与他们不一样。

孙承宗知道对不同的学生，要采取不同的教育方式，真正地做到了"因地制宜，因材施教"。

朱由校不是喜欢木工吗？

　　孙承宗就给朱由校讲解中国历史上著名的木工成才的故事。上到春秋时期的鲁班下到隋唐时期的著名工程师宇文恺，大到皇宫长城的修筑，小到锯子的发明，把喜欢木工的朱由校听得一愣一愣的，好半天没有回过神来。

　　等朱由校回过神来以后，觉得意犹未尽，就拉着孙承宗的衣襟，左口一个"孙老师"、右口一个"孙先生"地缠着孙承宗继续给他讲故事。

　　朱由校与孙承宗的师生关系那是相当地融洽。

　　天启元年（公元1621年），辽阳、沈阳相继被八旗军队攻陷，大明在辽东的统治地位岌岌可危。

　　都察院御史方震孺是一个颇有见识的人，立马上书朱由校，告诉朱由校，兵部尚书崔景荣其实是个占着茅坑不拉屎的窝囊废，建议立刻罢免崔景荣，让精通军事的孙承宗担任兵部尚书。

　　满朝文武大臣都知道孙承宗是朱由校身边的大红人，都想巴结孙承宗，都推荐孙承宗为兵部尚书，主持辽东事务。

　　朱由校不干了！

　　我听孙承宗讲故事听上瘾了，你们现在叫孙承宗去辽东对付努尔哈赤，那谁给我讲故事啊？大明这么大，难道就找不到合适的人代替孙承宗去辽东吗？

　　天启二年（公元1622年），朱由校认为孙承宗鞍前马后那么多年，官职太低，实在有点过意不去，于是拍板，立刻提升孙承宗为礼部右侍郎，在给自己讲故事的同时协助处理一下詹事府的事情，多挣点俸禄。

　　没过多久，努尔哈赤就率领八旗军队攻陷了辽东的另一军事重镇广宁城。

　　这下，朱由校再也坐不住了！

　　朱由校知道再不派遣有能力的人去稳定辽东局势，大明江山就要毁在自己的手里了，到那时自己有何面目去见朱家的列祖列宗？

　　为了保住大明的万里江山，朱由校只有忍痛割爱，不再让孙承宗继续给自己讲故事了，让孙承宗处理辽东事务了。

　　朱由校任命孙承宗为兵部尚书兼东阁大学士，处理辽东事务。

　　万幸，真是万幸啊！

孙承宗视察辽东

当叶向高把袁崇焕的那封书信送到朱由校的手上后，朱由校拿不定主意，只有去找他敬爱的老师孙承宗拿主意了。

朱由校双眼炯炯有神地注视着老师孙承宗，希望能够从孙承宗的口中听到一些富有建设性的话语。

可是孙承宗的回答，让朱由校大跌眼镜，差点就从椅子上摔下来了。

"臣也不知道这封信说得对不对，让臣先到山海关走一趟，再来判断这封信的建议是对是错吧。"

要的就是你这句话！

孙承宗的回答，让朱由校看到了希望。

朱由校马上加封孙承宗为太子太保，赐蟒玉带、银币，还赞扬了孙承宗一番。

天启二年（公元 1622 年），孙承宗从京师出发，前往有"天下第一关"之称的山海关。

山海关古称榆关，也作渝关，又名临闾关，洪武十四年（公元 1381 年），中山王徐达奉命修永平、界岭等关隘，在此修筑关隘，因其北倚燕山，南连渤海，故取名为"山海关"。

孙承宗马上召集山海关的大小将领，商讨防守山海关的问题。

这些日子来，这些将领就如同失去爹娘的孤儿，在山海关沦为可有可无的不堪角色，接受有阉党背后撑腰的王在晋的瞎指挥，似家常便饭。

此时，一旦有了主心骨，大家压抑已久的想法和激愤便同时爆发了。

孙承宗老谋深算，认为明军不应该仅仅坚守山海关内，而应该在山海关以外的广大地区建立坚固的防线，派遣大量明军驻守，抵挡八旗军队的进攻。

山海关的许多将领认为应该在觉华岛设置重兵。

觉华岛，位于如今的辽宁省葫芦岛市所辖的兴城市菊花岛乡，俗称大海山，在唐宋时期称桃花岛，辽金时期称觉华岛。

觉华岛早在唐代，就被开发，港口著名，其北边海港，称为靺鞨口，已为岛上要港，出入海岛咽喉。

辽东明军所用的粮草，基本上都储存在这个海岛上，觉华岛成为明军的一个囤积粮料的基地，防守觉华岛对辽东明军来说至关重要。

袁崇焕认为应该在宁远城驻守大量明军，作为抵抗八旗军队的前沿阵地。

王在晋坚决反对众人的建议，由于山海关的将领大多数是王在晋的部下，因此他们都坚决拥护王在晋的主张。

虽然孙承宗官职比王在晋高，权力也比王在晋大，但是山海关毕竟山高皇帝远，是王在晋的地盘。

于是孙承宗推心置腹地找王在晋谈了七天七夜，可是王在晋就是吃了秤砣——铁了心要和孙承宗对抗到底，不管孙承宗说什么，他都只有两个字：不行。

孙承宗知道王在晋那个家伙已经没救了，于是决定铲除他。

孙承宗在回北京之前，接见了袁崇焕。

不谈不知道，一谈吓一跳，孙承宗发现袁崇焕不仅见解独到，而且气度不凡，绝非常人可比。

酒逢知己千杯少，话若投机分外多！

孙承宗和袁崇焕一见如故，大有相见恨晚之感，两人谈古论今，纵论辽东形势，常常不谋而合。

此人堪当重任，正是帮助自己经营辽东的合适人选！

袁崇焕到底是怎样的一个人，值得明末伟大的军事家、政治家，朱由校的老师，努尔哈赤的克星孙承宗去佩服？

这还得从袁崇焕来到人世那一刻讲起。

猛人中的猛人袁崇焕

袁崇焕，字元素，生于万历十二年（公元 1584 年）四月二十八日，广东东莞水南袁屋坪（今广东省东莞市石碣镇水南村）人，可是广西梧州府滕县的人也说他是广东梧州府滕县人。

无论广东东莞水南袁屋坪还是广西梧州府滕县，在大明时期都是除了水稻几乎不长其他农作物，交通不便的地方。

袁崇焕偏偏就出生在这个穷乡僻壤的地方。这个地区的孩子要想改变自己的命运，就只有努力读书，争取在科举考试中取得好的名次，好跳出这块土地对自己的束缚。

当然袁崇焕也不例外。

袁崇焕其实并不缺钱花，他祖父袁世祥、父亲袁子鹏都是做木材、药材生意的，可是光有钱没有地位啊！

袁崇焕为了改变自己的地位，也开始努力学习，熟读四书五经，基本上达到了过目成诵的程度。

功夫不负有心人啊！

万历三十五年（公元1607年），二十三岁的袁崇焕跑去参加广西桂林举行的乡试，考中了举人。

袁崇焕太得意忘形了，他自从考中举人后，就把大堆大堆的科举考试必读书目丢到了一边，好像对他来说，去北京考进士简直是轻而易举。

他每天沉醉于诗词歌赋，有时间就跑到大街上，听那些老兵讲述他们在辽东同蒙古、女真军队作战的辉煌事迹。

历史注定要和袁崇焕开个玩笑！

袁崇焕二十四岁那年来到了北京，参加大明政府三年举办一次的全国统一考试会试，袁崇焕兴高采烈地踏进考场，垂头丧气地走出考场。

袁崇焕名落孙山，只好收拾行李灰溜溜地回到了家乡。

袁崇焕遭受了人生旅途中的第一次重创！

袁崇焕不是那种碰到困难就低头的人，他像我们今天的许多落榜的高考生一样，毫不犹豫地选择了复读。

三年后，他再一次来到了北京，袁崇焕又落榜了，他再次灰溜溜地回到了家乡。

三年后，袁崇焕又去北京参加大明政府举办的全国统一考试会试，可是不久以后，他又像前两次一样，踌躇满志而去，失魂落魄而归。

万历四十七年（公元1619年），袁崇焕经过三次考试失败后，终于考中了进士，名次是三甲第四十名，这个名次不是太好也不是太差。

大明政府没有亏待这个有毅力有恒心的读书人，袁崇焕被任命为邵武知县。

袁崇焕终于通过读书考试这条道路改变了自己的命运，从"士农工商"中最低等的"商"一跃成为最高等级的"士"。

而这些对袁崇焕来说，不是结束，只是开始。

袁崇焕对自己的人生设定，一直了如指掌洞若观火！

袁崇焕在邵武县当知县期间，到处结交朋友，为人仗义，经常请朋友喝酒吃饭，为朋友大打出手，得罪过不少人，也交了不少知己朋友。

袁崇焕与朋友聚在一起喝酒吃饭谈论的话题除了军事还是军事，一个话题谈论了这么多遍，不但不感到厌烦，而且越谈越兴奋，越聊越激动。

袁崇焕不但与朋友聚在一起喝酒吃饭的时候谈论军事，而且他只要有时间就跑到大街上茶馆里去听退休的士兵讲述辽东的事情，很晚都不知道回家。

袁崇焕听了不打紧，关键是他听了后就自认为已经知道了辽东的所有情况，逢人便说自己是辽东的将才，只要给他兵给他粮，他一个人就可以守住辽东。

天启二年（公元1622年）正月，袁崇焕终于有机会去北京觐见皇帝朱由校，这对一个芝麻绿豆大的官来说，是几年难得一遇的大事情。

由于袁崇焕经常谈论辽东的事情，弄得满朝文武大臣没有哪个不知道，就连兵部都知道了袁崇焕的鼎鼎大名。

不久之后，在都察院御史侯恂的极力举荐下，袁崇焕如愿以偿地留在了京师，官升兵部职方主事，官居正六品，踏上了更加广阔的舞台，有了一展抱负的机会。

袁崇焕兵部职方主事这个职务还没有干多久，努尔哈赤就率领八旗军队攻陷了广宁，熊廷弼和王化贞率领数十万军民从辽东狼狈逃到了山海关内。

满朝文武大臣马上聚集在一起召开紧急军事会议，会议一致通过应该立刻派遣有用的将领驻守山海关，防止努尔哈赤率领八旗军队侵扰内地的决议。

按说这件事情跟袁崇焕一点关系都没有，广宁失陷又不是他造成的，也不用担心自己会被政府追究责任，就算兵部要找人出来承担责任，也轮不到袁崇焕这个芝麻绿豆大的官，他的上面还有兵部尚书、兵部侍郎等人顶起的。

可是袁崇焕偏偏在这个时候犯了牛脾气，连几头牛都拉不回来。辽东的事情一直都是听从辽东退伍下来的老兵讲述的，不能不信，也不能全信，因此他想亲自去山海关看看。

袁崇焕是典型的"只有想不到，没有做不到"的人，袁崇焕一想到去山海关看看的主意，连包袱都没有来得及收拾，随从都没有来得及叫一个就奔山海关去了，一路从南走到北，从白走到黑。

　　袁崇焕不愧是袁崇焕，真是任性啊！去山海关连假都没有跟兵部尚书请，懒散惯了，也没有告诉家人，是一个典型不着家的人，几天没有回家，家人都认为他被土匪强盗绑架了，派人四处寻找他。

　　袁崇焕在山海关逛了一圈，又回来了，还大言不惭地当着满朝文武大臣夸下海口："给我军饷，给我粮食，给我军队，我一个人就可以守住整个辽东！"

　　很张狂，这都是袁崇焕自己说的。

　　整个官场，为之沸腾！

　　朝中许多文武大臣听了袁崇焕大言不惭的话，恨不得马上冲上去把他推倒在地，无耻的人、狂妄自大的人他们见多了，还没有见过无耻、狂妄自大到这种地步的人！

　　朝中的文武大臣想是这么想，却不敢这么做，大家现在是非常地沉着冷静，要想自己多活几年，不去辽东，就不能够与袁崇焕一般见识。

　　既然袁崇焕说他能够守住辽东，那就让他去守吧，反正他守不守得住，都跟自己没有多大关系。

　　朝中的文武大臣都装模作样地好好赞扬了袁崇焕一番，还破格提拔他为都指挥佥事，监督山海关外的明军，并且还拨给他二十万两白银，让他去招募训练士兵。

　　此时山海关外的大片土地基本上是百里无鸡鸣，千里无人烟，不要说人，就是连鬼都看不到一个，你还去山海关外招募士兵，你去招募鬼还差不多。

　　因此袁崇焕只有在王在晋手下当个小官，管点事儿，平时就跑跑腿，蹭蹭饭，混日子嘛。

孙承宗经略辽东

　　孙承宗与袁崇焕交谈了数个小时后，就离开了"天下第一关"山海关，马不停蹄地赶回了北京。

　　孙承宗到达北京后，没有停留半刻，就健步如飞地跑到了皇宫，觐见朱由校。

　　孙承宗告诉朱由校：王在晋那个小子根本就是酒囊饭袋，没有安邦定国之才，让他驻守山海关对大明只有坏处没有好处。

　　朱由校一向对孙承宗言听计从，既然孙承宗都说王在晋那个家伙是个没有才能的人，那么他就是个酒囊饭袋。

于是朱由校恭恭敬敬地对孙承宗说："那依老师之见，王在晋该如何处置呢？"

"王在晋虽然是个酒囊饭袋，但是他驻守山海关这么久，没有功劳也有苦劳啊！不可惩罚太重，不然会让满朝文武大臣寒心，那么就没有人愿意为大明王朝继续效力，不如改任他为南京兵部尚书。这对他来说也没有什么损失。"

对这一要求，朱由校自然不会不答应。

很显然，这表面是对王在晋的平级调动，实际却是把王在晋给架空了，让他提前养老了！

"臣恳请陛下让臣去驻守山海关，经略辽东！"孙承宗赶紧把话题从无关紧要的王在晋身上转移到了正事上来，免得过一会儿朱由校又去做木工了，那自己就没有机会说了。

"好吧，好吧，既然老师心意已决，朕也不再勉强，老师珍重，在辽东要多穿衣服，免得着凉！"

朱由校任命孙承宗为辽东经略，赐尚方宝剑、蟒玉带等贵重物品，并拨给孙承宗八十万两白银，作为军饷。

天降大任，斯人必为！为了圆满完成朱由校交代的任务，孙承宗做足了准备。

孙承宗到达山海关后，马上投入紧张繁忙的军事工作。

所有工作在孙承宗的安排下，都有条不紊地进行着。

孙承宗一方面命令总兵江应诏重新制定军事制度，约束辽东的军队；另一方面还交代司务孙元化修建炮台，铸造火炮；还吩咐李秉诚铸造火炮、火枪；最后还指示命令左都金事袁崇焕建立营舍，招募新兵，训练士卒。

当时山海关的明朝守军多达七万人，这些人从根上便烂透了，与其说是大明的驻军，还不如说是游手好闲、混吃混喝的无业游民，打仗的时候，他们逃得比谁都快；领军饷的时候，他们总是冲在最前面。

孙承宗决定改变这种状况。

对这些人，孙承宗只采取了一个办法，事后证明这个办法也是最有效的办法，那就是：滚一边去。

孙承宗把这些只知道领军饷不打仗的人全都踢回了老家，用袁崇焕训练的关宁铁骑来代替。

孙承宗说一，朱由校不敢说二。孙承宗想去山海关看看，朱由校二话不说，就让孙承宗去了；孙承宗说王在晋该离开山海关了，朱由校就毫不犹豫地让王在晋收拾包袱离开了；孙承宗想当辽东经略，去管理辽东，朱由校眉头都没有皱一下，就任命孙承宗为兵部尚书，去山海关督战……

孙承宗有朱由校这样懂事尊敬老师的好学生还嫌不够，又收了调皮捣蛋的袁崇焕做学生。

孙承宗师父很喜欢这个后生，有问必答，知无不言言无不尽，把自己一生总结出的谋略战术，和自己坚持的信念以及坚持不懈的勇气与永不言弃的精神都毫无保留地传授给了他。

孙承宗开始尽心尽力地培训这个让他寄予厚望的年轻人，孙承宗工作的时候带着他，吃饭的时候叫上他，让这个学生能够洞悉自己的一言一行、一举一动。

这大概就是所谓的"言传身教"吧。

师父领进门，修行在个人！

袁崇焕也确确实实是一个能够让孙承宗放心的好学生，他每天都恭恭敬敬地跟在孙承宗的屁股后面，认认真真地学习孙承宗传授的每一个知识点。

袁崇焕还是一个自觉性比较高的学生，他利用孙承宗教的方法去实践。

袁崇焕利用课余的休息时间去修筑宁远城，训练从辽东本地召集的军队。

这样的生活虽然很忙碌也很劳累，但是对袁崇焕来说也很快乐很愉快。

袁崇焕的实践

袁崇焕修筑的宁远城，不但城池坚固，固若金汤，有如铁桶一般，而且不被传统的思想束缚，注重与时俱进、开拓创新。

别人修筑的城池都是四四方方的，而袁崇焕修筑的城池却是"山"字形！

袁崇焕修筑宁远城的时候，绝对没有想到这座毫不起眼的城池差点让后金大汗努尔哈赤在那里丢了老命，袁崇焕更没有想到，宁远城会跟他的名字一起被载入史册、流传千古。

接下来该怎么办？

别人是摸着石头过河，袁崇焕连石头都没有，袁崇焕只有用心思考！

袁崇焕在脑子里盘算：八旗军队基本上是清一色的骑兵，骑兵的机动性与灵活性都比步兵强。

在战争中，骑兵来无影去无踪，东一榔头西一棒槌，打得赢就打，打不赢就跑，跑之前还坚持"贼不走空"的原则，抢点东西，这些步兵都做不到。

问题是大明的军队基本上是步兵，一碰到强大的八旗军队就只有被人家吃掉；碰到弱小的八旗军队，人家见到明军，二话不说，拔腿就跑，明军又追不上，就只有干瞪眼！

修筑坚固的城池，根本就只能够防守八旗军队的进攻，而不能够主动攻击八旗军队，八旗军队今天攻不下大明的城池，抢不到东西，回去休息几天再来。

这样的战争是个无理数，永远也没有个头。

残酷的战争和严峻的现实让袁崇焕意识到，拥有一支忠贞不二、纪律严明、冲锋陷阵、敢打敢拼的骑兵部队是多么重要。

凡事预则立，不预则废，袁崇焕觉得自己应该有所行动，免得到时候措手不及！

袁崇焕马上就把自己的想法告诉了孙承宗。

孙承宗大大地夸奖了袁崇焕一番，还全力地支持袁崇焕将想法变成具体的行动。

孙承宗是辽东官职最大的人，既然有孙承宗的全力支持，袁崇焕很快就将他的想法通过征兵启事变成了实际行动。

尽管袁崇焕征兵的要求非常苛刻，可辽东并不缺乏为人老实、遵纪守法、服从命令、作战勇猛、敢打硬仗、敢冲锋、不怕死的人，还是有数千人符合要求，被征入伍。

征上的自然皆大欢喜，没有被征上的，也不用气馁，毕竟下次还有机会。

接下来的事情就是训练招来的新兵。

对熟读兵书的袁崇焕来说，并不算什么难事。

这袁崇焕做人最大的优点，就是自己能做到的事，从来不愿意麻烦别人。

袁崇焕亲自给这些新兵示范马刀的使用过程，劈、砍、刺、挡，每个动作都讲得面面俱到；袁崇焕也给新兵详细地讲解了三眼火铳的使用过程，怎

样使用可以使后坐力减到最小，怎样使用才能够达到最佳的射击效果，都有所涉及。

成功没有捷径，只有不断地练习！台上一分钟，台下十年功，要想战场上少流血，就得训练场上多流汗。

袁崇焕看上去人畜无害，对士兵要求那是相当严格，每个动作都要士兵们操作数十遍，甚至上百遍，直到练会为止。

袁崇焕的训练，将这些新兵弄得是死去活来，只有出的气没有进的气。

俗话说"吃得苦中苦，方为人上人"，经过袁崇焕疯狂的魔鬼训练以及新兵们自身的努力，士兵们的身体素质和战斗力都得到了很大的提高。最好的士兵砍敌人的脑袋瓜子就如同砍西瓜，最差的士兵至少在杀人的时候手不会发抖。

值得做的事情，必定都是困难的！

一支精锐的骑兵部队仅仅有作风顽强、纪律严明、军事过硬的士兵，没有战马也是不行的，那充其量只能够算步兵而不能够算骑兵。

但这难不倒袁崇焕，只要有他在，这都不是事。

袁崇焕不但是个训练新兵的教官，而且还是养战马的马夫。

经过袁崇焕的勤劳努力，饲养出了许多膘肥身健的战马。

当官是他的职业，养马是他的爱好，这并不发生冲突！

有了作风顽强、纪律严明、军事过硬的士兵和日行千里的战马，也不能够算是一支精锐的骑兵部队，你总不可能骑着战马、拿着菜刀去跟八旗军队作战吧。

袁崇焕用实际行动告诉世人，这个世界有精通一门技术的人，也有样样技术都精通的人。

袁崇焕在训练新兵、饲养战马的同时，也在专心地研究武器。

他研究的武器不仅仅是大刀、长矛、狼牙棒，而且还在研究与生产当时大明最先进的武器三眼火铳、火炮。

袁崇焕已经决定要和努尔哈赤打一场科技大战。

由于大明生产工艺先进，并且能够批量制造，没用多长时间，就能够保证每个新兵人人都有一把马刀，人人一支三眼火铳。

袁崇焕麾下士兵拥有的先进兵器恐怕在整个大明境内，也只有护卫京师的神机营比得过。

袁崇焕需要的是一支无论是深陷重围、上天无路、入地无门，还是面对数倍于己、如狼似虎的敌人，都能够为了保卫自己的祖国，保护自己的兄弟姐妹而驰骋疆场、浴血奋战绝不投降的精锐骑兵部队。

事实证明，袁崇焕训练出了这样一支骑兵部队，八旗军队自始至终都没有能够彻底打败它，这支战无不胜、高歌猛进的骑兵部队也有一个让八旗军队闻风丧胆的名字——关宁铁骑！

袁崇焕不愧是孙承宗一手调教出来的好学生，经过孙承宗几年时间的教育，袁崇焕已经完全掌握了孙承宗的谋略、战略战术等等，并且还有"长江后浪推前浪"的发展趋势。

袁崇焕还有一样东西没有从孙承宗那里学到，这种唯一没有学到的知识就是政治斗争，袁崇焕最终会为这项没有学到的东西付出代价，成为政治斗争的牺牲品。

赵率教

辽东这么大，孙承宗开始带着随从巡视辽东。

当孙承宗来到这个根本就应该空无一人的中前所的时候，他看见了一望无际的农田与成片成片的住宅区，还有手持大刀、长矛巡逻放哨的士兵。

造成这一切的就是赵率教。

赵率教召集成千上万的难民开垦了几万公顷的荒地，建造了九十多万间的房屋，训练拥有不怕死的硬骨头拼命精神的士兵多达一万。

赵率教这个人，很传奇！

赵率教，字希龙，号明善，陕西靖虏卫（今甘肃省白银市靖远县）人。

万历十九年（公元1591年），赵率教考中武进士，被朝廷任命为甘州都司。

此后，赵率教时不时打点小仗，立点小功，一路飙升，从伯营游击到靖虏卫参将，最终爬到了延绥参将的位置。

赵率教遭到了许多人的嫉妒，他们自然有能力也有办法使赵率教结束这样的好日子，这个办法就是弹劾。

赵率教在众多言官的弹劾下，结束了他的当官生涯，变成了彻底的无业人员，只能自食其力了。

　　托杨镐的大福，杨镐带到辽东讨伐努尔哈赤的十几万大军，结果有数万军队永远躺在了辽东，还有几百名将领再也上不了战场，此时的大明已经是无兵无将，军队可以在普通百姓中再招，可是将领就只有提拔一批下级将领，有几年资历的将领，没准都能够混个总兵干干！

　　赵率教也被大明召回来了，还混了个副总兵的职务干，并且还成为了辽东经略袁应泰谋划团的首席执政官。

　　但赵率教的仕途注定不是一帆风顺的。

　　这样的好日子却因为一个人的到来结束了，有这样大本事的人，在当时自然是非努尔哈赤莫属！

　　天启元年（公元1621年），努尔哈赤率领八旗精锐侵扰大明，不久辽阳失陷，袁应泰自杀殉国。

　　先别管什么状况，保命为第一要务！危机面前，赵率教尽显怯弱本色，狼狈逃回关内，速度快得就像是一只兔子。

　　从此以后，赵率教的命运变得坎坷起来！

　　依据大明的律法，当逃兵是要被砍头的，可是这次大明没有找赵率教的麻烦，也许是因为在萨尔浒一战中将领实在是损失太大了，能够带兵作战的将领都成为了大熊猫，大明不得不重用一些犯了错误的将领，这次逃跑根本就没有被人发现，所以没有人告发！

　　天启二年（公元1622年），赵率教投靠了当时的广宁巡抚王化贞，可是不久努尔哈赤又率领八旗军队攻陷了广宁城。

　　王化贞和辽东经略熊廷弼率领数十万军民撤出了辽东，全部逃回了山海关之内，赵率教自然也在逃荒队伍当中！

　　赵率教不甘心失败，随后又投靠了王在晋。

　　王在晋没有在山海关干多久，就被孙承宗赶下了课。

　　可赵率教呢，什么事都没有，一遇到困难，一碰到麻烦跑得那叫一个快。

　　没用多长时间，关于赵率教的各种传奇，就传遍了大明的每个角落。

　　赵率教的人生遭遇实在是令人唏嘘！

　　赵率教焦头烂额、外焦里嫩、心急如焚，越想越气，了无生趣！

　　然而，赵率教再怎么后悔，过去也不可能再回来了！

　　赵率教决定改过自新、重新做人，讨回失去的尊严，用实际行动告诉世人，自己不是个贪生怕死、见不得血、把脑袋藏裤裆里的软蛋，自己也有抛头颅、洒热血的决心。

赵率教在山海关待了几个月之后，突然主动去拜访了王在晋。

赵率教逆向而行，主动自荐，愿意带领明军去收复失地，直捣后金的老巢。

在朱由校当政时期，失地这个概念是相当广泛的，基本上山海关—嘉峪关以外的土地全部可以算作失地。

收复所有失地，危险系数实在太大，赵率教应该不是那个意思，他口中的失地，应该是指宁远城附近的前沿哨所前屯。

王在晋没有说话，用那种看疯子的眼神看着赵率教。

赵率教这位仁兄就是实在，拜访完王在晋后，就带着三十八个家丁离开了山海关，赶赴屯卫城。

赵率教这是发了狠了！

王在晋突然觉得，哎，还真是，还真是不知道该说什么好了。

赵率教带着三十八个家丁走到中前所的时候就下令停止前进了。

就在这里了，从此开始，建功立业！

赵率教带领三十八个家丁开始了紧张而又繁忙的工作，他们修建房屋，开垦稻田，真有点打算在这里长期住下去过日子的架势。

上天还是眷顾赵率教的，就是在这些波澜不惊的日子里，他作出了巨大的业绩。

当孙承宗来到这个根本就应该空无一人的据点的时候，他看见了一望无际的农田，与成片成片的住宅区，还有手持大刀、长矛巡逻放哨的士兵。

在得知此前这里仅仅有三十九人的时候，孙承宗找到了这些人的主心骨赵率教，只问了赵率教一个问题："现在这里有多少人？"

"百姓六万多人，军队一万多人！"赵率教坦率地回答。

孙承宗不但把"赵率教"这三个字记在了内心深处，而且还将自己乘坐的舆车赠送给了赵率教。

赵率教从来都是被人骂的命，什么时候被人这样礼遇过。

当赵率教正打算挽起袖子大干一场的时候，兵部却派人把他带走了。

原来是招抚金事万有孚一向与赵率教不和，此人心胸比指缝还窄，度量比芝麻还小，如今看到赵率教的工作干出了成绩，干出了成就，心里更是不爽，

就想给赵率教的生活加点调料,让他身败名裂! 生不如死!

我们不得不佩服,万有孚的记性真的很好! 他把赵率教多次弃城逃跑的"英雄事迹"——罗列,交给了蓟辽总督王象乾。

王象乾一看这件事情还比较严重,也不敢隐瞒不报,又匆忙将它交给了时任兵部尚书的董汉儒。

俗话说: "宰相肚里能撑船",董汉儒的宰相肚里不仅撑不了船,好像一颗芝麻都容不下。

居然敢弃城逃跑,这还了得,当然办你没商量。

董汉儒连下了几道命令,判了赵率教一个斩立决,开始着手追逃部署。

这是又出事了!

事态严重,刻不容缓!

孙承宗一听到这个消息,风驰电掣、一日千里地从山海关赶回了北京城,将赵率教从刽子手的刀口下救了下来。

要不是孙承宗跑得快,及时出手,赵率教当时就交待在那了!

孙承宗告诉董汉儒:咱们都是老熟人了,行个方便,给赵率教一个机会。

有孙承宗在,情况变得有点复杂。孙承宗此时是朱由校身边的大红人,自然谁都不愿意得罪他。

作为兵部的一把手,董汉儒经验老到,目光如炬,不到三秒,就作出了最终判决:

赵率教最终收复失地有功,弃城逃跑有过,功过相抵,撤销案底,无罪释放,给他一个重新做人的机会!

赵率教这才保住了性命,皆大欢喜。

施恩不图报,这才是侠之大者!

孙承宗救下赵率教,无疑是个英明的决定,在以后的日子里,赵率教将用实际行动告诉世人:自己活下去比死了更有价值。

形势一片大好

"精诚所至,金石为开",经过长期努力与不断探索,此时的辽东在孙承宗的精心治理下发生了翻天覆地的变化。

想想孙承宗刚来辽东的时候,应该是在天启元年(公元 1621 年),那时候明军在辽东的全部地盘就仅仅剩下山海关以及山海关外方圆几里的区域，这实在是上不了大台面的。

到了天启五年（公元1625年），孙承宗不但巩固了天下第一关山海关，而且还收复了宁远城。还在那里修筑了固若金汤、易守难攻的城池，控制了山海关外方圆数百里的土地。

孙承宗不但控制了这片广阔的土地，而且还最大程度地发挥了这块土地的功用，在那里建造村庄，召集流民，开垦荒地，种植粮食。

孙承宗之所以这么做，大概是孙承宗的人生信条就是"浪费就是最大的犯罪"吧！这块土地放在这里，就应该被广泛地利用。

孙承宗得到了这么多的地盘，可是他认为这还远远没有达到自己心目中的预定目标。孙承宗又调集明军占领了辽东的另一军事重镇锦州城。

让人意想不到的是，孙承宗占领锦州城居然没有损失一兵一卒，没耗费一枪一箭，这倒不是明军经过孙承宗和他学生袁崇焕的刻苦训练，战斗力大大提升，已经达到指哪打哪、百发百中的程度了，而是努尔哈赤根本就没有派遣一个士兵驻守锦州城。

熊廷弼、王化贞把广宁城弄丢了以后，就带着辽东的数十万军民全部撤回了山海关内，给努尔哈赤留下了一个面积庞大、疆域广阔的辽东，努尔哈赤只有放弃那些中型城镇，占据辽阳、沈阳等特大城镇。

结果证明，努尔哈赤犯了一个非常严重的错误，得到锦州城以后，孙承宗也完成了他在辽东应该完成的重大事情，那就是关锦防线的完工，明军在辽东已经变得异常强大，这已经不是八旗军队能够撼动的了！

关锦防线到底是哪里到哪里啊？

关锦防线是指山海关—宁远城—锦州城这几个辽东的军事重镇连成一大片，组成的坚固防御体系，关锦防线长达四百多里，深入后金境内。

常言道"不怕一万，就怕万一"，孙承宗为了确保万无一失，又调集了数百万民工在关锦防线上建立了许多城池、军堡与据点，八旗军队想攻破这道防线简直比登天还难！

关锦防线的坚固程度超越了我国历史上任何一个朝代与国家修筑的防御体系，这不是我危言耸听，秦汉时期花费大量物力、财力、人力修筑的万里长城，东起山海关，西到嘉峪关长达一万多里，是中国历史上最伟大的工程

之一，可是它最终也没有能够抵挡住匈奴大军进攻中原地区的步伐，而关锦防线却能够抵挡住八旗军队的多次进攻，努尔哈赤亲自率领八旗精锐攻打了数次，不但没有突破防线，最后还在宁远城这个地方丢掉了自己宝贵的生命，他的儿子皇太极也带领八旗军队攻了多次，仍然没有什么突破。

孙承宗绝对不会想到，后来八旗精锐还是越过了关锦防线，他们不是攻进来的，而是大摇大摆地从山海关走进来的，这当然归功于祖大寿的外孙吴三桂了。

当然，这是后话，咱们还是先看眼前吧。

这就是孙承宗从天启元年到天启五年在辽东干的事情，在这五年时间里，孙承宗命人修筑了众多坚固的军事据点，控制了辽东众多的土地，提拔了像袁崇焕、祖大寿、毛文龙这样众多的有能力有才能的优秀将领，训练出了可以与努尔哈赤一争长短的关宁铁骑。

现在，孙承宗有一条无坚可摧的防御线（关锦防线），一支不怕苦、不怕死、撼不动、打不散的精锐劲旅（关宁铁骑），一群天不怕地不怕，看见敌人只管冲上去砍的将领。

那就是说，所有问题都解决了！

孙承宗应该可以凭借这些得天独厚、无与伦比的条件，立功名，取富贵，立夺天之功，创万世威名。

也许孙承宗能够打败有吕布之勇、诸葛之才的努尔哈赤，也可以打垮努尔哈赤一手训练出来的在战场上不顾个人安危，就知道挥舞刀枪剑戟，一路猛砍猛杀的八旗军队，甚至能够摧毁女真人经过数十年时间建立起来的后金，干出像卫青、霍去病、常遇春、徐达等人那样伟大的事业。

党派之争

当上辽东经略的孙承宗，活动频繁，又是打造兵器，又是提拔将领，今天练兵，明天筑城，大张旗鼓地为对付努尔哈赤作准备，成功指数直线上升。

可是孙承宗得罪了一个人，使他这一切努力最后都变成了镜中之花水中之月。你说气人不气人？

大家可能会问，那个孙承宗得罪的人是谁啊？

我可以负责任地告诉大家，孙承宗得罪的这个人就是中国历史上最臭名昭著、最厚颜无耻的魏忠贤！

魏忠贤到底是何许人也，连朱由校的授业恩师孙承宗的好事都敢破坏，那得有多大的本事啊？

权奸祸宦魏忠贤的青少年时代

魏忠贤，原名魏尽忠，生于隆庆二年（公元 1568 年），是北直隶河间府肃宁县（今河北省沧州市肃宁县境内）人。

魏尽忠的父亲魏云卿是戏剧演员，母亲侯一娘是杂耍艺人。

魏尽忠生活在这样的家庭，虽然不能隔三岔五地吃肉，但至少不会饿死。

三岁看到老，魏尽忠这个人打小就特别奇葩，他认为读书学习太伤脑筋，还不如赌博来得实在。

扎金花、麻将、色子、牌九、斗鸡、斗狗……凡是跟赌博有关的，他都无所不爱、无所不玩、无所不通。

此时魏尽忠所谓的伟大理想，当然是赚大钱，过上那种舒服得让人羡慕的生活。

每天，魏尽忠都会来到赌坊，聚众赌博，雷打不动，风雨无阻！

魏尽忠运气不是很好，每次在赌桌上就只有输的份没有赢的份，不但竹篮打水一场空，还把竹篮赔进去了，真是鸡飞蛋打，人财两空。

没有过多长时间，魏尽忠就把他父母魏云卿、侯一娘留下的那点微薄家产给输光了，还欠了一屁股的债。

魏尽忠摊上大事了！

债主天天追着他要债，可是魏尽忠身无分文，连吃饭的钱都没有，更不用说还债了。

魏尽忠欠下的赌债利滚利，雪球一般的速度，打死他也还不上堵不住这个窟窿了。

"杀人偿命，愿赌服输，欠债还钱"从来都是天经地义的，不还那是不行的。

放赌债的那都是什么人呢？那是黑白两道都吃得开，处理问题一直简单粗暴，见魏尽忠不还钱，马上就拳脚相加，并且见一次打一次，打得魏尽忠鼻青脸肿、遍体鳞伤，躺在床上休息了数个月，才能下地走路，差一点瘫痪了。

事已至此，为了从此以后不再挨打，为了从今以后过上好日子，魏尽忠只能不讲情分，牺牲自己的女儿了！

魏尽忠二话不说就将自己的亲生骨肉卖给杨家当了杨六奇的童养媳。

魏尽忠此举在他妻子冯氏的心灵上，造成了不可磨灭的阴影！

冯氏内心是崩溃的，哭得死去活来，可魏尽忠却没有一丁点伤心的意思。

魏尽忠不但没有伤心，反而还有点高兴，真正做到了"量小非君子，无毒不丈夫"。

对魏尽忠来说不就是一个女儿吗？反正迟早都是别人的人，晚送不如早送，用得着这么伤心吗？

一旦学会了破罐子破摔，魏尽忠发现自己的世界豁然开朗！

魏尽忠从未服输，一心想赢！

魏尽忠还了赌债以后，还剩了一点钱，魏尽忠马上将这点资本投入了意义重大又有前途的赌博事业。

男怕入错行，女怕嫁错郎！

通常来说，委屈和不满积累到一定程度就势必发泄出来，否则这个人就可能被活活憋死。

冯氏经常担惊受怕，晚上睡不着觉，终于受够了，憋不住了！

这样的日子，啥时候是个头啊？冯氏含着眼泪逃离了魏尽忠的家，改嫁去了。

冯氏逃了也对，不然说不定哪天魏尽忠又欠了赌债，他也会毫不犹豫地将他老婆冯氏拿去卖了。

魏尽忠是个懂得享受的人，兜里有一块钱绝对不花九毛，控制不住自己呀，情不自禁啊，魏尽忠白天在赌桌上厮杀，夜晚在秦楼楚馆、花街柳巷鬼混。

魏尽忠卖女儿还了赌债剩下的那点钱哪里经得起他的花销啊！几天下来，魏尽忠又变得身无分文、无家可归了。

更糟糕的是，每天都有数名身强力壮、凶神恶煞的打手跟着他要债，不还就是一顿暴打，打得他满头是包，满脸是血，打得他痛不欲生，甚至开始怀疑人生。

在拳脚相加中，魏尽忠发现，其实自己并不穷，只不过自己身上多了一点东西。

只要丢掉这点东西，自己就可以干一番惊天动地的大事，自己就可以去从事大明时期非常有前途的工作，那就是当太监。

魏尽忠的志向很远大，郑和、王振、汪直、冯保、刘瑾就是他此时的偶像。

让我们真心地祝福魏尽忠从此以后能改过自新，重新做人，在太监这个充满艰辛和屈辱的职务上干出一番大事业！

太监之路

魏尽忠有了这个想法以后，决定马上付诸实践。

魏尽忠发现了一个非常严重的问题，似乎踏出这一步有大大的难度，自己连请阉割匠的钱都没有。

很显然，摆在魏尽忠面前的只有这条路了，魏尽忠脱身心切！他不能再拖，他要抓住最后的机会奋力一搏。

事到如今，就只剩下最后一个办法了！

露出赌徒本性的魏尽忠找来一块白布，塞在嘴里，用家里的菜刀就把自己身上多的那点东西给切掉了。

当时的医疗条件又不发达，伤口很容易感染，并且没有麻药，真的很难

想象，魏尽忠需要忍受多大的痛苦啊！可是魏尽忠做到了。

魏尽忠阉割以后，就迫不及待地跑到太监报名处去排队报名。

其实在大明时期，太监这个职业是相当吃香的，报名的人非常多，一年就几天招人，去晚了连队都排不上了。

魏尽忠一看报名的条件，就傻眼了，就后悔了。

事情是这样的！

紫禁城里招太监，都是有年龄限制的，而招聘太监最合适的对象就是小孩，小孩不但听话、好带，而且老太监还可以认他们为干儿子。

而魏尽忠连婚都结了，连女儿都有了。

虽然说我国奴隶社会和封建社会结婚比较早，十三四岁都结婚了，但是魏尽忠年龄比较大了。

魏尽忠都已经迈入成年人这个阶段了，魏尽忠当时已经二十岁了！

知道真相的魏尽忠，眼泪都快掉下来了！

魏尽忠钱也没有了，又阉割了，却当不成太监，成了社会闲散人员，形同乞丐，惶惶不可终日。

逃避不是办法，有些事情，必须去面对。

魏尽忠只有在大街上讨饭，偶尔帮人打打短工，艰难地度日。

讨饭打短工的生活给了魏尽忠苦难，也给了他收获，让他明白了生命的"意义"，清楚了人生的"价值"。

最穷不过要饭，不死总会成功！

万历十六年（公元 1588 年），穷困潦倒、身无分文的魏尽忠找到一份稳定的工作，在内廷隶属司礼监掌管东厂的太监孙暹的府上打工，做着跑腿传话的活。

就在这一年，魏尽忠决定改一个名字，重新开始自己的人生，他将名字改成了李进忠。

李进忠没有向命运低头，而是抓住一切机会来改变自己的命运。

李进忠成长很快呢！

按照常理，李进忠根本不可能有机会进入皇宫，但常理并不是真理！

李进忠的勤奋努力、踏实肯干引起了老板孙暹的注意。

万历十七年（公元 1589 年），二十一岁的李进忠在孙暹的举荐下，终于

进入了皇宫，干上了自己梦寐以求的职务。

李进忠命运的车轮就要渐渐变轨了，在不久的将来，他将迎来一生中最高贵的时光！

发迹与飞腾

李进忠年轻小伙儿，思想活络，他经过长时间的访问、查询与熟悉，认真分析形势并预测未来的时局，他判断朱翊钧驾崩后，最有可能继承皇位的人就是朱常洛的大儿子朱由校。

李进忠认为要想获得荣华富贵，要想飞黄腾达，就必须接近朱由校，搞好与朱由校的关系，将来自己加官晋爵、飞黄腾达还不是朱由校的一句话？

可是李进忠现在还只是甲字库一名身份低微的小太监，不要说接近朱由校，就是看朱由校一眼都非常困难。

李进忠决定退而求其次，既然接近不了朱由校，那就搞好与朱由校身边人的关系。

反正将来他们升官发财、飞黄腾达以后，也不会忘记自己这个与他们关系要好的人，也会分自己一点好处，虽然比较少，但是总比没有强。

李进忠选中的目标是乾清宫管事太监魏朝，这倒不是因为魏朝职务高，跟朱由校关系好，而是因为魏朝的老婆是客氏。

客氏全名客印月，也有人认为全名是客巴巴，保定定兴（今属河北省）人。客氏可是个了不起的女人，她不仅打扮得花枝招展、妖艳动人，而且还是朱由校的奶妈，是朱由校身边的大红人，也是宫中众多太监与宫女竞相巴结的对象。

对李进忠来说，魏朝这样的人是有利用价值的。

李进忠省吃俭用，把每个月那点微薄的工资凑起来，送给魏朝，并充分运用他天赋异禀的拍马屁功夫猛拍魏朝的马屁，不爱听的坚决不说，爱听的可着劲儿说。

魏朝这个头脑简单、四肢发达的人，被李进忠哄得晕头转向！

魏朝也不是个忘恩负义、六亲不认的人啊！既然李进忠那小子这么尊重他，这么会逗他开心，那就帮帮李进忠那个小子的忙，给他点好处。

魏朝向司礼监秉笔太监刘安引荐，让李进忠去专门负责朱由校养母李选

侍的典膳，也就是负责李选侍的食物供应。

这样李进忠就能够轻而易举接近朱由校，就可以运用他的独门绝技讨好朱由校了，那自己的未来，不就是前程似锦、锦上添花吗？

李进忠在魏朝的大力扶持下，由一个级别最低的小太监成为了一个有一定地位的太监，混得风生水起，日子一天好过一天，生活质量有了飞一般的蜕变。

俗话说站得高，望得远，李进忠嫌弃钱少，埋怨活累，决定把目光看远一些，再远一些。

李进忠认为现在能够帮助自己实现理想的人只有一个，这个人就是朱由校的奶妈客氏。

我们不得不佩服李进忠的眼光，他后来能成气候，客氏的关系起了很大作用。

虽然客氏是李进忠的上级兼大恩人魏朝的老婆，但是对李进忠这种心狠手辣、六亲不认、唯利是图的卑鄙小人来说，只要能够达到目的，实现自己的远大理想与抱负，这个世界上就没有什么事情是不可以做的。

李进忠把每个月的工资都凑起来，再去买一些金银首饰、胭脂水粉送给客氏，以讨客氏的欢心，再加上李进忠能说会道，俏皮话一套一套的，又英俊潇洒，比魏朝不知道好到哪里去了。

客氏简直是平地一声雷焕发人生第二春啊！没有经过丝毫的考虑，就作出了一个英明而又明智的决定，那就是抛弃了魏朝，与李进忠鬼混上了。

李进忠预备来个倒计时，数着日子等着翻身转运的那一天！

朱由校的母亲王才人在朱由校很小的时候，就去世了，朱由校就只有由奶妈客氏抚养长大，可以说客氏就相当于朱由校的母亲，朱由校与客氏的感情很深，关系相当融洽。

天启元年（公元 1621 年），当上皇帝还没有满十天的朱由校就迫不及待地赐封客氏为"奉圣夫人"。

客氏这是要飞上枝头变凤凰啊！

其实朱由校封客氏为"奉圣夫人"也是顺理成章、理所当然的。

客氏这个女人十八岁的时候就离开了家乡保定府兴县，离开了情深似海、伉俪情深的丈夫侯巴儿，与自己血脉相连的儿子侯国兴，进入皇宫成为了朱

由校的奶妈，侍候与服侍朱由校。

客氏在皇宫待了一年以后，就得知了丈夫侯巴儿离开人世的消息，尽管如此，客氏也没有回家为丈夫侯巴儿守孝。

风雨无阻，一路伴随，实打实的心腹。

可见，客氏得到朱由校的赏识与重用，既在意料之外，也在情理当中。

相对而言，李进忠被封官则就"名不正而言不顺"了，朱由校在赐封客氏为"奉圣夫人"的同时，也提拔李进忠为司礼监秉笔太监，并且允许他恢复原姓，并且亲自为他改名为忠贤。

魏忠贤你何德何能啊？

朱由校这么做的原因也很简单，那就是魏忠贤与朱由校的奶妈客氏关系很不一般。

就这样，魏忠贤付出最小的代价，取得最大的成功，成了不劳而获的典型，创造了奇迹！

司礼监秉笔太监，是明朝十二监中仅次于司礼监掌印太监的要职，可谓位高权重，明代有名的宦官比如王振、冯保，都做过这个职务，非皇帝心腹不授。

简单地说，司礼监秉笔太监就是负责将满朝文武的奏折转呈皇帝或者帮助皇帝在奏折中签字。

魏忠贤既没有进学校接受过正规的教育，也没有自学的那种意愿，可以说是个名副其实大字不识一个的大文盲，他怎么可能有办法胜任这项工作呢？

办法总是人想出来的，解决这种小问题对魏忠贤来说简直是不费吹灰之力。

魏忠贤找到了两个读过书的太监王体乾和李永贞，让他俩将奏折上的内容念给自己听，然后再让他俩将自己的意思写到奏折上去。

王体乾当时是司礼监掌印太监，职位比魏忠贤高多了，可是由于魏忠贤的情人客氏是朱由校身边红得发紫、紫得发黑的首席红人，谁得罪了魏忠贤就等于得罪了客氏，保证吃不了兜着走。

王体乾只有对魏忠贤唯唯诺诺。

这样魏忠贤就变得挺悠闲的，一天到晚什么事情都不用做，有事只要一个眼神，自然有手下人抢着去做。

魏忠贤也深知仅仅凭借自己一个人的力量，是不可能掌控整个大明的，

还需要扶植党羽、排除异己，争取大明朝廷中大多数人的支持。

党同伐异

天启三年（公元1623年），朱由校任命魏忠贤为司礼监秉笔太监兼掌东厂，魏忠贤的地位达到了登峰造极的程度。

加上有朱由校身边的大红人客氏监视朱由校的一举一动，魏忠贤对朱由校的行踪了如指掌，权势日益显赫。

魏忠贤蛰伏多年，终于得偿所愿！

朝中许多文武大臣都竞相巴结魏忠贤。

对此大家也不必大惊小怪，封建社会的政坛官场就是这么地奇妙，只要你地位显赫，拥有炙手可热的权柄，并且还在迅速地攀升，达到了能代表一群人利益的位置，那群人自己就会靠过来，变成你的奴仆。

此时，大明政府内部党派林立，叫得出名字的党派就多达数十个，以山东人为主的"齐党"，以浙江人为主的"浙党"，以湖北人为主的"楚党"，东林党等等。

这些党派中最有名的就是大名鼎鼎的东林党。

齐党、浙党、楚党、东林党这些党派，今日携手并进、把酒言欢、有说有笑，明日就反目成仇、党同伐异、纵横捭阖。

可是这些党派无论怎么争斗，东林党都是稳操胜券，毕竟东林党势力最强，权力最大，成员最多，上到内阁首辅，下到地方大员，几乎都是东林党的成员。

魏忠贤越是得意，东林党越是不爽！

魏忠贤不去找东林党的麻烦，东林党却主动找起了魏忠贤的麻烦！

东林党最大的特点就是痛恨皇亲国戚、权奸祸宦、地主恶霸，无疑魏忠贤就在东林党成员痛恨的行列。

东林党很看不起魏忠贤，对他是恨之入骨，大有除之而后快之心。

看到魏忠贤越来越嚣张，东林党觉得，扳倒魏忠贤这种事必须提上日程，而且是越快越好！

天启二年（公元1622年），都察院御史周宗建、兵部左侍郎陈邦瞻、吏科给事中侯震旸率先上书弹劾魏忠贤。

朱由校不但没有惩罚魏忠贤，反而把周宗建、陈邦瞻等上书的大臣痛骂

了一顿。

魏忠贤因此得以转危为安。

魏忠贤自然是看在眼里，喜在心里。

没过几天，给事中倪思辉、朱钦相、王心一又上书弹劾魏忠贤。

朱由校对那些以天下为己任、自命清高的文武大臣向来没有什么好感，二话不说，就把倪思辉、朱钦相、王心一这几个人的官给贬了。

魏忠贤又捏了一把冷汗，终于又逃过一劫。

这种戏码隔三岔五就上演一回，魏忠贤都快习惯啦！

俗话说"君子与小人势同冰炭，两处必争"，君子与小人的矛盾是不可调和的，一定要将弹劾进行到底。

没过多久，刑部主事刘宗周又主动上书弹劾魏忠贤。

但是，这样魏忠贤竟然还是没事！

看奏折的过程中，朱由校很愤怒，愤怒到满脸涨红。

你们这些人，我给你们说了多少次，魏忠贤是我身边的大红人，可是你们硬是当我的话是耳边风。

朱由校命人将刘宗周拖出去砍了。

叶向高苦口婆心地劝了半天，朱由校才回心转意，仅仅罢免了刘宗周。

魏忠贤再次逃过一劫！

经过这几次事件，魏忠贤终于认识到，虽然自己很强大，但是并不代表自己没有敌人，而自己最大的敌人就是现在在大明朝廷叱咤风云、呼风唤雨的东林党。

东林党到底是怎样一个组织，能够使翻手为云、覆手为雨的大宦官魏忠贤这么恐惧。

要说东林党的由来，还得从东林党的创始人顾宪成说起。

顾宪成

顾宪成，字叔时，江苏无锡人。

万历四年（公元1576年），顾宪成在无锡乡试中名列榜首，是名副其实品学兼优的好学生。

这不仅仅是聪明智慧高，也与他勤奋好学、天天四书五经不离手的学习

习惯有密切的关系。

万历八年（公元1580年），顾宪成进京参加全国统一考试会试，考中进士，被任命为户部主事。

户部这个职能部门有多重要就不用多说了，掌管国家赋税，顾宪成尽管官职不高，职责却很重，权力不是一般地大。

然而顾宪成这个家伙偏偏不是个安分守己的人，他总是没有事情找点事情干。

当时权倾朝野的内阁首辅张居正病了，大明政府的所有官员都去北京郊外的寺庙为张居正祈福，可是顾宪成这个家伙偏偏不去。

顾宪成不但没有去，还说了一些不中听的话：张居正有什么了不起，凭什么他病了，我就要去给他祈祷，他以为他是谁啊？

有好心的官员看不下去了，悄悄在祈福的祷文中签了顾宪成的大名。

更出乎意料的事情发生了，顾宪成虽然爱看书爱学习，但是还没有因为看书学习而损坏眼睛，他一眼就看见了他的名字，二话不说就抹掉了。

张居正身为大明王朝一人之下、万人之上的内阁首辅，还不至于跟顾宪成过不去。

这件事情就这样不了了之。

张居正逝世后，朱翊钧千年的媳妇熬成婆，终于当家做主扬眉吐气，就像松了缰绳的野马，撒开了欢，开始对张居正实行反攻倒算。

可怜张居正为大明帝国做出了这么大的贡献，到头来却落得这样的下场！

大明朝廷变得风起云涌。

由于顾宪成在为张居正祈祷这件事情上极不合作的态度，朱翊钧看他特别顺眼，怎么看怎么顺眼。

不过顾宪成偏要哪壶不开提哪壶，他认为，张居正再有不对，也不应该在死后受到这么严重的惩罚。

对张居正惩罚过重，满朝文武大臣，难道只有顾宪成一个人看得出来，绝对不是，然而万马齐喑之际，敢于提出反对意见的，唯他一人！

顾宪成人微言轻，也没有能力改变大局，于是干脆来个眼不见心不烦，辞官归隐。

三年后，顾宪成复出，担任验封主事，日子就这样稀里糊涂地过着。

万历十五年（公元 1587 年），是考核官员政绩的一年，全国各地的官员都要到北京城接受考核。

工部尚书何起鸣也不知道是犯了什么大错误，遭到都察院御史高维崧、赵卿、张鸣冈、左之宜等大臣的弹劾。

内阁官员们二话不说，就罢免了何起鸣。

顾宪成看不下去了，联合刑科给事中吴之佳、吏科给事中陈与郊等人，上书为何起鸣求情。

事实证明，顾宪成又一次捅娄子了！

得罪了言官能有啥好下场，这也注定了他们的悲惨命运！

他们的举动惹得内阁大臣们动了大肝火，将吴之佳、陈与郊罢官，顾宪成也被贬为桂阳判官，没有过多久又改为处州推官。

好景不长，顾宪成遇见不平一声吼的日子，并没有维持多久！

不久，顾宪成的母亲病逝，按照封建社会的惯例，顾宪成必须回老家为母亲丁忧。

顾宪成还是挺尊敬封建社会的惯例也挺孝顺母亲的，二话不说，就跑回江苏无锡老家了。

为母亲服丧后，顾宪成再次复出，担任泉州推官的职务。

由于顾宪成为官期间，为泉州百姓干了很多好事与实事，颇有政绩，被人推举为公廉第一人。

不久，顾宪成就被升为吏部考功清吏司主事。

这可是一个非常重要的职务，主要负责官吏考核！

东林书院

万历二十二年（公元 1594 年），顾宪成一根筋儿，又因在"争国本"事件中表现太过积极，被朱翊钧罢免了。

自此顾宪成的官场生涯结束，成为了普通老百姓。

就这样碌碌无为，过完平淡无奇的一生，顾宪成不甘心啊！

不屈服命运瞎安排的顾宪成，决定亲自安排自己的人生。

顾宪成回到家乡无锡，和弟弟顾允成一道发起倡议：为了大明的未来，希望有钱的出钱，没有钱的出物，没有钱也没有物的就出一份力，共同修复

无锡城东的东林书院。

东林书院是宋代大儒程颢、程颐的门徒杨时出资修建的。

这个杨时也是非常出名的，当然这不是因为杨时有多聪明多能干，而是因为杨时教出了一个好学生。

这个学生就是宋代著名的文学家、哲学家、思想家朱熹，他提出的"存天理，灭人欲""格物致知"等观点直到今天也为众人所熟知。

顾宪成重修东林书院的时候也说过，他教的就是朱熹的程朱理学。

不得不提的就是，常州首富欧阳东风和无锡知县林宰等人为重修东林书院，捐了很多钱，出了很多力，作了很多贡献。

东林书院修建成功以后，顾宪成与高攀龙、钱一本、薛敷教、史孟麟等人担任教师，他们很有才华，文采飞扬，来听课的人络绎不绝，东林书院可以说是门庭若市。

学生们为了表达对顾宪成的敬爱之情，亲切地称他为泾阳先生。

顾宪成不但讲述朱熹的程朱理学，而且还针砭时弊，把大明发生的事情和大明的官员拿来评说，这些言论被称为"清议"。

那些在朝廷上不敢发表某些观点的人，在这里却能够畅所欲言，想心中不敢想，说口中不敢说。

端的是一派魏晋风度啊！

东林书院成为了读书人、为官之人聚会的最佳场所。

有名没名，果然不一样，顾宪成的人生发生了质的变化。

朝廷中许多官员都隔三岔五地往东林书院跑，就连东南城市的势力，某些地方的实力派等也聚集到了东林书院。

东林书院发展成为了一个势力庞大、实力雄厚的社会团伙，时人称之为"东林党"。

教书就是个职业，混口饭吃，随随便便就弄出了个天下第一党的名头，估计顾宪成他们自己也没有想到。

朱翊钧统治后期，政治日益腐化，社会矛盾激化。

东林党人看在眼里，急在心里，他们利用东林党的组织优势，站出来大声疾呼，号召振兴大明，强盛民族，得到了当时社会的广泛支持。

朱翊钧死后，东林党在明光宗朱常洛的支持下，得到了空前的发展，到天启初年，几乎已经掌控了整个大明政坛。

如今魏忠贤大权在握，极有可能变成下一个王振、冯保、刘瑾，东林党自然要不惜一切代价铲除这个即将危害大明的祸害，而魏忠贤想权倾朝野、为所欲为，也必须铲除这个阻碍他顺利前进的绊脚石——东林党。

魏忠贤的反击

以魏忠贤为首的阉党，如果再不采取有力的措施予以反击，恐怕会落得与王振、刘瑾、冯保等人一样凄惨的下场。

阉党与东林党这次大战避无可避，在所难免！

魏忠贤也是个聪明人，他也清楚地认识到了这一点，准备采取最有力的措施，一举击败东林党。

其实东林党为了发展自己的势力，大力提拔东林党成员，委以重任，而对非东林党成员则大力排斥，不是贬官就是弃之不用。

齐党、楚党、浙党等众多党派势力虽然对东林党恨之入骨，欲杀之而后快，但是以他们的实力根本就不是强大的东林党的对手。

他们投靠了以魏忠贤为首的阉党。

天启四年（公元1624年），都察院左副都御史杨涟上书弹劾魏忠贤乱朝政、玩弄权术、迫害皇嗣等二十四条大罪，由于朱由校的庇护，魏忠贤再一次化险为夷。

魏忠贤已经竭力忍耐了，但是被东林党一再挑衅，终于忍无可忍。

先下手为强，后下手遭殃，已经和东林党结下死仇了，你不收拾东林党，东林党也会收拾你！还是早点动手，扳倒他们，真的不能再拖了！

东林党派人弹劾咱们，咱们也可以同样派人弹劾东林党呀！

阉党在魏忠贤的指示下，借熊廷弼的案子，诬告东林党成员左光斗、杨涟、黄尊素、周顺昌等人贪赃枉法。

熟悉历史的人都知道，凡是得罪魏忠贤的人，不管是敌人，还是自己人，都很难见到第二天的太阳。

列举罪名当然只是第一步，接下来即是逮捕问罪。

魏忠贤假传圣旨命令东厂逮捕左光斗、杨涟等人，将他们全部残忍杀害。

但是，事情并没有到此为止，对于魏忠贤来说，这仅仅是个开始！

一个更加阴毒的计划，开始酝酿！

魏忠贤命令内阁大学士顾秉谦等人编著了《三朝要典》，借红丸案、梃击案、移宫案诬陷东林党。

魏忠贤的诬陷是有执行力的，有武力做后盾。

魏忠贤派遣无孔不入、无所不至、无所不为的锦衣卫日夜兼程赶往无锡，捣毁东林书院，逮捕东林党人魏大中、顾大章、高攀龙等人，并在狱中将他们残酷地折磨致死。

其实在我看来，文官和宦官的矛盾由来已久，归根结底，还是利益之争，双方都指责对方祸国殃民，但其实都是五十步笑百步，大明最后的毁灭与两者之间的冲突有着深刻的联系。

齐党、楚党、浙党见东林党现在落难了，这些年所受的气终于得到回报了。

当然在高兴之余，他们还不忘在已经被人推倒在地的东林党身上踩上一只脚。

齐党、楚党、浙党在都察院御史崔呈秀的带领下，充分发挥他们中读书人多的优势，集中力量在几天之内编纂了两本书，叫作什么《天鉴》《同志》，把东林党人干的所有坏事恶事都记录下来，并附上姓名。

不要问崔呈秀他们怎么知道得这么清楚，因为他们也是瞎编的，这让他们编得这个圆，冤枉人都不带眨眼睛的啊！

凡是上了这两本书的人，基本上都没有什么好日子过了，不是被拉到北京菜市口给砍了，就是被打进死牢这个最适合反思人性的地方，进行深刻的灵魂反思和改造。

魏忠贤哪里受得了这个刺激呀，不行，好歹自己也是这次事件的发起人呢？不整出点大动静来，是不是太窝囊了？

不能，不能输给这些读书人，看来，我们还得抓点紧啊！

魏忠贤下定决心编纂一部书，超过《天鉴》《同志》。

我们都知道，魏忠贤没有读过书，自然是连一个字都不认识，叫他看书都困难，更不用说编书。

魏忠贤虽然没有读过什么书，不识字，但是他手下的读书人成千上万，找出几个有文化有知识的人，还是没有什么问题的。

魏忠贤命令这些有文化有知识的人连夜赶工，加紧编纂图书。

　　既然上了贼船，就一辈子打上了阉党的烙印，这些读书人也就不再瞻前顾后了，索性心一横，一条道走到黑。

　　拿着鸡毛当令箭，为了完成魏忠贤下达的任务，都察院左佥都御史王绍徽干脆眉毛胡子一把抓，没有用多长时间就编纂出了一本书，名为《东林点将录》。

　　这本书图文并茂精装本，最难能可贵之处是打破常规，具有很大的创新；最困难之处还在于全书很少以事实为依据，纯属胡编乱造，将著名的东林党分别加以《水浒》一百零八将的绰号。

　　这些上了《东林点将录》的官员，结果那是相当的凄惨，最好的结局就是罢官流放蹲号子，稍微坏点的结局就是砍头，最坏的结果也是砍头，只不过砍得多点，全家砍光。

由爱生恨

魏忠贤在开始反击东林党的同时，也在尽自己最大的努力拉拢一些人，以壮大自身实力。

除了拉拢齐党、楚党、浙党等众多与东林党对立的党派之外，魏忠贤还要极力拉拢另一个东林党的成员。

这个人就是朱常洛、朱由校这两代帝王的先生，朱由校身边的大红人，袁崇焕的受业恩师，镇守辽东，抵抗努尔哈赤的最大功臣孙承宗。

讨好孙承宗

孙承宗在大明朝廷中资格老，位高权重，资历也深，最近更是锋芒毕露，风头正劲，威望传遍朝野，称他为老前辈、长老、元老都不过分。

魏忠贤好打小九九，直觉告诉他，对孙承宗要赶紧拉拢，大家都是朱由校身边的红人，将来少不了打交道，结识他是有好处的。

这是魏忠贤的如意算盘，事实证明，魏忠贤这一次判断错了！后来事情的演变告诉我们，这一切只是魏忠贤的一厢情愿。

魏忠贤为了拉拢孙承宗，下了大本钱。

魏忠贤特意派遣心腹太监刘朝、胡良辅、纪用等四十五人携带蟒服、白银以及大量军用物资前往孙承宗当时所在的有"天下第一关"之称的山海关犒赏三军，希望以此博得孙承宗的好感。

当时孙承宗并不在山海关，而是到宁远城去巡视了。

孙承宗在宁远城听说刘朝、胡良辅、纪用等人要来山海关犒赏三军的消息后，当时就气不打一处来。

这是要拉孙承宗上贼船啊！跟魏忠贤沾边，搞不好后患无穷！

孙承宗年纪大，阅历丰富，对于魏忠贤的想法，心知肚明。

很显然，魏忠贤用心险恶，这一举一动表面上是为了拉拢自己，才犒赏三军，而实质上是为了赢得军队的支持，以便将来他出了事的时候或者是想干什么大事的时候，能够得到军队的帮助与支持。

这在封建社会是非常可怕的。

孙承宗马上就上书朱由校："派遣使者视察军队，从古代到现在都是军队中的禁忌，希望陛下能够收回成命。"

可是他的奏折刚刚送出，刘朝、胡良辅、纪用等人就来到了山海关。

这些人长途跋涉、翻山越岭，是又累又渴，可山海关守将压根儿就没有把他们放在眼里，除了派人给他们送了杯茶之外，连饭都没给这些人送一碗。

其实只要稍微想想，就知道这是必然的。

正所谓"鸡不同鸭讲，龙不与蛇交"，孙承宗这样做只有一个原因，那就是我们不一样，我们不是一路人，坚决划清界限，誓与阉党斗争到底。

说白了，魏忠贤就是一厢情愿。

魏忠贤并不这么认为。

魏忠贤认为孙承宗之所以对他派到山海关的人不冷不热，是自己送的金银珠宝太少。

我们也不要怪魏忠贤，以他这样唯利是图、见钱眼开的小人只能够想出这个原因。

为了拉拢孙承宗，魏忠贤马上派心腹太监刘应坤带十万两黄金到山海关犒赏明军，并且特意给孙承宗送去了许多金银珠宝和生活用品。

临行前魏忠贤对刘应坤千叮咛万嘱咐，不论付出任何代价，都要拉拢孙承宗。

刘应坤也信誓旦旦地对魏忠贤表示，坚决完成任务。

当刘应坤到达山海关之后，他才知道自己这趟出来是永远不可能完成任务了。

刘应坤他们看到的景象，与他们想象中的截然不同！

正邪不两立，此风不可长！面对魏忠贤的极力拉拢，孙承宗表现得非常干脆，压根儿没有给刘应坤表达看法的机会，就将他赶走了！

热脸贴了个冷屁股，刘应坤大失所望。

又一次不欢而散，魏忠贤，再次竹篮打水一场空！

魏忠贤明白了这个世界上，不是所有人，都能用钱拉得拢的。

自己名声早就臭大街了，孙承宗这个人从骨子里瞧不起他，不是轻视他、鄙视他，就是小看他、不看他。

魏忠贤多少也是要面子的啊！

魏忠贤愤怒了，真的愤怒了！

入京风波

天启四年（公元 1624 年）十一月，孙承宗带人巡视蓟州、昌州，他脑袋突然开窍。

孙承宗想到自己得罪了魏忠贤，从此以后他辛辛苦苦写的奏折，就有可能永远也传不到朱由校的手上，毕竟魏忠贤是司礼监秉笔太监，所有传给朱由校的奏折都要经过他的手。

孙承宗决定在朱由校生日那天，进京面奏，揭露魏忠贤的滔天罪行。

为了表示对朱由校的尊敬，孙承宗还是事先给朱由校写了一封奏折，阐述了自己入京的原因与行程，并征求朱由校的同意。

这封奏折朱由校还没有看到的时候，阉党成员礼部尚书兼东阁大学士魏广微就已经知道了。

魏广微不敢怠慢，马上告诉了魏忠贤。

魏广微为了自己的高官厚禄与身家性命，故意夸大了事实，他向魏忠贤吹嘘地说："孙承宗拥有边关的明军多达数万人，他将率领大军直奔北京城，清除皇帝身边的奸臣，而兵部侍郎李邦华将做他的内应，到那时魏公公您就会死无葬身之地。"

魏忠贤听了这句话，顿时吓得面无人色。连夜跑到朱由校身边，号啕大哭。

当时朱由校正躺在床上做着他的春秋大梦，突然听到有人在他床前鬼哭狼嚎，吓了一大跳，还以为自己撞了鬼。

可是当朱由校睁开双眼，第一眼就看到跪在他床前痛哭流涕的魏忠贤。

朱由校都被魏忠贤的举动弄蒙了。

魏忠贤把魏广微告诉他的话原原本本告诉了朱由校，请求朱由校看在主仆之间多年的感情，一定要救救他。

朱由校被说动了，连夜让内阁拟旨。

太子太师，吏部尚书兼内阁次辅顾秉谦奋笔疾书说：没有得到命令，私自离开驻地，与祖宗定下的规矩不符。

当天夜晚，魏忠贤命令禁军打开皇宫大门，召兵部尚书崔呈秀入宫，命令他连夜携带朱由校的诏书前去阻止孙承宗进入北京城。

魏忠贤又假传朱由校的旨意，下令驻守九门的宦官："孙承宗如果抵达齐化门，就将他五花大绑绑了。"

其实孙承宗并没有带领大军前来，只是带着两个随从。

当孙承宗到达通州的时候，就收到了朱由校的诏书，迫不得已只好返回山海关。

魏忠贤长松了一口气，总算把这厉害角色给打发了，终于可以回到床上睡一个踏实觉了。

一定要扳倒孙承宗，这是魏忠贤心里最迫切的愿望！

世间的事往往是会阴错阳差的！

不久，机会就来了！

致命的错误

就在这个关键时刻，一个关键人物挺身而出，登上了历史舞台！

天启五年（公元1625年）五月，"降虏生员"刘伯漒带着几个人，跑来求见孙承宗的部下，也就是山海关总兵马世龙。

刘伯漒丢下了一颗重磅炸弹，声称，皇太极此时正在耀州城（今辽宁省营口市西北部的岳州村），守军不满三百人，这些人都很垃圾，如果能够派遣明军奇袭，耀州城的汉人则会闻风响应，发动暴动，里应外合，可以轻易杀死皇太极，夺取耀州城。

马世龙到底是一个什么样的人呢？

马世龙是出了名的有勇无谋之徒，漫漫人生旅途，一直糊里糊涂，没有啥太大的闪光点。

马世龙对刘伯漒十分佩服。

不入虎穴，焉得虎子，改变人生的机会到了！

九月二十一日，马世龙兵分两路，一路由左辅率领，向柳河上游进发；一路由右屯卫前锋副将鲁之甲、锦州驻防前锋营参将李承先，水兵营游击金冠、姚与贤等率领，向柳河下游进发。

当时在柳河附近没有停泊大明的大型战船，只有用打鱼船往返运送明军，每次都仅仅能够运送十几人，运了四天四夜都没有把明军全部运过柳河。

俗话说"常在河边走，哪有不湿鞋"，你运送明军过河，一天一夜没有被八旗军队发现，已经是上天开恩了，如果运了四天四夜都还没有被八旗军队发现，那简直是没有天理了。

第四天夜里，八旗军队终于发现了正在渡河的明军。

他们立马将这个消息报告了守将屯布鲁、阿尔岱、茂海。

屯布鲁、阿尔岱、茂海颇有大将之风，一等一的后起之秀，他们并没有率领八旗军队对正在渡河的明军展开猛烈的攻击，他们要关门打狗，全歼这支明军。

八旗军队决定放长线钓大鱼，诱使明军深入，把明军引入八旗军队的伏击圈，然后全歼这支明军。

明军对此一无所知，这一去又怎能不败！

当半夜明军到达耀州附近正准备攻城的时候，突然明军后方喊声震天、杀声四起，耀州城里的八旗军队也蜂拥而出。

不好，中计了！

近在咫尺，猝不及防！

此时的明军，被八旗军队给打了个措手不及，腹背受敌，早已一片恐慌，被打得落花流水、抱头鼠窜。

可是后方又被柳河这条大河隔断了，明军为了活命，纷纷跳进了冰冷的河水之中，淹死的、冻死的不计其数。

二十六日，马世龙听说前线战事后，立马率领明军从右屯卫出发，赶往柳河救援。

明军刚赶到柳河，就遇到了四处逃窜的溃兵。

乱了！都乱了！

明军顿时吓得惊慌失措，哪里还怕丢脸，逃，要逃，逃得越快越好，要拿出万米冲刺的气势了！

然后就没影了！

冲动是魔鬼，过后就后悔！

马世龙心情跌到了谷底，完了，这下彻底完了！

柳河战役，明军大败，鲁之甲、李承先全部死于八旗军队的乱刀之下，明军死亡四百多人，损失战马六百七十多匹，还损失了大量甲胄以及众多的军用物资。

马世龙建功立业的美梦，碎成了玻璃碴子！

八旗军队胜利了，胜利者是可以庆祝的！

屯布鲁、阿尔岱、茂海将缴获的各种兵器送往盛京报捷。

努尔哈赤出城十里迎接屯布鲁等人，杀牛祭旗，赏赐将士。

这是每次胜仗之后夸耀战功、显示国威的必要程序。

孙承宗离职

柳河战役是马世龙背着领袖孙承宗，为了多得战功、升官发财而发起的一次冒险进攻，这不过是一次小得不能够再小的战役，此次战役的胜败与否都根本不可能对辽东局势有什么太大的影响。

这一点儿都不重要！

须知，高手相搏，哪容得半点闪失？这样一来，魏忠贤便有了向孙承宗发难的理由！

魏忠贤心里一乐，事情都是真的！机会终于来了！

此时不为，更待何时！

风雨已至，矛盾一触即发！

以魏忠贤为首的阉党紧紧抓住柳河战役失利这个有效的武器，向孙承宗发动了进攻。

阉党团结一心、一致对外，开始围攻马世龙，并把矛头直指马世龙的领导孙承宗。

上书弹劾孙承宗的奏折就多达数十道，每道奏折的内容大同小异，要表达的中心意思都只有一个，那就是一定要严惩孙承宗。

事情越闹越大，已经到了无法控制的失衡局面！

气氛再一次变得凝重起来！

我们的孙承宗也好无辜的啊，心里叫苦连天，这中间到底发生了什么自己不知道的事情？自己到底是招谁惹谁了啊。

别跟我说你很冤，谁让你和马世龙有缘。

哪怕孙承宗资格再老，能力再强，也只能接受退休赋闲的命运。

孙承宗聪明，懂得进退，主动上书请求朱由校让自己辞官归隐。

朱由校毫不犹豫地同意了孙承宗的要求。

孙承宗督师辽东的事业从此结束。

在这场半明半暗的斗争中，魏忠贤成为了胜利者！他付出最小的代价，取得了最大的成功。

高第经营辽东

以魏忠贤为首的阉党赶走孙承宗以后，自然会找一个听话的人去接替孙承宗的职务，管理辽东事务。

可是就连脑子里没有皱褶的人都知道，担任辽东经略就是替他人背黑锅蹚浑水挡飞镖，不仅吃力不讨好，而且有可能还会落得身首异处、诛灭九族的凄惨下场。

要在阉党成员中找到这样一个敢于担任辽东经略的人，实在是太难了。

孙承宗是你魏忠贤给拉下来的，如今辽东经略的职位空缺，理所当然你魏忠贤应该找一个合适的人去担任这个职务。

魏忠贤没有办法，向朱由校推荐高第为兵部尚书。

当然最重要的是，魏忠贤认为高第是自己的党羽加心腹，是自己人。

高第，字登之，滦州（今河北省唐山市滦州市）人。

高第于万历十七年（公元 1589 年）考中进士，被任命为临颍（今河南省漯河市临颍县）县令（正七品），正式跨入了政坛官场。

高第往上升的过程很艰辛，每一步都迈得非常小，三十年间历任大同知府（正五品）、山东按察副使（正四品）、湖广右参政（从三品）、山东按察使（正三品）、陕西右布政使（从二品）、山西左布政使（从二品），基本上把地方上的官从低到高做了个遍，没有什么工作他不会做。

天启元年（公元 1621 年），高第抱住了魏忠贤这条更粗更牢靠的大腿，从此人生前景大放光明，没过多久就被任命为都察院右佥都御史。

随后官职调动的速度好似蚂蚁搬家，非常频繁，在都察院、兵部、户部这几个部门之间来回奔波。

兵部尚书这个职务，如果放在努尔哈赤反抗大明之前，那可是一个炙手可热、人人争着追逐的热门职务啊！

可是今时不同往日啊，如今兵部尚书这个职务可是一个烫手的山芋，谁捡着谁倒霉，原因很简单，这个岗位危险系数有点高，能不能活下去，天知道！

按照大明惯例，担任兵部尚书的人，就必须出任辽东经略，管理辽东事务，这可是拿着自己的胸口往别人的枪口上撞哦。

据不完全统计，从天启元年（公元 1621 年）算起，担任兵部尚书而又能够活着回来的人简直是凤毛麟角！

兵部尚书，基本上等于灭亡！

高第是阉党成员，自然没有于谦、文天祥等人的高风亮节，他听到这个消息以后，有如五雷轰顶，感觉整个人都不好了！

高第连夜跑去求见魏忠贤。只见高第冲上前去抱住了魏忠贤的大腿，叫得那个凄惨，比上坟时候还要伤心难过。

魏忠贤轻而易举就识破了高第此次前来的真正目的。

出任辽东经略

天启五年（公元 1625 年）十月五日，朱由校接受了魏忠贤的建议，在文华殿当着满朝文武大臣的面，正式任命高第为兵部尚书兼辽东经略，统领辽东、蓟镇、天津、登莱等地方的军队，抵抗努尔哈赤。

虽然高第不想接受任命，但是他根本就不是什么"宁教身死，不教名灭"的人，他不过是一个趋炎附势、胆小如鼠的阉党成员，高第只好满脸怒气地接受了朝廷的任命。

高第上辽东了！

经营辽东这种事不是每个人都适合的。

任命高第为兵部尚书兼辽东经略完全是驴唇不对马嘴，是在一个错误的时间，一个错误的地方，任命了一个错误的人，去担任一个错误的职务，还要去干一件错误的事情。

孙承宗就曾经上书朱由校，希望朱由校能够重用武将，不要用文官来统治武将，那无疑是驴唇不对马嘴，应该加以改革，不然大明数百年基业就有可能毁于一旦。

可是孙承宗的呼唤无疑是杯水车薪，根本不可能改变大明的现状。

按照孙承宗奏折中的观点，可以得出，让高第这个既对军事"擀面杖吹火——一窍不通"，又没有打过仗的人担任如此重要的军事职务，他只会重蹈袁应泰、王化贞、王在晋等人的覆辙，他自己死了倒没啥，只是可惜了辽东的明军将士。

高第认为应该把辽东明军全部放在山海关—嘉峪关一线，全力阻止八旗军队侵扰关内。

高第在担任兵部尚书兼辽东经略之前，就曾经上书朱由校，希望朱由校能够放弃整个辽东，集中兵力坚守山海关以内的地方。

外行看热闹，内行看门道！

孙承宗丝毫没有给高第留面子，二话不说，就上书朱由校，对高第奏折中的错误一一指出，并提出了改正的方法以及正确的答案，真正做到了大公无私，一心为公。

从此以后，高第内心埋下了仇恨的种子，对孙承宗恨之入骨，忍不住都想把他绑到草船上借箭去，让他万箭穿心，尸骨无存，总之一句话，就是欲除之而后快！

高第担任兵部尚书兼辽东经略以后，他认为找孙承宗算总账的时候终于到来了。

总算逮到收拾孙承宗的机会了，这个心结，马上可以去了！

高第立马给朱由校写了一道弹劾孙承宗的奏折，声称驻守山海关的明军仅仅有五万人，言外之意，就是指孙承宗谎报明军人数，冒领军饷。

这一招非常歹毒，不愧是阉党的骨干成员，心狠手辣、六亲不认，一出手就想置孙承宗于死地。

孙承宗也是个狡诈如狐狸、凶狠似豺狼的人物，他不惹事也不怕事，人不犯他他不犯人，人若犯他他必犯人，绝对不是这么好对付的。

孙承宗马上就通知户部尚书李起元，既然高第高尚书说驻守山海关的仅仅有五万明军，那么就只发五万明军的军饷给高第吧！

这一招不可谓不高，其实当时驻守山海关的明军多达十一万七千人，如果仅仅发五万军饷，也就意味着有六万七千多明军领不到军饷，这六万七千多明军随时都有可能把高第给生吞活剥了，管你高第是兵部尚书还是辽东经

略，我们过着在刀口上舔血的日子，你不给我们发军饷，那就别怪我们翻脸不认人了。

这样的结果不是高第想要的！

高第心中不由得生出一股凉丝丝的怯意！

高第也是个聪明人，自然知道这件事情的严重性，立马就上书朱由校，诚恳地承认了错误，声称自己老眼昏花，数错了，冤枉了孙大人，实在对不起孙大人，希望孙大人大人有大量，能够原谅自己。

高第是魏忠贤的得力助手，朱由校也不好过分追究，这件事情就这样不了了之。

谁强谁弱，高下立判！

总的来说，第一回合孙承宗还是取得了巨大的胜利，高第玩火玩大了，不仅没烧着孙承宗，反而烧着了自己的眉毛头发，还差点把自己烤成了乳猪，闹了一个大笑话。

没办法，谁让孙承宗这个人，比较有智慧！

高第对孙承宗的仇恨，只能深深地埋藏在希望的田野上！

经营辽东

当然，高第也还是干了一点正事的。

高第个人认为山海关以外的土地一定守不住，或许应该选择战略性地放弃，于是下令撤退驻守锦州、右屯、宁远等辽东各大军事重镇的明军，全部集中到山海关，严防努尔哈赤侵扰关内。

当然高第也不是那种浪费东西的人，他还是合理地利用了锦州、右屯、宁远等各大军事重镇。

那就是把这些地方作为大明哨兵的休息场所，虽然有点大材小用，但是总比不用要好得多！

仗都还没有打，就主动撤退，拱手让出大片土地，这怎么行？

高第的决策遭到了众多下属的反对，其中以孙承宗的得意门生袁崇焕反对得最为激烈。

大概是因为他被授业恩师孙承宗给宠坏了，养成了他的一副火暴脾气。

袁崇焕的手下，管理锦州粮屯的通判金启连夜就给高第写了一封连篇累牍的书信，详细阐述了明军放弃辽东、撤入关内的严重后果，希望高第能够收回成命。

金启说出了辽东许多将领想说却不敢说的话，做出了辽东许多将领想干却不敢干的事情，金启得到了袁崇焕等人的全力支持。

袁崇焕担心金启的书信没有什么分量，又亲自拜访了高第。

袁崇焕对高第表示："兵法上规定打仗必须有进无退、寸土必争，锦州、右屯、大凌河一带的军事重镇，驻守着大明最精锐的军队，而且城池固若金汤、易守难攻，再加上城内的粮食能够供应明军三四年，还专门设置了官员管理粮草，怎么能够不驻守而撤退呢？天下没有这样的道理！"

高第对别人提出的建议与看法不要说虚心接受，就是让他听一听，他都会觉得是在往他的脸上泼冷水。

无论袁崇焕说什么，高第根本听不进去！

这是一个意料之中的结局！

高第凭借手中的权力，命令袁崇焕撤出宁远城与前屯卫两座城池。

袁崇焕确实被孙承宗给宠坏了，把谁的话都不放在心上，更当高第的话是在放屁，压根儿就不听。

更为难能可贵的是，袁崇焕连违抗高第的命令的时候都没有忘记说几句经典的话，表现一下自己。

只见袁崇焕大义凛然地说："我是宁前道，在辽东当官，就要死在辽东，我坚决不撤兵！"

既然来了，就没准备再回去！

与其苟且偷生，不如赌一回！虽然希望很渺茫！

不愧是袁崇焕！相当硬气，还是那样地不卑不亢，还是那样地据理力争！

高第把锦州、右屯、大凌河、小凌河以及松山、杏山、塔山等辽东军事重镇的明军全部撤走。

撤的时候，还跑得特别快，好像八旗军队在追赶他们，逃跑的时候，还丢弃了十余万石米黍，简直就是浪费啊！

袁崇焕也知道自己除了雄心，一无所有；除了勇气，一无所凭，是无论如何也不可能守住广大辽东地区的，不如眼不见心不烦，于是上书朱由校，请求辞职。

　　然而,令人意外和庆幸的是,关键时刻,朱由校并没有犯糊涂,他没有同意,这大概也是朱由校一生中做的唯一正确的事情吧!

　　天启五年(公元 1625 年)十二月,朱由校任命袁崇焕为按察使,继续坚守宁远城。

　　于是驻守宁远这个重担就交到了袁崇焕手中!

　　朱由校任命袁崇焕为按察使,也不过是想把袁崇焕当应急品用,死马当活马医,他做梦都想不到袁崇焕居然是他的急救包,不仅改变了辽东的局势,还顺带影响了大明的历史进程。

　　这还真是不幸中的万幸了!

　　此时,整个辽东就仅仅有宁远城还在明军的掌握之中,四面受敌,成了一座名副其实的孤城。

　　这正是努尔哈赤希望看到的!

　　机不可失,时不再来,天予不取,反受其咎!

　　听说这个消息后,努尔哈赤非常高兴,觉得自己的机会来了,终于可以动手了!

　　大战一触即发!

宁远之战的前奏

天启五年（公元 1625 年），努尔哈赤任命莽古尔泰为统帅，调集八旗军队进攻旅顺。

莽古尔泰

莽古尔泰这个人呢，可不是一般人，出身豪门，人生起点很高，具备惊天动地的能量，并且嗜血、残忍、杀伐决断、心狠手辣，特别地坏！

莽古尔泰，努尔哈赤第五子，努尔哈赤的第二位福晋衮代所生。

由于衮代在莽古尔泰出生时非常受努尔哈赤的宠爱，并且衮代是建州女真大妃，莽古尔泰沾他母亲的光，童年过的是相当幸福快乐的，不但有父亲努尔哈赤的呵护与母亲衮代的疼爱，并且兄弟姐妹对他也非常尊敬友好。

莽古尔泰受到了他父亲与母亲的溺爱，形成了他专横暴戾、飞扬跋扈的性格，这也为他以后的悲剧人生埋下了伏笔。

莽古尔泰长大后，毫无悬念，跟他两位哥哥褚英和代善一样，也要随他父亲努尔哈赤出征作战。

在封建社会的少数民族部落里，如果你连骑马、射箭、摔跤都不会的话，你就要被人们笑掉大牙的。

莽古尔泰第一次作战是跟随父亲努尔哈赤去讨伐乌拉。

乌拉军队跟土匪强盗差不多，就是一群战斗力低下、军心涣散的乌合之众，努尔哈赤率领八旗军队轻易就攻下了乌拉的六座城池。

生死危急关头，人的求生欲是极其恐怖的！

布占泰毫不犹豫地跳进了寒冷冰凉的河水，游到了对岸，看来平时多学

几门技能那是很有必要的，在关键时候它总能够发挥至关重要的作用。

莽古尔泰不是一个善良的人，在他的人生里出现频率最高的两个词就是"赶尽杀绝"和"斩草除根"，他诚恳地请求他父亲努尔哈赤率领八旗军队渡过河去，追击布占泰。

努尔哈赤并没有听从莽古尔泰的建议，而是命令八旗军队停止追击。

努尔哈赤开始命令八旗军队焚烧他们攻陷的那六座乌拉城池。

刹那间，六座乌拉城池就变成了人间地狱，尸积如山，血流成河，残垣断壁，大火焦土。

焚烧后，努尔哈赤率领八旗军队驻扎富勒哈河旁过夜。

努尔哈赤就率领八旗军队抵达了乌拉河，开始修筑城池，并留下数千军队驻守，防止乌拉卷土重来。

随后，莽古尔泰借着努尔哈赤儿子的身份，参与了不少军事行动，屡败对手，风头出尽。

万历四十四年（公元1616年），努尔哈赤在赫图阿拉城自立为汗，大封功臣与子孙，莽古尔泰被封为和硕贝勒，人们称他为"三贝勒"。

旅顺战役

其实在三年前，努尔哈赤就派人进攻过旅顺城。

天启二年（公元1622年）四月，努尔哈赤任命将领率领三千八旗精锐攻打旅顺城。

八旗军队铺天盖地而来，山呼海啸而来，震耳欲聋的马蹄声，覆盖了整个旅顺城。

旅顺城此时的守将是张盘。

张盘是谁呢？

张盘，辽阳人，出生在世家大族，家里有屋又有田，生活乐无边。

可惜，时代变了，辽东现在不太平了！

天启元年（公元1621年）三月十一日傍晚，八旗军队从小西门攻入辽阳城。

覆巢之下，岂有完卵！

强盗是不需要什么逻辑的！八旗军队麻利地举起了屠刀，毫不犹豫地向手无寸铁的百姓砍了过去，张盘全家除张盘一人之外，全部惨遭屠杀。

张盘变得一无所有，还失去了所有的亲人！

虽然张盘不愿意接受，可这却是事实！

灭族之仇，不共戴天！

张盘心中的恨意总需要一个发泄口，他现在的最大心愿，就是早点找到那些女真人，早点为家人报仇！

老天爷并没有给张盘太多的选择！

张盘为了复仇，毫不犹豫报名参了军，没承想，机缘巧合之下，从普通士兵转型做了毛文龙的亲兵。

随后，张盘跟随毛文龙潜入镇江，生擒佟养正、佟丰年、佟松年等六十多人，收复镇江。

毛文龙成为皮岛总兵后，想都没想，立刻推荐张盘为旅顺守将。

张盘期待的这一天，终于到来！

是时候要解决这些仇人了！

张盘见到八旗军队，忍不住就飙了三个字："给我轰！"

破敌立威，正在今日！

旅顺城城楼上的火炮、神铳齐发。

八旗军队悲催地被虐了，被轰得哭爹喊娘、抱头鼠窜。

八旗军队在丢下几百具血肉模糊的尸体以后，狼狈逃回了后金。

张盘以压倒性优势完胜，旅顺城就这样保住了！

八旗军队必须付出代价！

张盘乘胜对八旗军队展开了一面倒的碾压，收复了金州、南关。

所以，一切皆有可能，这次军事行动，堪称完美！

八旗铁骑，兵临城下，人喧马嘶，剑拔弩张，一场恶战在所难免！

都打过一次了，这次该怎么打呢？

张盘依然照搬以前的模式，命令明军用火炮猛轰。

近在咫尺，猝不及防，八旗军队只来得及惊骇到瞳孔放大，就被炮火狠狠波及，人仰马翻，血肉模糊！

岂止是残暴血腥啊！

莽古尔泰压轴出场啦！

那么多年了，莽古尔泰几时吃过那样的大亏？

莽古尔泰承认，他严重低估了张盘，也低估了明军的火器！

张盘虽然是个猛人，但是莽古尔泰更是个狠人，他为了得到汗位，连自己的母亲都敢杀，更不用说跟他驰骋疆场、出生入死的士兵了。

看到八旗将士的惨状，莽古尔泰无动于衷，依然面不改色地命令八旗军队继续攻城。

八旗军队在付出惨重的代价后，终于攻陷了旅顺城，旅顺将领张盘、朱国昌以及数千明军全部成为了八旗军队的刀下亡魂。

莽古尔泰胜利了！

八旗军队并没有驻守这座让他们付出惨重代价的城池，但是他们还是秉承了贼不走空的优良传统，在旅顺城大肆抢劫，不论是财物、牲畜还是人口都一锅端了，一勺烩了，非常彻底。

努尔哈赤刚刚沉浸在旅顺战役胜利的喜悦之中的时候，他又得到了一个惊人的好消息，那就是他的劲敌孙承宗已经离开辽东，回老家了，而且驻守辽东的数十万明军也已经全部撤离了辽东，返回关内了。

很明显，明军已经有如丧家之犬，见到八旗军队就闻风丧胆、抱头鼠窜了，此时不侵扰大明疆域，更待何时？

数万精锐的八旗军队在努尔哈赤的号召下，从后金的各个地方聚集到了盛京；供应六万八旗军队数十天的粮草也已经筹集完毕。

决战近在眼前。

鏖战宁远

建州女真能够统一辽东女真各部，建立后金，并且屡次打败明军，扩大疆域版图，除了努尔哈赤个人的远大抱负与军事才能起了很大的作用之外，也与后金的文武大臣有很大的关系。

如今后金已经建立并且走向强盛，努尔哈赤会不会学习西汉的建立者刘邦与大明的建立者朱元璋，过河就拆桥，卸磨就杀驴，转脸就忘恩，把后金的开国功臣一个个地除掉呢？

刘邦在打败西楚霸王项羽，建立西汉，定都长安后，就开始反攻倒算，诛杀功臣。

朱元璋在打败陈友谅、张士诚领导的农民起义军后，又将蒙古人赶回了蒙古高原，让他们继续去从事放马牧羊的工作，于至正二十八年（公元1368年）正月初四在南京称帝，建立大明，然后就开始大刀阔斧地治理他辛辛苦苦创下的帝国基业。

大明很快呈现出一片欣欣向荣、繁荣富强的太平盛世景象，长期战乱造成满目疮痍的景象已经变成过去完成时，大明经济也得到了一定程度的恢复与发展，大明国库堆满了白花花的银子与黄澄澄的金子，朱元璋用他饱满的热情与不懈的努力为他的臣民与子孙创造了一个富强的国家。

朱元璋对此也分外地满足，客观地说，朱元璋应该是一个优秀的军事家，也是卓越的政治家。不是个优秀的军事家，他就不可能打败陈友谅、张士诚、王保保这些强大的对手；不是卓越的政治家，他就不可能建立大明，也不可能把大明治理得井井有条，使百姓安居乐业。

与此同时朱元璋也是一个拥有众多子女的好父亲，他像天下的所有父亲

一样，希望自己的子孙不会再受他受过的累，不再吃他吃过的苦，能够生活得幸福快乐，能够安安稳稳地住在自己为他们辛辛苦苦建造的黄金屋里。

为了实现这个目标，朱元璋采取了一系列措施，颁布了一系列政策，建立了一系列机构，来保护他为子孙后代建造的黄金屋。朱元璋的举措，就好比是在黄金屋子外面修建一道牢不可破、坚不可摧的围墙，任何对黄金屋构成威胁的人都会被挡在围墙外。

不过这个世界上向来都不缺乏天才，大元的创建者成吉思汗铁木真也会给他的子孙后代建立一座黄金屋，也知道在黄金屋周围修筑一道牢不可破、坚不可摧的围墙，可是刘基、徐达、常遇春、李善长等人还是跃过了这道围墙，并把朱元璋送进了这座黄金屋。

朱元璋害怕啊，他害怕自己宾天以后，刘基、徐达、常遇春、李善长等人又会跃过那层牢不可破、坚不可摧的围墙，把其他人送进那座金光灿灿的黄金屋。

朱元璋经过长时间的思索，终于想出了一条自认为能够解决这个问题的方法。常言道"宁可错杀一千，不可放过一个"，为了保证这座黄金屋只能够住自己的子孙后代，就必须把有能力跃过围墙的人全部铲除！

朱元璋不是一个只想不做的空想家，他花了二十几年的时间去实现想法，他基本上完成了任务，诚意伯刘基、丞相胡惟庸、韩国公李善长、凉国公蓝玉、永嘉侯朱亮祖……都成了朱元璋的刀下亡魂，再也不能够对朱元璋为子孙后代建立的黄金屋构成威胁了。

不过朱元璋做的这些事，根本就没有多大的作用。日升日落，时光流逝，不管哪个王朝，不论什么政权，都会经历初起、兴盛、衰落、灭亡这四个过程，再圣明的王朝与政权的建立者无论采取什么措施，制定什么政策，建立什么机构，都不可能保证王朝与政权能够千秋万代，永盛不衰。

努尔哈赤不是那种"佳人娶进房，媒人抛出墙"的人，他与开国功臣们终身互相扶助，绝无猜疑背叛，纵观整个人世间，尤其活在权力之巅的帝王身上，这是极端罕见的。

万历四十八年（公元1620年），费英东病逝，享年五十九岁；天启元年（公元1621年），额亦都病逝，享年六十岁；天启二年（公元1622年）七月，安费扬古病逝，享年六十四岁；天启三年（公元1623年）十月，扈尔汉病逝，享年四十八岁；天启四年（公元1624年），何和礼病逝，享年六十四岁……

几十年前，费英东、额亦都、扈尔汉、何和礼等人，为了结束辽东女真部落长达几百年的分裂与相互攻杀的局面，为了统一辽东女真各部落，放弃了至高无上的地位，远离父母妻子儿女，率领部众、兄弟投靠了努尔哈赤。

他们并肩作战，打败了一个又一个阻碍他们统一辽东女真各部落的对手，建立了后金。可是他们并没有感到满足，他们有了更远大的理想，他们希望女真民族能够从大明残酷的民族压迫与剥削中挣脱出来，过上幸福快乐的日子，他们也在为实现这个远大的理想继续奋斗。

天启六年（公元1626年）正月十四日，努尔哈赤在诸贝勒的陪同下，统率八旗精锐向大明在辽东唯一的军事重镇宁远城浩浩荡荡地挺进。

种种迹象表明，努尔哈赤此次南下，非同小可，一场规模空前的大血战已经开始。

努尔哈赤亲率八旗军队经过两天时间的长途奔袭，终于抵达了东昌堡。

应该说，努尔哈赤的开局还是很顺利的！

驻守东昌堡的明军缺少大无畏的献身精神，一看见八旗军队人多势众，还没等对方动手，一抬屁股就溜了，其作鸟兽散速度之快，让人瞠目结舌。

不过我们也不得不佩服明军的爱国热情，在逃跑这么危急的时刻，都没有忘记实行焦土政策，把东昌堡附近的所有房屋以及粮食全部焚烧，"就是全部烧光了，也坚决不留给敌人"的理论成为了明军爱国举动不可分割的一部分。

东昌堡被烧成乌黑一片，不要说是粮食，就是野草都被烧得一根不剩，在这样的地方也没有什么好留恋的。

努尔哈赤没有在这里多作停留，正月十七日就率领八旗军队离开了东昌堡这个让人伤心难过的地方，开始横渡辽河。

努尔哈赤在辽河对岸部署军队，军队之多，真是世所罕见，军队南抵海岸，北达广宁大路，前后如流，首尾不见，旌旗飘飘，颇有王者之气，士兵手中的武器多得有如森林里的树木，用"投鞭断流"来形容八旗军队的人数与阵容，一点也不为过。

努尔哈赤很给力，搂草打兔子！

这样声势浩大的进军，当然第一时间就被发现！

东昌堡守军都逃了，想想自己逃了也不丢人，不逃反而不利于团结。

右屯卫、锦州、松山、大凌河、小凌河、杏山、连山这七座辽东军事堡垒的守军，于是毫不犹豫地弃城向山海关逃去。

逃得越快越好，努尔哈赤习惯了，习惯成自然！

在全军面前，努尔哈赤着实威风露脸了一把！

一切都是那么地美好，一切都是那么地井然有序！

这是袁崇焕所不愿看到的！

只要有袁崇焕这个猛人在，努尔哈赤他们就翻不了天！

袁崇焕在此时又闪亮登场了！

袁崇焕看见了这些逃兵，也不管别人愿不愿意，二话不说，就把他们生拉硬拽地往宁远城内推。

不得不佩服袁崇焕的执着，他硬是重复了同一个动作无数次，往宁远城内送了数千名逃跑的明军将士。

努尔哈赤在辽东没有遇到任何抵抗，如入无人之境，如果不知道内情的人一看，还以为他们在搞什么军事训练呢？或者是说在实地考察辽东。

没有人阻拦，也没有人抵抗，自然跑起来特别快。

正月二十三日，努尔哈赤率领八旗精锐抵达宁远城郊外。

当然努尔哈赤从来就是一个不愿意吃亏的人，虽然他有十足的把握攻陷宁远城，但是努尔哈赤还是想将损失减少到最小，如果不费一兵一卒就能够轻而易举地拿下宁远城，那是再好不过了。

努尔哈赤又玩起了劝降的老把戏。

劝降袁崇焕

努尔哈赤先派人给袁崇焕送了一封自己的亲笔信。

努尔哈赤也确实体谅部下，连派遣使者都没有找女真人，而是找了一个被俘虏的汉人。

那汉人本来就已经是羊入虎口，在鬼门关外打转转了，突然听说努尔哈赤要他给袁崇焕送信，这可是活命的唯一机会啊！他自然乐意效劳。

努尔哈赤在书信中告诉袁崇焕：良禽择木而栖，贤臣择主而事，我有一个让你出人头地的机会，投降后金，就看你有没有这个胆量和兴趣了！

但努尔哈赤显然找错了诱惑的对象，结果，并没有按照他所期待的剧情发展！

袁崇焕是个猛人也是个聪明人，他看了努尔哈赤的书信，心里就觉得好笑。

出于礼貌，袁崇焕还是给努尔哈赤回了一封信，大致意思就一个：

努尔哈赤，我绝对不与后金为伍，让我归顺，想都别想，来吧，看看你能不能攻得进来！

霸气，就是这么霸气！

身为后金汗王的努尔哈赤，向来只有轻视别人的分儿，什么时候被别人这么轻视过。

不愧是袁崇焕，这种时候居然还能拉仇恨拉得这么满啊！

部署

软的不行，就来硬的！既然谈不拢，那就只有用实力来说话了。

袁崇焕根本用不着害怕，面对努尔哈赤，袁崇焕不是事先一点准备都没有。

早在努尔哈赤率领八旗精锐抵达宁远城之前，袁崇焕在大将满桂，副将左辅、朱梅，参将祖大寿，守备何可纲等将领的协助下，就已经做好了抵抗努尔哈赤的战略部署！

话要一句句说出来，事要一件件做出来。

首先，袁崇焕认为不应该分兵驻守辽东各大军事重镇，应该把军队全部集中在宁远城。

袁崇焕命令左所、右屯等城镇的明军以及宁远城附近的明军全部无条件撤回宁远城内。

这些军队也知道袁崇焕是个猛人，不听他的命令，后果只有一个，那就是死。

明军收到袁崇焕的命令以后，就马不停蹄、昼夜兼程地赶往宁远城，当他们进入宁远城的时候都只有出的气没有进的气了。

其次，袁崇焕知道努尔哈赤是个强盗头子，他出兵的理由只有一个，占据更多的城池，抢夺更多的人口牲畜。

袁崇焕也不是吃素的，他自然也有应对的办法。

袁崇焕命令宁远城附近的老百姓携带守城的工具全部迁入宁远城内，然

后就把宁远城周围的房子和一切不能够带走的物品全部焚烧了,一点东西都没有给努尔哈赤留下,就连水井都全部用泥土给填满了,就算打不死努尔哈赤,渴也把努尔哈赤给渴死。

袁崇焕知道努尔哈赤每次攻城都喜欢先派点奸细混入城中,浑水摸鱼,对此袁崇焕特意让同知程维楧组织了锄奸大队,每天啥事都不干,就是挨家挨户地排查,遇到行为可疑或者是长相酷似汉奸的人,二话不说,先拉出去砍了再说。"宁可枉杀一千,不可放过一个"。

眼前明军最大的瑕疵,勇气不足,热情明显不高!

这不行啊,接下来面对的,将是一场恶战,首先拼的,就是气势,必须立即采取紧急措施,提高大家的士气,让他们精神饱满,让他们斗志昂扬。

不要忘了,袁崇焕是有真材实料的!时间已经证明了他无与伦比的能力,时间还将继续证明他的能力!有他在,就一定有办法!

正月二十四日,袁崇焕给部队将领做起了思想工作。

于是,接下来就发生了下面这一幕。

袁崇焕又是披头散发,又是捶胸顿足,跪在了成千上万的大明将士面前。

所有人都被这一幕给震惊了!

这一跪,不为自己,为天下苍生!

袁崇焕就如何提高抗战热情、怎么树立无畏勇气等问题,提论据摆事实讲道理,足足讲了几个钟头都没有结束。

袁崇焕一席话,顿时燃起了大家的斗志勇气,颓废之气一扫而空。

全军明确了目标,必须痛击敌人,死守城池,城在人在,城亡人亡,无论如何,宁远城不能破。

众志成城,死战决心一下,全军反倒没有了惊惧,紧张的神经也随之轻松下来!

初战

正月二十四日清晨,努尔哈赤带着无视一切的精神,下达了进攻的命令,声势浩大的八旗军队排山倒海,如波涛汹涌的洪水一般朝宁远城涌来。

摆明了,就是要生吃宁远的架势!

战斗很快打响!

八旗军队还没有把云梯伸向宁远城的城楼，就听到了震耳欲聋的爆炸声以及空气中浓烈的火药味，炮弹如同乌云般朝宁远城下的八旗军队飞来。

宁远城城楼上架着从西方国家进口的红衣大炮，它们喷出火红的火焰，发出"砰砰"的声响，热烈地欢迎着远道而来的八旗军队。

许多八旗将士在明军炮火的猛烈轰击下，飞到了空中，心胆俱裂。

八旗军队就是八旗军队，宁远城外已经躺满了浑身是血、缺胳膊断腿的八旗将士，可是活着的人没有被这些恐怖的情景吓倒，更没有让这些恐怖的情景左右他们的意志。

八旗军队知道现在为这些躺下的战友唯一能够做的事情，就是不惜一切代价拿下宁远城，把宁远城内的人，无论是军人还是百姓，无论是老人还是孩子全部杀光，一个不留，为死去的战友与亲人报仇。

八旗军队疯狂了，他们呐喊着，继续朝宁远城疯狂扑来。

此时八旗军队的主攻方向是宁远城的西南面，西边的明军将领是朱辅，南边的明军守将是祖大寿。

看来此次八旗军队的运气还不是一般的差，什么方向不好攻打？偏偏攻打西南方向；什么样的对手不好选择？偏偏选择两个最喜欢砍人的猛人。

八旗军队在作出这个选择的时候，他们的噩梦就已经开始了！

最有意思的是，八旗军队刚刚绕过浑身是血、缺胳膊断腿的尸体之后，正准备架云梯爬宁远城城楼的时候，他们就发现了令他们终生难忘的奇怪现象！事情是这样的：

攻城之战，自从世上有了城池，就开始不断地出现。虽然攻城的工具与武器不断改进，但是攻城的方法始终都只有一个，非常简单也非常危险，那就是城下的军队扛着云梯拼命地往城下冲，然后就顺着云梯往城楼上爬。

当然在城楼的附近还埋伏着成千上万的弓箭手，拼命地射杀城楼上的军队，而城楼上的军队也礼尚往来，用石块、滚木、弓箭回敬城楼下的军队。

这个只要你运气好，爬云梯的时候没有被抛下的物体击中，冲上城楼的时候不被城楼上的士兵刺成马蜂窝就是胜利！

到了宁远这里，情况变得不同了，可谓是开攻城战之先河。

八旗军队心里实在是太憋屈了，几乎要疯了！

八旗军队发现，宁远城除了前面的城楼上有红衣大炮在喷发灿烂的火焰

热烈欢迎他们之外，他们的左方、右方甚至是后方都有红衣大炮在热烈地欢迎他们。

其炮火之密，精度之高，实在是令人叹为观止。

满屏都是炮火，八旗军队别说破解，就是躲避都是一件极其艰难的事情。

转眼间，就有数百人丧生于宁远城城楼上的炮火之下。

这样的场面实在是太恐怖了！真是出师不利啊！

设计宁远城的建筑师天马行空，不受传统城池形状的束缚，将宁远城修筑成了"山"字形，实现三百六十度无死角打击。

阵前布丁法

八旗军队为了在攻占明军的坚固城池时减少伤亡，发明了风靡一时的"阵前布丁法"。

所谓"阵前布丁法"，其实就是一种将J形战车和步骑相结合的往城楼前推进的战法。

这种J形战车的制作工艺在当时已经相当先进，并且形成了规模化生产，而且成本较低，八旗军队都喜欢用它。

J形战车就是在普通的战车前面钉一块五六寸厚的木板，再在木板上裹上一层生牛皮，战车上面装有双轮，可以前后转动，这种J形战车的最大用处就是能够抵挡明军的先进火器。

在J形战车后一层有几名弓箭手，再后一层是一排小型的车子，车子里装满了泥土，用来对付明军城池前方的沟壑，最后一层是八旗铁骑，他们与一般的八旗军队不同，他们个个身穿很厚很重的铠甲，戴着很坚硬的头盔，弓箭、火枪轻易伤不了他们。

在作战的时候，骑兵并不出击，而是先用J形战车抵挡明军的弓箭和火枪，等明军换子弹的时候，八旗铁骑就狂奔而出，以迅雷不及掩耳之势向明军猛攻，由于八旗铁骑冲击力实在太大，明军一般都抵挡不住，被冲得七零八落，最后就只有大败而归！

女真民族还处在刚刚开始封建化进程的奴隶制社会，八旗军队也只是一群只会仗着一身蛮劲举着木棍石器砍人的人，和明军比起来，简直不可同日而语。

J形战车与阵前布丁法在战场上的运用，证明我以前的观点从头到尾都是错误的，女真民族崛起已经数十年，士别三日即当刮目相看，更何况是这样一个取得萨尔浒、开铁、抚顺等一系列战役的重大胜利的民族？他们以战养战，此时无论是武器、装备还是战略战术，都发生了质的飞跃。

当然在武器装备上面，八旗军队和明军比起来还是有一定的差距，这种J形战车只能够抵挡住一般的弓箭和火器，却抵挡不住大明从欧洲进口的西洋大炮。

修补缺口

尽管八旗军队的前后左右、东南西北都受到了明军火炮的轰击，死伤惨重，可是没有死的八旗将士还是踏着同伴的尸体与鲜血向宁远城疯狂地奔来，一些J形战车被勇敢的八旗士兵推到了宁远城的城墙下。

八旗卫士高举着铁锤、斧头猛烈地敲击坚固的城墙，也许他们上辈子都是石工、石匠，对这些工作有超出常人的天赋。

虽然明军对八旗军队敲击城墙的行为一清二楚，但是J形战车上有坚固的木板与牛皮遮蔽，八旗军队都隐藏在木板下，明军的火器、弓箭根本射不到他们，明军也只有仰天长叹、无能为力了。

不一会儿，八旗军队就把高约二丈多的城墙凿了三四处大窟窿。

一时间，明军阵脚大乱！

袁崇焕心拔凉，气得险些没一口血喷将出来。

现在的情况很危险！

如果让八旗军队冲进宁远城，以现在明军的战斗力，是无论如何抵挡不住的，到那时候，势必功亏一篑，满盘皆输，不仅仅是自己的性命保不住，就连宁远城也会失陷。

袁崇焕绝对不能容忍这样的事情发生。

患难见真情，生死关头见真章！

胜者生，败者亡！

虽然前面自己的誓言与决心感动了全体将士，他们也发誓以身相报，誓与宁远城共存亡，但是他们也有父母，也有妻子儿女，也有后顾之忧。

幸好，只是几乎，须臾生死，千钧一发之际，袁崇焕毫不犹豫地拿出了

宁远城仅有的一万一千一百多两白银，放到城楼上，大呼一声："能够勇敢杀敌而不贪生怕死的人赏白银一锭！"

关键时刻，没有任何保留的余地！

不疑则将校用命，不吝则军士效死！

宁远城内的士兵们一看到白花花的银子，眼睛放出了金色的光芒，恨不得马上把这些银子放进自己的腰包。

袁崇焕此举，有效地激发了明军的战斗热情，顿时士气高涨、勇气倍增，纷纷抬起石块、砖头去堵被八旗军队凿开的城墙。

每临大事有静气！

袁崇焕也知道仅仅凭借金钱是感动不了所有将士的，自己还必须冲在士兵的最前面，那么所有的将士才会为你拼死效力，才会愿意为你赴汤蹈火、在所不辞，才愿意为你抛头颅、洒热血。

袁崇焕抬起一块几十斤的大石头，冲上去和士兵一起堵城墙。

八旗军队一看袁崇焕那个家伙亲自跑到洞口来迎接他们了，不给他送点见面礼实在是太说不过去了。

八旗军队二话不说，就把刀送了过来。

袁崇焕在与这份礼物亲密接触的时候，鲜红的液体从他的身体内喷了出来。

明军一看袁崇焕这样，纷纷劝他回去养伤。

袁崇焕看了看他周围一双双惊讶、崇拜、担心的眼睛，义正词严地说："苟且偷生，谁又会感到快乐啊！"

说完，袁崇焕从自己身上撕下战袍，简单地包扎了受伤的伤口，又继续搬起石头去堵缺口。

袁崇焕对自己是真狠啊！

这是胆略，这是英勇的表现，这是勇士为了挑起士气做的举动，明军傻眼了，那一刻，他们不是一个人在战斗；那一刻，他们战神附了体，个个争先恐后搬石头堵城墙。

八旗军队费了九牛二虎之力凿开的城墙很快被明军堵上了，八旗军队的辛苦与努力成了无用功。

败给这样的对手，八旗军队不冤！

奇迹

八旗军队的士气没有因为宁远城内的明军堵住了他们打开的决口而受损，他们仍然铿锵有力地挥舞着手中的铁锤、斧头。

这力度够猛啊，哪怕隔着很远，明军都能听到那沉闷的敲击声，城墙随时都有垮塌的可能。

宁远城的情况万分危急，关键时刻，一个人果断地站了出来。

宁远城通判金启。

在世人眼里，金启不过是个小角色。

迎难而上，方显英雄本色；力挽狂澜，才是名将风范。

危急关头，金启将父老乡亲全部召集起来，给大家布置了一个紧急任务，去将家里的被褥和被单拿来。

众人目瞪口呆！

情况这么危急，应该多准备滚木、石块，才是正事，被褥和被单能干吗！难道用被褥和被单捂死敌人吗？

当然，抱怨归抱怨，军令如山，金启是上级，既然他下令了，那么即使再怎么不甘心，大家也只能遵命办事。

很快，被褥和床单就被收集了一大堆。

金启指挥众人把火药均匀地撒在被褥和被单上，然后卷成一捆，投掷到宁远城下。

八旗军队大概是穷怕了，一看见满地的被褥，连城都不攻了，都争先恐后去抢夺。

这时金启命令宁远城城楼上的明军点燃火把，扔下城去。

士兵们齐齐扔出了火把，火把密密麻麻，火光星星点点！

被褥中的火药顿时被点燃，火势飞腾，扬起一人多高。

八旗军队显然毫无心理准备，顿时乱作一团，被火烧得哭爹喊娘、鬼哭狼嚎，无数的八旗卫士葬身火海。

这一次引起了不小的轰动，从此名不见经传的金启，名声大噪，一时风光无两，在大明几百年的漫长历史中留下自己的足迹。

八旗军队那些家伙，应该没那么容易就被打退！

尽管八旗军队在宁远城的东南面受到了沉重的打击，他们仍然没有死心，还想着死马当活马医。

真是不撞南墙不回头，撞了南墙也不回！

这也不能够怪这些八旗士兵，毕竟大老远从盛京城跑到宁远城，忙活了大半天，如果没有得到一丁点的好处，实在是说不过去，还会被同行看不起。

就这样，八旗军队未作任何休整，就直接集中力量，采用人海填尸战术，对宁远城的南面发动了猛攻。

大战再次打响！

袁崇焕是谁啊！是这么好欺负的吗？

这个时候，不能使蛮力，要动脑子！

危急时刻，袁崇焕灵机一动，用柴草代替被褥，在柴草上浇上煤油，投到城下的板车与 J 形战车上。

没办法，有条件可以讲究，没条件就只好将就了。

事实证明，便宜的东西有时候也很逆天！

来了！又来了！

"不！"八旗军队终于意识到问题所在，但这又有什么用，已经来不及阻止了！

J 形战车迅速被点燃，顿时变成了一片火海。

潜伏在 J 形战车中的八旗士兵原来是打死都不出来，如今纷纷跳出来，蹿得比兔子都还快，背上还背着一团熊熊燃烧的火焰。

这下好了，不管 J 形战车里藏了多少人，都葬身火海了！

而这仅仅是一个开始，不久之后，袁崇焕的名字将令八旗军队瑟瑟发抖。

到了夜晚，战斗还在继续。

战斗打到这个份儿，该是全军上阵的时候了！

八旗军队踏着同伴的尸体与鲜血继续朝宁远城涌来。

袁崇焕命令明军将火球、火把投到城下，把前进中的八旗军队烧得满地打滚，八旗军队损失极其惨重。

毫无意外，八旗军队这次又失败了！

努尔哈赤不得不下令停止进攻。

八旗军队早就打够了，汗王一下令，潮水般就退出了战场，留下了无数残肢断臂和无主马匹在尸体旁散落徘徊。

事实证明，他们都错了！

努尔哈赤，咱们换个游戏吧！

咱们不能总被动挨打，要学会主动出击，要干，就干场大的！

想到这里，袁崇焕不再迟疑，待八旗军队休息后，果断命令五十多名死士携带棉花、火药等物，用绳子将他们放下城去，把八旗军队的J形战车烧得一干二净，火光冲天，夜晚有如白昼。

袁崇焕这招，还挺狠啊！这把火，烧得实在漂亮！

一场来之不易的胜利，一个令人惊喜的开门红。

这不符合明军将领的人设，努尔哈赤想破脑袋都想不到，袁崇焕会主动出击，这样的对手，让人不得不心生寒意！

这回，努尔哈赤只能认栽！

最激烈的战斗

这对于战无不胜、攻无不克的战术大师努尔哈赤来说，你叫他情何以堪啊？

努尔哈赤有一个优点，那就是不服输，对手越强，他越不会轻易服输。

争强好胜的努尔哈赤，内心燃起了不服输的熊熊烈火。

拼了，失败了大不了从头再来！

正月二十五日，努尔哈赤跨上了战马，亲自率领八旗精锐对宁远城发动了新的攻势。

正主终于登场！

惨烈的战斗，再一次在宁远城下打响！

喊杀声、兵刃撞击声、战马嘶鸣声、炮火声与辽东的狂风声交织在一起，构成了宁远城此时优美的旋律。

只凭力量，却不懂得技巧，注定只会失败！

战役的激烈程度与昨天的一模一样，战役的过程也与昨日的一模一样，八旗军队又是兵败如山倒，又是军溃如洪荒。

到了下午申时，八旗将士的尸体横七竖八地躺在宁远城附近，缺胳膊断腿，血肉模糊，血水汇聚在一起，形成了一条小河流，缓缓流入护城河，清澈的

河水在刹那间变成了鲜红色，空气中弥漫着浓烈的血腥味，令人作呕。

八旗兵士都是驰骋疆场、纵横天下，经历过成千上万次战役的勇士，可是见到宁远城下的恐怖情景，胃里还是翻江倒海，双脚都忍不住向后退，没有一名将士敢再向宁远城发起冲锋。

八旗将领可不管这么多，对他们来说，宁远城就是一个巨大的地下宝藏，能够让他们得到想要的一切，只要攻陷宁远城，这一切将不再是梦想，而是现实。

他们对城下一具具血肉模糊的尸体视而不见，用马刀驱赶着败退的士兵继续冲锋。

然而根本无法阻拦啊！

八旗将士也是人，也知道怕啊，他们这个时候都怕了，跟大明斗了这么多年，谁见过这样的操作啊！

八旗将士一冲到宁远城下扭头就跑，即使是这样，仍然有许多人被红衣大炮无情地轰倒，战友、同伴生龙活虎地冲到城下，回来的时候，他们却是背着战友、同伴血肉模糊的尸体回来的。

八旗军队的尸体全部被运到西门外的瓦窑，活着的士兵拆下民房的木头，举火焚烧，黄烟顿时弥漫开来，空气中夹杂着一股刺鼻烧焦的难闻气味，让人头晕目眩，有种想呕吐的冲动，如果一些不明所以的人走到这附近，还以为进了火葬场呢？

战争从早晨进行到了深夜，八旗军队除了在宁远城下增添数千具浑身是血、缺胳膊断腿的尸体之外，没有得到一丝一毫的便宜。

努尔哈赤只好下令停止进攻，命令八旗军队退到距离宁远城仅仅有五里的宁远城西南方向的龙宫寺，安营扎寨。

事实证明，努尔哈赤的做法明智极了！

宁远城城楼上的数十门红衣大炮使八旗军队闻风丧胆，八旗士兵一听到"红衣大炮"这四个字，就好像见到鬼一样，吓得瞳孔收缩，经脉尽断。

努尔哈赤心中仍有执念，要找到攻陷宁远的办法，并不愿就此放弃！

慢慢来，不着急！

努尔哈赤还算是个聪明人，一路不通再走一路，一计不成又生一计，他认为与其把全部的八旗军队留在宁远城干耗，还不如分出一部分兵力去攻打

其他地方。

那样即使八旗军队攻不下宁远城，也可以抢劫点粮食与金银珠宝，满载而归，这就是做贼的原则，叫作"贼不走空"。

正月二十六日，努尔哈赤命令三等副将武纳格率领蒙古八旗攻打觉华岛。

武纳格

武纳格，博尔济吉特氏，隶属蒙古正白旗。

武纳格的祖先是蒙古人，世世代代居住在蒙古高原，过着幸福快乐、无忧无虑的游牧生活，后来也不知道是什么原因，武纳格的整个家族都迁徙到了辽东的叶赫境内。

努尔哈赤以十三副铠甲起兵以后，武纳格带着七十二个手下长途跋涉、翻山越岭，前来投奔努尔哈赤。

对当时的努尔哈赤来说，武纳格的投奔不是在锦上添花，而是在雪中送炭。

我们都知道蒙古人是骑在马背上的民族，身强力壮，膘肥身健，在打架砍人方面占有很大的优势。难能可贵的是，武纳格不仅仅具有这些优点，而且还精通蒙文和满文。

后来在建州讨伐乌拉的战役中，武纳格冲锋陷阵，砍杀敌军数人的脑袋瓜子，被努尔哈赤赐封为三等副将。

觉华岛之战

觉华岛位于山海关外二百里，四面环海，春暖花开，空气新鲜，风景宜人，是辽东明军囤积粮草的地方，该岛拥有的粮食多达八万两千余石，可以供辽东的明军吃上一阵子。

因此，觉华岛对明军来说至关重要，是无论如何都不能够丢失的，不然辽东的明军就只能够空着肚子打仗了。

正因为如此，大明在该地设置的驻军就多达七千人，当然大明在该地设置这么多军队并不仅仅是让他们保护觉华岛的粮草，大明还给了他们一个非常重要的任务，那就是在宁远城遇到危急情况的时候，出兵救援。

努尔哈赤早就想出兵攻打觉华岛，拔掉这眼中钉、肉中刺了，而且努尔哈赤对觉华岛上囤积的八万两千多石粮食也是垂涎三尺，早就想把它们装进

自己的腰包，可是努尔哈赤也是无能为力啊！

这倒不是觉华岛上的明军战斗力强，八旗军队打不赢，而是因为觉华岛远离大陆，女真人的造船技术又比较落后，根本过不去。

大海就是觉华岛的天然屏障！

努尔哈赤也是心有余而力不足啊，每次都只能够望洋兴叹！

现在不一样了，八旗军队可以长驱直入，直攻觉华岛。

到过东北的人都知道，东北绝大部分海域在每年的冬季都会大规模地结冰，这还不是一般的结冰，结冰厚度高达数米，不要说人在上面狂奔，就是在上面开车也没有一丁点问题。

这个结冰期不短，长达两个月，而努尔哈赤攻打宁远城这段时间正是深冬，两个月的时间里可以干许多事情，比如说攻陷觉华岛。

觉华岛的明军当然也明白此刻是进攻觉华岛的最佳时期，对于当过商人的努尔哈赤来说，是无论如何都不会放过这个发横财的机会的！驻守觉华岛的明军全部撤离了觉华岛，在冰上安营扎寨，并且把许许多多的战车堆放在营寨周围，组织防线。

明军也知道这样做根本就是杯水车薪，绝对不可能阻挡得住八旗军队的疯狂进攻，有鉴于此，明军又扮演了砸石匠的角色，扛着铁锤、斧头跑到冰上，开始猛砸冰面。

虽然此地的冰层厚度很大，但是明军坚持不懈、吃苦耐劳，"功夫不负有心人"，觉华岛周围以及明军营寨附近的坚冰都被砸开，形成了一道激流，迫使八旗军队根本不敢冲上来。

但这，真的有用吗？好像并没啥太大的效果！

这一次，运气站在了八旗军队这边！

辽东的天气实在是太恶劣了明军用了九牛二虎之力砸开的冰层，没过多长时间又结了一层新冰！

武纳格乘机率领八旗精锐冲上了觉华岛。

明军无险可守，根本不是八旗精锐的对手，没有过多长时间，觉华岛上的明军阵营就被八旗军队冲得七零八落，现在已经不再是打仗，而是在屠杀。

八旗士兵骑在战马上，挥舞着大刀，追赶着抱头鼠窜的明军……

逃跑不可怕，逃不掉才是最可怕的！

参将金冠，都司王锡斧、季士登、吴国勋、姚与贤，幢总王朝臣、张士奇、吴惟进都力战而死。

八旗军队在宁远城受了一肚子的窝囊气，士气低落，无处发泄，如今好不容易打了个胜仗，怎么可能轻易放过。

觉华岛上的一万四千多人，不管是士兵还是百姓，不论是男人还是女人，不管是老人还是孩子，都遭到了八旗军队的血腥屠杀。

八旗军队使出了蚂蚁搬家的独门绝技，打算将觉华岛上的粮草搬个一干二净，发一笔横财。

然而，觉华岛的粮食实在太多，八旗军队使出吃奶的劲连续运了数天都没有运完。

八旗军队想都没想，就一把火将觉华岛上剩余的数万石粮食以及两千多艘战船付之一炬。

觉华岛之战结束，八旗军队扳回一局！

致命的一炮

八旗军队攻下觉华岛上的第二天，也就是正月二十七日，努尔哈赤就命令八旗军队解除了对宁远城的包围圈，开始收拾行装，整理器械，准备撤离宁远城，返回盛京。

在残酷的现实面前，努尔哈赤的满腔豪气只能变成垂头丧气，气势汹汹而来，含恨愤愤而走！

看起来，这一切就要到此为止了。

这一天是努尔哈赤命运的分水岭，就像前秦皇帝苻坚亲率八十万大军东征东晋，撤离淝水，也像是一代天骄成吉思汗铁木真武力迫降西夏，还师西江，他们都到了好运到头的一天。

想走？没那么容易！

真当大明好欺负啊！努尔哈赤这帮人，只有把他们打疼了，打怕了，他们才知道死字怎么写的！

在这一刻，袁崇焕下定了决心！

袁崇焕决定不再珍惜每一颗炮弹，不再节约每一发子弹，不再顾忌任何一个细节，他现在心里只有一个坚定的信念，那就是无论如何，也不能够轻

易放过这群杀人不眨眼、无恶不作的强盗。

袁崇焕出手了!

袁崇焕命令明军猛轰撤退的八旗军队,轰他个尸积如山!轰他个血流成河!轰他个鬼哭狼嚎!轰他个望风而逃!

要说从欧洲国家进口的红衣大炮,除了价钱贵了点、运输困难了些、上弹麻烦了点以及偶尔发生一点安全事故之外,整体情况确实不错,不仅射程远威力大,而且准头好偏差小。

八旗将士本来打算拿着抢来的东西迅速回家跟父母、老婆、孩子团聚,过一段快快乐乐的日子,没有想到被抢劫了的明军根本就不这样想,许许多多的八旗将士怀着美好的愿望不知不觉死去了。

在尸横遍野、血流成河的宁远城下,在昼短夜长、贼冷贼冷的天气里,在震耳欲聋、心惊胆战的轰鸣声中,有一门红衣大炮发射了一颗炮弹,伴随着一片惊叫与哀号,命中了一个伟大的目标。

时间,仿佛在这一瞬间定格了!

几秒钟之后,所有人都知道,努尔哈赤中弹了!

惊愕、骇然、恐惧!

唉,对出门远征的八旗军队来说,没有什么比努尔哈赤受伤更难受的了!

努尔哈赤可是帝国汗王,他要有什么闪失,对不住,这次出征的将士,不知道有多少得脑袋搬家、人头落地。

成千上万的八旗士兵向努尔哈赤涌去了,所有的八旗将士开始痛哭流涕、鬼哭狼嚎,所有的八旗将士开始忐忑不安、黯然神伤。

数十名身强力壮、身材魁梧的将士用八旗的旗帜将浑身是血的努尔哈赤严严实实地包裹起来,迅速地撤离了宁远城。

战果辉煌,扬眉吐气!

此战,万众瞩目,史称"宁远大捷"!

最后的岁月

八旗军队护送着身受重伤的努尔哈赤日夜兼程、马不停蹄地赶路，于正月二十七日抵达盛京。

御医们马上对努尔哈赤进行了抢救，御医们累得满头大汗、汗流浃背，终于把在死亡线上垂死挣扎的努尔哈赤抢救回来了。

宁远之战，不但摧残了努尔哈赤的身体，还摧残了努尔哈赤的心灵！身体上的伤口很容易愈合，可是心灵上的创伤不是这么容易治愈的。

努尔哈赤自二十五岁以祖父、父亲留下的十三副遗甲起兵以来，在四十三年间，统一辽东女真各部落，进攻大明，讨伐察哈尔，经过大大小小一百多次战役，都是战无不胜、攻无不克，偏偏在宁远城气贯长虹的连胜到此戛然而止，不败的神话就此化为泡影。

努尔哈赤，可能从来没有想过这一天吧，打心底里接受不了这么残酷的现实啊！

努尔哈赤的自尊心极强，哪里能够接受这样沉重的打击，他越想越气，越气身体就越差，很快，他的健康状况就出了问题。

努尔哈赤这么生气，也并不是因为死要面子、放不下身段，其实宁远一战，八旗军队死伤四千余人，参将战死两人，备御也有两人被明军的红衣大炮送去了鬼门关，损失的战马也多达数千匹，J形战车更是被明军焚烧殆尽。

总之一句话，宁远一战，后金输了，输得彻底，输得一塌糊涂，将能输的都输光了，这包括胜负本身、战略物资、阵亡的将士，也包括声望、名誉以及士气。

努尔哈赤即使在身心俱疲的情况下，也没有忘记他的子孙后代以及女真

人民，为了使子孙后代、女真人民能够过上幸福快乐、无忧无虑的生活，还在为他建造的黄金屋添砖加瓦。

最后的贡献

四月初四，喀尔喀违背与后金订下的盟约，反抗努尔哈赤。

以努尔哈赤的个性，苍蝇飞过去估计都能掰下一条腿来，如果心情不好，搞不好还能掰下两条！

努尔哈赤对此自然不会忍气吞声，他亲率八旗军队远征蒙古。

喀尔喀骑兵早已经不再是成吉思汗统治时期那支仿佛天兵天将附体的骑兵了，遇上努尔哈赤的最好选择，就是毫不犹豫地逃跑，而且还未必逃得走。

喀尔喀骑兵被八旗军队追得灰头土脸满头包，喀尔喀贝勒囊努克也被八旗军队乱刀砍死。

努尔哈赤率领八旗军队继续追击，追到了西拉木伦，努尔哈赤在追击的过程中也没有忘记做好自己的本职工作，命令八旗军队四处抢劫。

喀尔喀虽然没有大明那么富裕，但也不是穷得要讨口饭吃，八旗军队劫掠了大批牲畜。

虽然女真人并不缺少牲畜，但是八旗军队坚持"贼不走空"的强盗与土匪原则，还是全部将它们带回了盛京。

五月二十一日，奥巴来到盛京朝见努尔哈赤，其实他来什么事都没有，也可以说是吃饱了没有事情干，没事情找事情干。

努尔哈赤还是热情地接见了他。

奥巴先对努尔哈赤派兵援助科尔沁打败林丹汗的事情表示感谢，后又给努尔哈赤送上了珍贵的礼物，还说了一大堆阿谀奉承、溜须拍马的废话。

可是努尔哈赤听了大为受用，认为这小子还算识抬举。

努尔哈赤不仅将弟弟舒尔哈齐之子图伦的女儿许配给了奥巴，而且还赐封奥巴为土谢图汗。

努尔哈赤在为后金扩大版图的同时，也没有忘记加强对自己子孙后代的教育工作。

六月，努尔哈赤给子孙后代上了最后一课。

七月二十三日，努尔哈赤身体越来越差，病情加重，不得不前往有"避难胜地、疗伤佳境"之称的清河汤泉疗养，身边除了贴身侍卫之外，就只有努尔哈赤最宠爱的大福晋阿巴亥。

努尔哈赤到清河汤泉疗养后，病情不但没有丝毫好转反而越来越严重。

努尔哈赤不是没有想到这一刻，但这一刻来临的时候，是如此残酷！

汗王即将宾天的关键时刻，儿子们不在身边，这意味着什么？

这下努尔哈赤慌了！不得不开始考虑自己的身后事！

努尔哈赤没有办法，只好决定马上返回盛京城，毕竟时间不等人呀，努尔哈赤还有许多事情要做。

其中最重要的一件事情就是为他辛辛苦苦、兢兢业业创建的后金选定继承人，他担心他的子孙后代会为了汗位而拼得尸横遍野、血流成河，那样只会让亲者痛仇者快。

努尔哈赤现在病情这么严重，骑马是无论如何行不通了，不然他可能还没有返回盛京，就已经一命呜呼，努尔哈赤不得不乘舟。

为了以防万一，努尔哈赤命令代善、阿敏、莽古尔泰、皇太极等贝勒立刻起程，赶往爱鸡堡（今辽宁省沈阳市于洪区埃金一带）与自己相见。

显然，上天没有眷顾努尔哈赤！他想要回到盛京的愿望，到最后还是没有实现！

八月十一日未时，努尔哈赤在爱鸡堡病逝。

到此为止了！

努尔哈赤在位十一年，年六十有八，崇祯二年（公元 1629 年）葬福陵，初谥武皇帝，庙号太祖，改谥高皇帝，累谥承天广运圣德神功肇纪立极仁孝睿武端毅钦安弘文定业高皇帝。

努尔哈赤自二十五岁以十三副遗甲起兵以来，在四十三年期间经过一百多次大大小小的战役，都是所向披靡、势如破竹、战无不胜、攻无不克，唯有宁远一城不下，这是他辉煌战绩生涯中的一大败笔。

努尔哈赤就好像划过黑寂的夜空，释放那一闪而逝耀眼光芒的彗星，虽然很短暂，却是永恒！

努尔哈赤的高大形象，已经深深刻在后人的内心深处，即使过了千万年，仍然不会被后人遗忘；努尔哈赤的英雄事迹，已经被后人熟知并将继续传承，即使海已枯竭，石已碎烂，仍然长盛不衰。

最是无情帝王家

每当老皇帝归天，新的继任者还未确立的那一时期，就是帝国最为危险的时期，无数人的身家性命，无数人的野心欲望，往往就取决于这短暂的几天甚至数个时辰。

阿巴亥这个人，吃啥啥不剩，干啥啥不中，容易把好的事情变糟，糟的事情变得更糟。

就在此时，她犯了一个致命的错误！

阿巴亥认为，没有机会进行权力交接，就意味着权力出现了巨大的真空，这情形就像大家都看见了天上掉下了一块馅饼，先下手为强啊，不然它就被别人抢到了！

不入虎穴，焉得虎子；不冒风险，焉做天子！

阿巴亥宣布，努尔哈赤留有遗诏，让多尔衮继承汗位！

这条消息，很快就在后金的贝勒大臣中传开了。

阿巴亥不自觉地被推到了风口浪尖，成了诸贝勒掌权路上最大的绊脚石。

努尔哈赤死前到底有没有留下遗诏？这是个很值得思考的问题！

那么，四大贝勒的态度会是怎么样的呢？

当然是大怒！

阿济格、多尔衮、多铎三兄弟中的任何一个继承汗位，也就相当于拥有了正黄旗、镶黄旗、镶白旗，再加上一个玲珑剔透、一肚子花花肠子的阿巴亥，四大贝勒以后还有什么好果子吃！

这自然是四大贝勒所不愿看到的。

形势万分危急！

四大贝勒再也坐不住了！

四大贝勒中，阿敏是舒尔哈齐的儿子，自然没有什么机会；代善、莽古尔泰由于自身犯了大错，也没有什么机会。

那么，就只有皇太极了。

这不是可能，而是确定！

皇太极隐藏得很深，近年来一直安分守己，淡泊名利，责任归自己，功劳给大家。

皇太极处处谦让低调，事事谨小慎微，见谁都面带笑容，非常友好和善，人畜无害。

皇太极低调、务实的表现，赢得了上上下下的欢心，给代善、莽古尔泰、阿敏几人的印象相当不错。

这还真是天赐的机缘啊！

皇太极开心了，天下还有这好事呢？他无法拒绝，也不愿拒绝！

代善、莽古尔泰、阿敏的表态，对于皇太极来说，简直就是及时雨，立马点燃了皇太极的兽性。

汗位已经近在眼前！大权已经唾手可得！

然而，皇太极心里很清楚，行百里者半九十，越是这个时候，越是需要十二万分小心。

只要自己一日没登上汗位，自己就一日不得安心！

不管怎么说，先把阿巴亥干掉再说！

皇太极和代善、莽古尔泰、阿敏进行了短暂的碰头会，紧急磋商如何对付阿巴亥。

这个时候，大家终于明白了，那个最想当汗王的人，是皇太极！

等皇太极讲完自己的计划后，所有人已经彻底无语，甚至开口赞美都忘记了。

皇太极，原来你才是最邪恶的那一个！

四大贝勒很清楚，亮剑的时候到了。

图穷匕见！

胜者获得问鼎天下的资格，而败者将失去所有！

要遗诏，咱们给她写一个。

四大贝勒怒意暗藏，杀机外放，以其人之道还治其人之身，声称努尔哈赤曾经给他们留下诏书，自己死后，让阿巴亥殉葬！

此刻，阿巴亥的内心是崩溃的，觉得人生好艰难！

没事，阿巴亥，你就当为了阿济格、多尔衮、多铎三个孩子，稍微牺牲一下好了！

阿巴亥知道，这些贝勒爷，那是说到，就能做到的！

女子本弱，为母则刚！阿巴亥打掉牙齿往肚子里吞，选择了沉默！

没有人能想到，在心怀不轨的四大贝勒的策划下，阿巴亥的命运，也被推到了历史大潮的终点。

八月十二日卯时，盛京城大福晋寝宫正厅内外，黑压压站满了人，这些是以皇太极、阿敏、莽古尔泰等人为首的众贝勒。

不可思议的是，尽管人数众多，可是仍然鸦雀无声，每个人的脸色都非常凝重庄严，给人一种难以压制的哀伤气氛。

四大贝勒领着努尔哈赤的儿孙们气势逼人地走入了寝宫，呼啦一大片，他们好像走进的不是寝宫而是战场，每个人都神色紧张，一副如临大敌的模样。

时间，仿佛在这个时候流逝得格外慢，短短几个时辰，就如同几十年那么漫长。

此时此刻，阿巴亥唯一能够做的，就是用尽所有力量去期盼，期盼着奇迹能够出现。

但奇迹终究没有出现！

……

后面的内容太过血腥残忍，我就不用过多的语句去描述那些大汉是如何面目狰狞地走进阿巴亥的寝宫，用一条白绫将手无寸铁、柔弱无力的阿巴亥绞死在金碧辉煌、富丽堂皇的宫殿之内的了。

美人如玉，转眼归黄土！

唉，真是让人心寒又心酸，自作孽，不可活！早知如此，何必当初！阿巴亥为了她的冲动，付出了应有的代价！

阿巴亥在历史上的整个人生之路就是十二岁嫁给大她三十一岁的努尔哈赤，三十七岁被逼殉葬，只与丈夫努尔哈赤恩恩爱爱、耳鬓厮磨了二十五年，在殉葬的时候没有一个亲生子女在身旁，这些寂寞凄凉、不忍卒读的数字就是她的一生。

权力根本就不会与阿巴亥产生任何交集，就算她不为努尔哈赤殉葬，她也绝对没有可能对皇太极构成威胁。

如果努尔哈赤泉下有知，是否会明白，导致他最心爱女人惨死的最根本原因就是他辛辛苦苦、披荆斩棘建立的后金，那炙手可热、至高无上汗位的诱惑，那翻云覆雨、为所欲为权力的吸引，又有多少人能够经受得住呢？

阿巴亥不是唯一倒霉的人！

　　四大贝勒展现了自己最人性最温暖的一面，让德因泽和阿济根跟阿巴亥一道上路，保证阿巴亥在黄泉路上不会孤单寂寞。

新官上任三把火

一听说劝进了，后金的一些墙头草和跟屁虫，被岳托、萨哈廉带起了节奏，纷纷聚集起来，有熟识的，有半生不熟的，有陌生的，老老少少挤满了整个大殿，支持的声浪，一浪高过一浪！

因为劝皇太极继承汗位，就好比夸人，一个劲儿地请求继承汗位，虽然不一定捞到什么好处，但至少能给新君留个好印象。

皇太极坐上了崇政殿内的龙椅上，接受满朝文武大臣的朝拜，以公元1627年为天聪元年。

就这样，皇太极由政变的策划者摇身变成了新时代的统治者，属于他的时代终于到来，后金从此翻开了崭新的一页。

代善、莽古尔泰、阿敏这群凶悍暴虐的家伙，还算不上真心臣服自己，万一反水，不但后金将陷入大乱，就连自己都危险了！

但要动他们，非常难办，格外地棘手！

真正的高手，知道人生的真谛是看破而不说破。

皇太极性格阴柔，城府极深，非常善于伪装，在这件事的处置上，显得非常老到得体，展现了难得的风度。

皇太极刚一上任，就给代善、莽古尔泰、阿敏三人送上了一份大礼。

皇太极保留了四大贝勒议政制度，允许代善、莽古尔泰、阿敏坐在自己的左右，共同接受臣属朝拜。

现在，皇太极终于熬到了自己当家做主的这一天，一上台，就一连颁发了几道军政新举措。

首先一道新规定，不再频繁征集百姓修筑城墙，让百姓有时间专心从事农业生产，休养生息。

接下来，严格把控市场，规定市税归国家所有，严格禁止走私，偷税漏税，一经发现，严惩不贷。

各项新规的频频爆出，让后金的大佬们以及其他各方势力目不暇接、眼花缭乱。

年轻的皇太极很快又表现了他非同寻常的一面，开始着手他酝酿已久的一项重大改革。

努尔哈赤由于自身受够了汉人的欺负，因此只相信女真人，根本就不把汉人当人看，想骂就骂，想打就打，想杀就杀。

提高汉人的地位，对后金的好处是显而易见的，但由于牵涉到了包括几大贝勒在内广大女真贵族的利益，因此实施起来的阻力相当大。

就像逆风而行的疯子需要极大的动力，逆传统而为的艺术需要非凡的勇气，逆女真人推行的政策也需要非凡的魄力和胆量。

皇太极这个人，并不缺少魄力和胆量。

一定程度地解放汉人这件事，自然被皇太极提上了日程。

皇太极规定：不管是汉人还是女真人，都一视同仁，官吏安排徭役，必须公平、公正，平均分配。

在皇太极的强力推行下，轰轰烈烈的新规在全国范围开展。

不过，这次改革仍然是不彻底的。

把汉人与女真人分割开来，先是以十三名汉人壮丁为一庄，给女真官员为奴，现在以八名汉人壮丁为一庄，给女真官员为奴，多出的汉人全部编为民户，去开荒种地，并任用廉洁的汉人为官，来管理他们。

新统治集团的成员

皇太极上任后，最重要的改革就是对他父亲努尔哈赤建立的八旗制度进行了改革。

皇太极在八旗中设立八个固山额真，分管八旗：

纳穆泰为正黄旗固山额真；额驸达尔汉为镶黄旗固山额真；额驸和硕图为正红旗固山额真；博尔晋为镶红旗固山额真；额驸固三泰为镶蓝旗固山额真；托博辉为正蓝旗固山额真；喀克笃礼为正白旗固山额真；彻尔格为镶白

旗固山额真。

我们且看看皇太极选的这些风云人物。

纳穆泰，舒穆禄氏，扬古利的幼弟。

扬古利归顺努尔哈赤的时候，纳穆泰还是一个只会吃奶的孩子，可是由于他是扬古利的弟弟，努尔哈赤对他很好，把他当成自己的子孙看待，给了他无微不至的照顾与关怀。

纳穆泰年轻的时候，经常跟随努尔哈赤带兵作战，由于他作战勇猛，屡立战功，很快引起了努尔哈赤的关注。

达尔汉，郭络罗氏，满洲镶白旗牛录额真扬书的儿子。

达尔汉这个人，要长相有长相，要才华有才华！

达尔汉的运气实在不错，凭借他父亲扬书、叔父常书与努尔哈赤的友好关系，娶到了比自己小七岁的努尔哈赤侧妃伊尔根觉罗氏的女儿嫩哲格格，一跃成为了努尔哈赤的女婿。

达尔汉原本隶属镶蓝旗，没有娶嫩哲格格之前仅仅是一个牛录额真，自从娶了嫩哲格格成为额驸以后，努尔哈赤每次出征总是将他带在身边，给了他无微不至的关心和照顾。

达尔汉也确实没有辜负努尔哈赤，每次作战总是身先士卒，所向披靡，人挡杀人，佛挡杀佛，英勇得不行。

努尔哈赤封他为一等副将，世袭罔替。

和硕图，栋鄂氏，何和礼第四子，此人既不怎么聪明又没有什么战功，可由于他父亲何和礼为后金南征北战、开疆拓土，立下了不少汗马功劳，和硕图还是被努尔哈赤任命为三等总兵官。

如果和硕图就心安理得地当着他的三等总兵官，过他逍遥自在的日子，这辈子也就这样了。和硕图不是一个甘于平庸的人，他希望自己能够像他父亲何和礼一样，建功立业，名垂青史，成为后金人人尊敬的英雄人物。

和硕图还是一个有自知之明的人，他很清楚自己并不是一个以刀剑自娱、以纵马为欢的人，让自己去战场建功立业，成就英名，恐怕还没有立下什么战功，自己就先去阴曹地府和阎王爷约会了。

和硕图采取"曲线救国"计划,每天都围着努尔哈赤转,管他努尔哈赤对自己有没有好感,先混个脸熟再说。

和硕图在努尔哈赤身边转了几天以后,就开始拍努尔哈赤的马屁,把努尔哈赤都捧到天上去了。

这个做法明智极了!

努尔哈赤也喜欢听好听的话,打心眼里喜欢和硕图这个能说会道的小伙子,还把代善的女儿许配给了他。

和硕图一下子成为了和硕额驸!

和硕图小计谋得逞,很是高兴了一阵。

博尔晋,家族世代居住在辽东完颜女真部落境内,由于女真人多以地名为姓氏,因此他是完颜氏,跟金太祖完颜阿骨打同姓,说不定还是完颜阿骨打的后人呢?

努尔哈赤于万历十一年(公元1583年)以祖父和父亲留下的十三副铠甲起兵,当时努尔哈赤缺兵又缺粮,宣布"只要带着家丁粮食来归顺"的,就任命为牛录,即为牛录额真,管理带来的人。

博尔晋抓住了这次难得的升官发财机会,努尔哈赤也确实是男子汉大丈夫,说一不二,二话没说,就任命博尔晋为牛录额真,隶属镶红旗。博尔晋终于凭借这次投机,获得了一官半职,以后能不能够飞黄腾达,就看他自己的本事了!

不久,努尔哈赤率领建州军队讨伐哈达女真,直逼富尔佳齐寨,博尔晋与族弟西喇布率领部众猛攻富尔佳齐寨。

西喇布的运气实在不怎么样,还没有冲进去,就被哈达军队射成了刺猬,一命呜呼,博尔晋看见族弟西喇布惨死,悲从中来,发誓一定要为族弟西喇布报仇雪恨,也许是博尔晋的举动感动了上苍,博尔晋射出一箭,刚好击中了射杀他族弟的西忒库。

努尔哈赤看博尔晋是一重情意且有勇有谋的人,对他格外看重。天启元年(公元1621年),努尔哈赤授予博尔晋"尔固齐"的光荣称号。

随后,努尔哈赤命令博尔晋驻守萨尔浒,跟随努尔哈赤讨伐大明,进逼沈阳,总兵贺世贤、陈策率领明军迎击,被八旗军队打得干干净净,兵器、

家当丢得一干二净，八旗军队趁机攻陷沈阳，八旗军队在沈阳城内俘获了大量的汉人，劫掠的人口牲畜粮食更是不计其数。

努尔哈赤并没有满足，带着博尔晋继续进军，逼近辽东另一军事重镇辽阳，大明极度恐慌，援剿总兵官李怀信、侯世禄、蔡国柱、姜弼、董仲葵集合五万明军，驻扎辽阳城东南方向，妄图与八旗军队决一死战，努尔哈赤命令四旗精锐偷袭明军左翼，明军被打得屁滚尿流，狼狈逃窜。

辽阳城内的明军一看城外的明军不是努尔哈赤的对手，马上调集大军从辽阳城的西门出发援救，博尔晋亲率两红旗精锐拦截，打得明军哭爹喊娘、抱头鼠窜，纷纷向辽阳城内逃去，只恨自己少长了两条腿，许多明兵被同伴踩踏而死。

博尔晋率领两红旗精锐会合其他四旗，开始猛攻辽阳城，明军再也无力抵抗，弃城而逃，八旗军队一举拿下辽阳城，大明并不甘心失败，马上从广宁城调集大军，妄图夺回辽阳城，博尔晋率领两红旗军队埋伏在沙岭，伏击明军，明军大败而归。

天启三年（公元 1623 年），博尔晋与达音布、雅希禅率领八旗军队讨伐鲁特部落，八旗军队与鲁特骑兵展开激战，达音布被鲁特骑兵乱刀砍死，鲁特贝勒昂安知道自己绝对不是八旗军队的对手，率领部众逃窜，博尔晋与雅希禅趁机追杀，大破鲁特骑兵，斩杀昂安，俘获鲁特大量部众和牲畜。

天启五年（公元 1625 年），努尔哈赤封博尔晋为梅勒额真，命令他带两千精锐骑兵去讨伐东海虎尔哈部落，博尔晋大败虎尔哈，俘获虎尔哈五百多户的部众，努尔哈赤听说这个消息以后，嗨得不行，亲自跑到盛京郊外去迎接他，还设宴犒赏他，其实努尔哈赤并不是真的关心他，只是想去看看他俘虏了多少人！

彻尔格，钮祜禄氏，隶属满洲镶黄旗，由于彻尔格的父亲是后金的开国功臣额亦都，彻尔格很小的时候就已经在努尔哈赤身边做事，看样子努尔哈赤这家伙非常喜欢小孩子，不然也不会留这么多小孩子在自己身边。

彻尔格跟随努尔哈赤驰骋疆场，南征北战，屡立战功，通俗点说，就是彻尔格这个人擅长打群架，把砍敌人的脑袋瓜子当成切西瓜，深受努尔哈赤的赏识与重用，被努尔哈赤任命为备御，没过多久，又被升任为游击。

天启五年（公元 1625 年），努尔哈赤命令彻尔格、王善以及达珠瑚率领一千五百多八旗军队讨伐喀尔喀。王善是努尔哈赤的族弟。

八旗军队把喀尔喀军队打得落花流水、抱头鼠窜，俘获了喀尔喀大量的部众及牲畜，努尔哈赤听到这个好消息，连午饭都忘了吃，就带着后金的文武大臣到郊外去迎接彻尔格与王善、达珠瑚等人，并在郊外举行了打猎比赛，四天以后才回去，看来努尔哈赤是非常喜欢把人家的东西变成自己的东西，这大概就是他当强盗的天赋吧。

八旗军队到达木户角洛的时候，彻尔格、达珠瑚入见努尔哈赤，努尔哈赤赏赐给出征的将士两百坛酒及打猎所获得的一百多头野兽。八旗军队到达盛京北冈的时候，努尔哈赤又用四百多坛酒与牛羊四十多头，办了四百多桌宴席，犒赏大军，进入盛京后，又赏给出征将士每人五两银子，并封彻尔格为三等总兵官。

当然这八个固山额真（总管旗务大臣）只掌管八旗中的庶政，听八旗的讼狱，八旗的军政大权仍然归八旗旗主所有，可是八个固山额真的职责并不仅仅是掌管八旗中的庶政、听八旗的讼狱那么简单，他们还有一个更重要的任务，那就是监视八旗旗主，一旦八旗旗主有异动，立刻禀告皇太极。

皇太极是那种树叶掉了都怕砸脑袋，喝口凉水都担心呛死的人，对以上的安排自然不会放心，又在每旗中设置了两名佐管大臣，监视管理八旗事务，负责处理八旗词讼，由拜音图、楞格礼，伊逊、达珠瑚，布尔吉、叶克舒，武善、绰和诺，屯布噜、萨壁翰，舒赛、康喀赛，孟阿图、阿山，武拜、萨穆什喀这十六人分别担任正黄旗、镶黄旗、正红旗、镶红旗、正蓝旗、镶蓝旗、正白旗、镶白旗的首任佐管大臣。

此外，皇太极还在每旗中设立了两名调遣大臣，负责处理八旗军队的驻防与调遣等事务，由巴布泰、霸奇兰，多诺依、扬善，汤古岱、察哈喇，哈哈纳、叶臣，昂阿喇、觉罗色勒，穆克坦、额孟格，康古里、阿达海，图尔格、伊尔登这十六人分别担任正黄旗、镶黄旗、正红旗、镶红旗、正蓝旗、镶蓝旗、正白旗、镶白旗的第一届调遣大臣。

皇太极这一番动作狠狠削弱了八旗旗主的权力！

处理民族关系

趁着这段时间，明金之间没什么大事，让我们把目光投向后金与蒙古的民族关系上。

皇太极当上汗王没过多久，科尔沁土谢图汗奥巴就派遣使者来到盛京朝见皇太极，双方会谈气氛融洽。

奥巴使臣先对皇太极当上汗王表示了祝贺，并送上了奥巴给皇太极的珍贵礼物，最后表示希望后金能够与科尔沁和平相处，互相帮助，争取共同富强，共同繁荣。

皇太极也作出了回应，他首先对奥巴向自己的祝贺表达了谢意，并说了些无关紧要的场面话。然后回赠给奥巴大批礼物，最后表示，只要奥巴把后金当朋友，后金也会把奥巴当朋友，有福同享，有难同当，如果当面是一套，背后是另外一套，那就不要怪后金翻脸不认人。

皇太极知道，自己继承汗位，有很多人不服气，要想彻底让这些人闭嘴，唯有进一步提高自己的威望。

皇太极的名气当然是在战场上拼杀出来的。

现在皇太极想到的，当然还是老一套。

那么该打谁呢？

最先成为皇太极目标的，是蒙古高原的喀尔喀部落。

努尔哈赤死后没有多久，喀尔喀就调集大军侵略后金领土。

喀尔喀也知道仅仅凭借自己的力量，去对付后金，无疑是螳臂当车，不自量力，他们需要找一个实力强大、资本雄厚的盟友与后台，最后他们找到了大明。

大明也希望喀尔喀能够牵制后金一部分兵力，缓解自己的军事压力。

大明与喀尔喀为了共同的利益，为了共同的目标，为了对付相同的敌人走到一起来，他们开始互派使者，互赠礼物，频繁交往。

皇太极得知这个消息以后，气不打一处来！

皇太极任命代善为指挥官，率领一万八旗精锐前往蒙古高原讨伐喀尔喀。

皇太极亲自把代善等人送到蒲河山，可见对这件事情的重视程度。

皇太极还害怕代善等人率领的军队对喀尔喀的打击不够，又命令楞额礼、阿山率领六百轻甲骑兵前往喀尔喀巴林地，以配合代善等人的军事进攻。

阿山，伊尔根觉罗氏，家族世世代代居住在穆溪。

努尔哈赤起兵以后，阿山的父亲阿尔塔什率领阿山及阿达海、济尔垓、噶赖等儿子和七村村民归顺努尔哈赤，这对当时力量非常弱小的努尔哈赤来说无疑是雪中送炭，努尔哈赤对阿尔塔什非常感激。

努尔哈赤把同族兄弟的女儿许配给了阿尔塔什，阿尔塔什成为了额驸，而阿尔塔什的儿子阿山等人则归代善管辖。

八旗军队东西夹击喀尔喀军队，喀尔喀军队东西不得兼顾，拆了东墙补西墙，拆了西墙补东墙，疲于奔命，被打得落花流水、抱头鼠窜，八旗军队俘获了喀尔喀大量部众和牲畜。

喀尔喀短期内是不可能恢复元气威胁后金了！

蒙古其他部落一看皇太极那家伙，年纪轻轻，做起事来比他老子努尔哈赤还要狠。努尔哈赤教训与他作对的蒙古部落，仅仅是扇一耳刮子，虽然会造成一定的损失，但是在短时间内还可以恢复。而皇太极教训与他作对的蒙古部落，是左右开弓，双管齐下，一连数耳刮子，直接把那些与他作对的蒙古部落的人打趴下了，数年都不能够恢复元气。

奥巴以及其他十三部落的贝勒派遣使者屁颠屁颠地跑到盛京来朝见皇太极。

这次他送给皇太极的礼物非常珍贵，价值连城，这倒不是他们尊敬皇太极，而是被皇太极吓怕了。

皇太极也知道仅仅凭借武力威慑蒙古诸部落是远远不够的，如果做得太过分，还会适得其反，正所谓"兔子被逼急了，也是会咬人的"，要想牢牢控制蒙古各部落，就必须恩威并施。

皇太极又回赠给蒙古各部落大量珍贵的物品。

蒙古各部落本来打算到盛京来"破财免灾",没想到还多得了许多珍贵的物品,他们认为皇太极势力强大还不仗势欺人,的确是一代明君。

蒙古各部落首领打心眼里喜欢皇太极,与后金结成了坚固的同盟。

强权就是真理

不是所有人都顺着皇太极,蒙古高原上也有人不买他的账,其中以林丹汗表现得最为强烈。

对待敌人,皇太极从来都不会心慈手软、手下留情。

皇太极深知先下手为强,后下手遭殃,他命令达朱户率领八旗军队讨伐察哈尔。

察哈尔军队猝不及防,仓促应战,被打得鬼哭狼嚎、血肉横飞。

八旗军队俘获了大量人口及牲畜,唱着歌、哼着曲返回了盛京。

皇太极打败了察哈尔,获得了许多不义之财,还嫌不够,没过多久,又命令代善、阿敏率领八旗军队讨伐扎鲁特。

难道扎鲁特做了什么不该做的事?

并没有!

扎鲁特真是每天闭门家中坐,但依然祸从天上来!

扎鲁特国小人微,哪里是强大八旗军队的对手,扎鲁特军队一望见八旗军队的军旗,一下子就由正规部队变成了土匪强盗,转身就跑。

但这,毫无意义!

代善、阿敏并没有因为扎鲁特军队知难而退而原谅他们,继续率领八旗军队像跟屁虫一样地追击扎鲁特军队。

扎鲁特军队没命地逃,八旗军队不要命地追,由于扎鲁特贝勒鄂尔斋图平时不坚持体育锻炼,身体不结实,没有跑多远,就累得大汗淋漓、气喘吁吁,打死也不跑了。

不想跑就把命留下,八旗军队追上了鄂尔斋图,也不管他是不是扎鲁特贝勒,在他们眼中,除了自己人就是敌人,他们二话不说,冲上去就挥刀往鄂尔斋图身上招呼。

可怜鄂尔斋图贵为贝勒,最后却落得尸骨无存的下场。

八旗军队还追上了扎鲁特巴克、拉什希布、代青、桑噶尔寨等十四位贝勒，这十四位贝勒比鄂尔斋图贝勒的运气好多了，虽然也成为了八旗军队的俘虏，但是至少保住了性命。

皇太极通过对蒙古各部落一系列的军事措施，加强了对蒙古各部落的控制，为后金提供了一个暂时稳定的后方。

宁远战役后的大明

接下来，让我们把视线转回大明！

自从宁远城被八旗军队围得有如铁桶一般后，宁远城与北京城的一切联系都告中断，宁远城内的明军不知道北京城内的情况，北京城内的明军也不知道宁远城内的情况。

朱由校一连十几天都没有得到宁远城内的消息，烦得吃不下饭，睡不着觉，连做木工都没有心情了。

天启六年（公元 1626 年）正月二十五日，明军击退了八旗军队对宁远城的猛烈进攻，袁崇焕立刻用竹篮把景松和马有功两人放下城去，让他们用最短的时间，走最短的路线赶往山海关报信。

高第得到这一消息，马上以迅雷不及掩耳之势派人火速赶往北京城向朱由校报信。其中免不了无中生有地描述一些他自己是如何地劳苦功高，是如何地不怕危险对宁远城的明军实行遥控指挥，终于取得了宁远城的首战大捷。

朱由校听到这个战报非常高兴，可是他又非常担心，担心努尔哈赤不甘心失败，会对宁远城展开疯狂的报复，毕竟努尔哈赤是一个既有能力又有野心的猛人，只要他下定决心去做一件事情，这件事情百分之百能够成功。

从那以后，宁远城内的战报陆陆续续地传回北京城。

二月二十三日，宁远城内的明军大胜八旗军队，努尔哈赤带着残兵败将狼狈逃回盛京的战报传回了北京城。

到这时候，朱由校的心才算最终安定下来！

朝野上下一片欢呼，官员们奔走相告，大快人心。

关于宁远战役的评价与奖赏有功之臣

宁远大捷，是大明与后金自抚顺战役交锋以来所取得的唯一重大胜利，它打破了八旗军队不可战胜的神话，这样的战果，这样的功勋，怎么能够不让大明官员扬眉吐气呢？

袁崇焕，成了大明的典型和榜样！

花花轿子众人抬！大家争相歌功颂德！

兵部尚书王永光感慨万千地说："努尔哈赤率领八旗军队侵扰辽东，辽东各大城镇的明军望风而逃，宁远一战，明军大败八旗军队，才知道大明还有能征善战的人才啊！"

内阁大学士顾秉谦意味深长地说："努尔哈赤自从攻陷抚顺以来，到现在已经整整九年了。在这九年期间，我朝军队大仗大败，小仗小败，辽阳、沈阳、广宁等辽东军事重镇相继失陷，落入努尔哈赤之手，而我朝军队不是望风而逃，就是大败而归，从来没有重创过努尔哈赤……

"而宁远一战，我朝军队大败努尔哈赤的八旗军队，十几万敌军竟然撼动不了一座小小的宁远城，可见我朝军队战斗力已经得到了提高，看来打败八旗军队，摧毁后金已经不再是遥不可及的梦想！"

最后朱由校压轴出场，总结宁远大捷。

朱由校说道："宁远一战，重创八旗军队，重伤后金汗王努尔哈赤，这是我朝军队与后金作战七八年以来取得的巨大胜利，这是可以让大明臣民扬眉吐气，是可以让大明重振雄风……"

该说的都说完了，接下来自然是奖赏有功之臣。

袁崇焕，提升为都察院右佥都御史，继续驻守宁远城，处理宁远军务。

满桂，提升为右都督，赏银二十两；

赵率教，提升为右都督，赏银二十两；

左辅，提升为都督佥事，赏银二十两；

朱梅，提升为都督佥事，赏银十五两；

祖大寿，提升为副总兵，赏银十五两；

宁远全体将士，平分十几万两白银。

朱由校还是很够意思的，认为对袁崇焕的奖励实在是太少了，又于三月

提升袁崇焕为辽东巡抚，兵部右侍郎，世荫锦衣千户，赏赐白银四十两、丝三表里。

这倒不是朱由校吝啬，而是朱由校穷啊！他虽然是大明皇帝，但是大明的实权掌握在魏忠贤手上，国库的钥匙也由阉党掌管。

魏忠贤能够赏给袁崇焕四十两银子、三表里丝，这已经算好的了，还是看在朱由校的面子呢。谁叫袁崇焕那么正直呢？谁不好得罪，偏偏得罪权倾朝野的魏忠贤呢？

宁远大捷的最大受益者并不是袁崇焕、满桂、赵率教这些在宁远前线驰骋疆场、浴血奋战的将士，而是大明朝廷中的实权派大臣，正所谓"遍身罗绮者，不是养蚕人"！

顾秉谦就因为吼了几声干口号，居然被提升为光禄大夫、太保，而内阁次辅丁绍轼、冯铨在总结大会上连口号都没有喊，也被提升为少保兼太子太保，授户部尚书，晋武英殿大学士。

魏忠贤仗着皇帝的信任，把谁都不放在眼里，非常不懂规矩，更是鼓吹他才是宁远大捷最有功劳的人。

朱由校也不是什么聪明人，自然认为魏忠贤说得确实很有道理，对魏忠贤加恩三等，赏银五十两，荫其弟侄一人，授锦衣卫都指挥使，赏银四十两。

以魏忠贤为首的阉党就这样窃夺了袁崇焕等人的胜利果实。

宁锦战役

天启七年（公元 1627 年），辽东发生严重的天灾，辽东百姓颗粒无收，后金的疆域全部都在辽东，自然也是受天灾波及最大的国家。

世道艰难，民生不易！

当时后金境内一斗粮食都要值八两银子，一匹良马居然也要三百两白银，一头壮牛也要值一百两白银，一匹蟒缎居然也能够卖到一百五十两白银，一匹毛青布卖九两银子也有人买，可想而知，此时的后金境内物资匮乏到什么程度了。

这下可苦了后金的百姓！

而越贫穷的地方，就越容易产生盗贼，而后金此时正符合这个条件，许多人为了生存下去，都转化为盗贼，见到吃的东西，就不顾一切地冲上去哄抢。

皇太极作为后金大汗，作为女真民族的领袖，既有责任也有义务将女真人民带出困境，使他们走向繁荣富强。

皇太极下令八旗军队奔赴全国各地逮捕盗贼，让我没有想到的是，皇太极并没有将这些逮捕的盗贼拉到菜市口斩首示众，而是对他们进行一番思想教育工作以后，就将他们放了。

皇太极也知道仅仅凭借怀柔政策是不能够从根本上解决后金境内的饥荒的。

皇太极动用国库中所有的银两与粮食来救济饥民，可是后金的银两和粮食也不是很多，并不能够救济后金所有的人民。

再加上蒙古高原各部落也不时有人前来归附后金，这对后金来说，无疑是雪上加霜。

皇太极首先需要解决的问题就是如何增加后金的粮食，用来养活后金日益增加的人口。

怎么办？只有通过对外战争去掠夺了。

四月二十九日，皇太极致书林丹汗，希望双方结束纷争，进行议和活动；

五月初三，皇太极设宴款待仁祖李倧之弟原昌君李觉，并将其送回朝鲜。

通过这些措施，皇太极暂时稳定了后金的大后方，可以全心全意对付大明了。

五月初六，皇太极亲率数万八旗精锐，从盛京出发，直逼辽东军事重镇宁远和锦州。

新的战争爆发了。

做任何事情都需要理由与借口，出兵作战也一样，皇太极这次出兵的理由就是大明召集民夫在锦州、大凌河、小凌河修筑城墙并且还在开垦荒地，有住在那里不走的意思，简直没有议和的诚意。

袁崇焕是一个虚心学习的人，他不但虚心学习老师孙承宗传授给他的知识，而且还认真学习敌人努尔哈赤的作战技巧，毕竟要战胜比自己更强大的敌人，必须先了解他。

袁崇焕从努尔哈赤身上学到最重要的知识，就是战争胜负在很大程度上取决于情报。

袁崇焕往盛京派出了大量的探子，去了解后金最新的动向。

这就是《孙子兵法》中所说的"知己知彼，百战不殆"！

袁崇焕的军事部署

皇太极率领八旗军队渡过辽河的时候，明军的哨探便把这条消息报告给袁崇焕了。

兵来将挡，水来土掩！

袁崇焕从来不惧怕任何人、任何事！

袁崇焕也确实是个伟大的军事统帅，他根据哨探提供的情报，马上作出了军事部署。

袁崇焕命令满桂率领部分明军驻守前屯，抵御八旗军队的进攻。

袁崇焕又命令西协将军孙祖寿率领部分明军赶往山海关加强防御，防止

皇太极绕道蒙古高原进攻北京城，虽然这种情况出现的概率很低，但是概率低并不代表不会出现，袁崇焕这样做也是以防万一，只可惜袁崇焕只是现在注意到了这一点，再以后真正需要注意这一点的时候却忽略了。

孙祖寿，字必之，昌平人，武举人出身，历任固关把总、都督金事、蓟镇总兵官，时任西协将军，驻守遵化，管理石匣、古北、曹家、墙子四个地方。

袁崇焕还命令宣府总兵黑云龙率领一支明军移驻一片石（河北辽宁两省分界处的秦皇岛市抚宁区东北九门口村）地区，抵挡八旗军队的进攻。

袁崇焕也知道现在明军的战斗力远远没有八旗军队强，满桂、孙祖寿、黑云龙率领的明军最多只能够拖延皇太极到达锦州的时间，根本不可能抵挡住皇太极的进攻。现在唯一能够打败皇太极的方法就是加强锦州的防御，抵挡住皇太极的进攻，使他无功而返。

袁崇焕以副总兵左辅、金国奇为左翼，以副总兵朱梅为右翼，平辽总兵赵率教居中调度，贾胜领关宁铁骑东西策应，出锦州城埋伏，打算伏击皇太极，一举歼灭八旗军队。当然这只是他一厢情愿的想法，想法是美好的，可是事情能不能够顺着他的思路发展，又是另外一回事情！

当然袁崇焕也知道，要想在辽东继续待下去，就不能够得罪以魏忠贤为首的阉党，逢年过节不给魏忠贤送礼也就罢了，如果敢在魏忠贤背后耍阴招，刺阴刀子，魏忠贤就会火冒三丈，暴跳如雷，翻脸不认人，不把你整死是不会善罢甘休的。

人在屋檐下不得不低头，大局为重，守城要紧，这个时候，也犯不着跟魏忠贤论个高低！

因此，袁崇焕还是任命了那个没有什么本事，只会吃闲饭的镇守太监纪用驻守锦州。

袁崇焕认为锦州城固若金汤，有"一夫当关，万夫莫开"的地势，再加上自己在锦州城内外都任用了大量既有才能又有实力的将领，并且布置了重兵，即使皇太极神功盖世，有三头六臂，能够冲破明军的防线，也是强弩之末，不能穿鲁缟了。所以袁崇焕才敢让纪用来驻守锦州。

大战近在咫尺，所有人都做好了准备！

战争的序幕

五月初九，皇太极率领八旗军队到达广宁城附近的旧边，大战一触即发。

皇太极到达旧边以后，居然没有让鞍马劳顿、筋疲力尽的八旗军队休息，而是马上下达了进攻的命令，也许他认为带兵作战最重要的就是速度，只有速度快了，才能够做到"出其不意，攻其不备"，正所谓"兵贵神速"嘛！

皇太极命令贝勒德格类、济尔哈朗、阿济格、岳托、萨哈廉、豪格率领八旗军队中的精锐骑兵为前锋，其他将领率领八旗军队中的步兵为后队，携带云梯、盾牌、J形战车等攻城器械准备攻城，而皇太极自己则和代善、阿敏、莽古尔泰率领剩下的八旗军队居中，三队人马整齐进发。

五月初十，皇太极抵达广宁城。

由于袁崇焕的情报工作还没有做好，派出去打探情况的哨探居然被八旗军队发现了。

皇太极严刑逼供，那哨探终于抵挡不住，老老实实交代了明军的情况。

皇太极比他父亲努尔哈赤还厉害，他父亲是派自己的人去打探情报，而皇太极则是抓敌人获得情报，看来皇太极在情报工作方面已经上升到了一个新的高度。

而对于这一切，袁崇焕还被蒙在鼓里。

五月十一日，皇太极兵分三路：皇太极亲自带领两黄旗和两白旗的军队攻打大凌河；代善、阿敏、硕托等人率领两红旗和镶蓝旗的军队直逼锦州城；莽古尔泰率领正蓝旗的军队直取右屯卫。

大凌河城池都还没有修筑完成，怎么抵挡八旗精锐，驻守大凌河的一百多明军一看见八旗军队就落荒而逃，全部逃回了锦州城。

皇太极辛辛苦苦跑了一趟，结果连一个明军的影子都没有碰到，白忙活了一场。

右屯卫的明军跟大凌河的明军一样，也是一看见八旗军队，就闻风丧胆、落荒而逃，跑回了锦州城。

八旗军队虽然没有碰见一个明兵，但是为了防止明军从背后偷袭，他们还是攻占了大凌河、右屯卫。

现在八旗军队距离锦州城仅仅有一里。

可由于八旗军队长途奔袭、身心疲惫，不能够再继续作战了，皇太极只有命令八旗军队在锦州城附近安营扎寨。

皇太极的诡计

袁崇焕此时也没有闲着，马上命令左辅等人率领明军撤回锦州城，沿途烧毁了所有村庄，填埋了所有水井，坚壁清野，打算把八旗军队拖死，就算拖不死他们，渴也渴死他们。

锦州城，也就是广宁中屯卫城，位于小凌河与哈喇河之间，北依红螺山，南临辽东湾，地处险要。

锦州城跟辽东其他城池不一样，无论八旗军队将锦州城围困多长时间，守军都不会被饿死渴死，这倒不是锦州城内的粮食多水源充足，而是因为锦州城内的粮食水源多靠海上运输。

八旗军队没有水师，根本没有能力拦截明军的运输船队，只有眼睁睁地看着明军的运输船队来来往往。

此时的锦州城由纪用和赵率教驻守，朱梅为右翼，赵辅为左翼，率领三万人，以锦州城为凭借，抵御八旗军队的猛烈进攻。

皇太极这下犯愁了，锦州城城池固若金汤，粮草充足且有重兵防守，就是再给自己五六万军队，也不一定能够攻得下来。

一般人遇到这种事情，都会作出一个极其艰难的决定——撤兵，可是皇太极不在一般人的行列，他认为只要肯努力，只要肯奋斗，天底下就没有办不到的事情。

皇太极苦思冥想，终于想到了一条让明军主动打开城门的锦囊妙计。

皇太极给在台堡被抓捕的明军准备了一顿丰盛的晚餐。

这些明军一看到这种情况，心里就一阵发毛，心想：这该不是最后的晚餐吧。

管他的呢？反正都要死，还不如做个饱死鬼呢？明军蜂拥而上，虽然难受，但是吃得很饱。

明军吃饱以后，都在等待着上刑场，皇太极却说了一句他们做梦也想不到的话："你们走吧！"

这些明军是丈二的和尚——摸不着头脑。他们来不及细想，反正白捡了

一条命,这大概是祖坟葬好了吧!

他们二话不说,拔腿就跑,还恨自己少长了两条腿,跑得不够快,他们跑去的地方就是锦州城。

这些明军跑到锦州城下立刻就傻眼了,赵率教是吃了秤砣——铁了心不开门。

这种时候,为了城里人着想,只有牺牲他们了!

锦州激战

五月十二日,纪用和赵率教派遣使臣来到了八旗军队营寨,与皇太极商议开城投降的事情。

但皇太极这次显然是轻敌了!

明军和皇太极商议开城投降只是假象,明军真正的目的是拖延时间,等待援军。

皇太极一看锦州城可以不战而降,其心情只能用"爽"字来概括形容,特意为大明使臣准备了隆重的接待仪式。

如果皇太极知道大明使臣此次前来的真正目的,肯定会冲上去,把大明使臣大卸八块。

皇太极是一个不喜欢拐弯抹角的人,他开门见山地向大明使臣表示:"你们想投降就投降吧,你们想开战就开战吧!我皇太极奉陪到底!"

皇太极还在百忙之中抽出了点时间,给纪用和赵率教写了一封信,信中说:"你们或者用锦州城来投降,或者用礼节来议和!"

纪用和赵率教根本就不把议和当回事,皇太极的书信他们只瞟了一眼,就随手扔了。

可皇太极还不知情,还在那里等回信,最后终于明白过来了,原来明军是把自己当猴子耍啊!

八旗军队兵分两路,推着 J 形战车,抬着云梯,拿着盾牌朝锦州城的西门、北门涌来。

纪用、朱梅、赵率教等人亲自爬上城楼指挥作战。

驻守锦州城的明军一看统帅身先士卒,不畏强敌,更是士气高涨,用红衣大炮、三眼火铳猛烈轰击城下的八旗军队,八旗军队被炸得哭爹喊娘、血

肉模糊。

八旗将士的尸体横七竖八地躺满了锦州城下的空地，有许多八旗将士都被同伴与战友的尸体给绊倒了，没有办法，八旗将士只有先拖走同伴与战友的尸体，用火焚烧。八旗军队退兵五里，安营扎寨，开始休息。

中午，八旗军队又开始了猛烈的攻击，此时的八旗将士杀红了眼，有如一头凶猛的野兽，见人就咬，明军节节败退，眼看锦州城西门就要失守了。

说时迟那时快，明军从三面朝西门涌来，火炮、三眼火铳猛烈轰击西门的八旗军队。

八旗军队被打得落花流水、抱头鼠窜，开始还有如一头凶猛的野兽，现在却像一只泄了气的皮球。

攻城的情况使皇太极清楚地知道，如果锦州城内的明军能够出城正面交锋，自己带的八旗军队是有足够的能力与资本消灭他们的，可如果锦州城的明军死活不出来，只据城坚守，凭自己手中的兵力是无论如何都不可能完成攻陷锦州城的任务。

那就增兵吧！

可是增兵也很让人为难啊！

后金的敌人与对手实在太多了，蒙古高原的喀尔喀、察哈尔以及朝鲜半岛的李氏王朝，哪一个不需要调集军队，防备他们乘虚偷袭，而且就连后金境内都不得不驻守一定数量的八旗劲旅，随时准备镇压归附后金的汉人以及蒙古人的反叛啊，可当时后金的所有军队，加在一起也才仅仅十几万人！

唉，巧妇难为无米之炊啊！

皇太极现在就像一个赌到手里只剩下最后一点资本的赌徒，那种强烈的患得患失以及心有不甘的感觉，使得他不敢轻易投下最后的赌注，可是皇太极权衡利弊得失以后，还是义无反顾地抛下了赌注，命人赶回盛京调集军队。

看来，皇太极这次是铁了心了。

五月十三日凌晨，皇太极用八旗军队中的精锐骑兵围困锦州城，可是八旗军队早就被明军的红衣大炮和三眼火铳打怕了，甚至听了红衣大炮和三眼火铳的名字就吓得面无人色、双腿发软，哪里还肯靠近锦州城，那不是拿自己的生命开玩笑吗？

皇太极开始派遣使者绥占以及副将刘兴祚之弟刘兴治到锦州城下，绥占、

刘兴治在锦州城下滔滔不绝、口若悬河，可是赵率教实在是太实在了，无论绥占、刘兴治怎么说，他的回答都是那几个字："锦州城可以攻打，却不可以游说！"

皇太极长这么大，哪里受过这种气？他现在什么都不顾了，下令八旗军队不惜一切代价攻城，冲动是魔鬼，冲动的人是会受到应有的惩罚的！

八旗军队又开始猛攻锦州城，可是除了增加八旗军队的伤亡之外，什么便宜也没有捞到。

皇太极现在才开始后悔，只可惜已经晚了！

皇太极被耍了

皇太极又不得不厚着脸皮继续劝降，这对他来说也不是什么难事！

皇太极开始耐着性子写劝降书，对皇太极来说，写封劝降书简直是轻车熟路，谁叫他写得最多的文章就是劝降书。

书信写完后，皇太极就命人用弓箭将书信射进了锦州城，可是锦州城内的明军压根儿就不把皇太极的劝降活动当回事，根本就不回信。

皇太极一连写了数封劝降书，其结果都一样，此时，连脸皮厚的皇太极都有点不好意思再写了。

五月十五日，皇太极派遣使臣找到了纪用表示愿意和谈。

纪用非常爽快地答应了。

为了表示对这次事件的重视程度，纪用也派遣使臣去见了皇太极，使臣提出后金必须派遣使臣到锦州城内和谈。

皇太极一听和谈还有希望，马上派遣绥占、刘兴治去锦州城内和谈。

可是好像明军忘记了与后金和谈这码子事情，压根儿就不开城门，皇太极又被当猴耍了一道。

五月十六日，纪用又派遣守备一人、千总一人去八旗军队的营帐觐见皇太极，解释昨天明军不开城门的原因，那是因为昨天晚上太黑暗了，开城门不方便。

皇太极也认为他说得合情合理，于是决定再派遣使臣去锦州城内和谈。

皇太极又派遣绥占、刘兴治去锦州城内谈判，可是明军还是不开城门。

明军不但不开城门，还在城楼上大声叫喊："如果你们退兵，大明政府

自有奖赏。"

呃……中计了！

皇太极才明白自己又被明军当猴子给耍了！

明军好像也对将皇太极当猴子耍的事情情有独钟、百试不厌，又派遣使臣前去觐见皇太极。

皇太极一连被明军戏弄了数遍，也长了记性。

皇太极毫不客气地表达了自己的看法，是好汉的，就不要总是玩这些虚的，敢不敢约个日子正面交战，看谁打得过谁！

皇太极这么说，不过是想激怒纪用和赵率教，让他们率领明军出锦州城与八旗军队决战，那八旗军队就可以围而歼之了。

纪用和赵率教根本就不把皇太极的话当回事，不但不生气，而且以前一天是怎么过的，现在还怎么过，一副"死猪不怕开水烫"的样子。

同日，袁崇焕派往锦州城送信的两名士兵被八旗军队抓获，信中说，袁崇焕将调集六七万明军，前往山海关、蓟州、宣府等地。其他地区的明军也在前往前屯、沙河、中后所、宁远，蒙古军队也到达了台楼山。

这对皇太极来说，当然不是好消息。

其实这封信根本就不是送给锦州城内的明军的，而是打算送给皇太极的，只不过拐了点弯，让皇太极误以为这封信是他截获的，这也是袁崇焕的高明之处，看来"姜还是老的辣"啊，皇太极要想跟袁崇焕斗，还欠点火候啊！

就在皇太极抓获袁崇焕信使的同一天，莽古尔泰、阿济格、萨哈廉、岳托、豪格等人率领部分八旗军队前去塔山保护运送粮草的后勤部队，在塔山附近发现了大批明军的踪迹。

三天后的夜晚，额驸苏纳率领部分八旗军队前去驻守塔山西路的时候，遭到了两千明军的偷袭。

明军接二连三地出现，使皇太极相信了书信中的内容。

皇太极开始命令八旗军队收缩对锦州城的包围圈，把八旗军队全部集中到锦州城的西部，防止明军的援军偷袭。

五月十八日，皇太极实在等不及了，又写了一封劝降书，命士兵用弓箭射入锦州城内。

纪用和赵率教还是对皇太极不理不睬。

皇太极劝降没有用，攻打锦州城又攻不下来，没有办法，只有继续围困锦州城，从五月十八日一直围困到了五月二十四日。

五月二十五日，固山额真博尔晋侍卫、图尔格副将率领援军从盛京来到了锦州城外的八旗军营。

援军的出现，使八旗军队的实力大大加强，皇太极看到了胜利的曙光。

皇太极重拾了信心，他要再次着手组织进攻。

五月二十七日，皇太极兵分两路，一路仍然驻扎锦州城外，挖壕沟，建栅栏，修筑防御工事，继续围困锦州城；另一路由皇太极亲自率领，赶往宁远城，与袁崇焕决一死战，为他父汗努尔哈赤报仇雪恨。

此时驻守宁远城的是袁崇焕、满桂。

满桂

满桂，蒙古人，幼年的时候就跟随家人离开蒙古高原，漂泊到了大明，并且定居宣府（今河北省张家口市宣化区）。

满桂每天的活动跟其他蒙古人也没有什么区别，无非骑马、射箭、摔跤这些游牧人民经常做的事情，这练就了满桂结实的肌肉与强健的臂膀，也锻炼了满桂良好的心智与临危不乱的勇气。

满桂这种人天生就是驰骋疆场、傲视沙场的材料，不去参军实在是太浪费了。满桂自己也知道这一点，他义无反顾地报名参了军，成为了一名驻守边疆、护卫家园、镇压叛乱、抵御外敌的大明军人！

满桂真的是斩金断铁、杀伐过人的战神，每次出征作战，都是战马交肩过，英雄闪背回，敌人摔下马背，身首异处，这些摔下马背、身首异处的人中自然不乏敌军高级将领甚至头脑。

明朝军事制度明文规定：砍下一个敌军将领的脑袋瓜子，可以获得一个小官职或者是奖赏五十两白银。

遇到这种情况，一般人都会选择当一个小官，而满桂每次都不要官职，只要银子。

满桂银子是没有少拿，官职却没有太大的变化，从青少年混到壮年，才混到小小的总旗。又用了十几年的时间，才混到百户，后来又迁潮河川守备。

不管怎么说，总算成为了中级军官，别管大小，有了自己的一亩三分地。

万历四十七年（公元 1619 年），大明朝廷任命杨镐为辽东经略，统率十几万明军讨伐努尔哈赤，结果在萨尔浒战败，明军死伤数万人，将领损失高达数百人。大明当时极其缺乏能够带兵打仗的人才，大明朝廷迫不得已只有从明军的低级将领中挑选与提拔有能力的人，担任重要职务。

满桂运气实在是太好了，大明朝廷第一个提拔的就是他，让他去驻守黄土岭。

蓟辽总督王象乾早就知道满桂是一个在刀尖上打滚多年，打胜仗就像喝凉开水那么容易的带兵打仗好手，对满桂大力栽培与提拔，任命满桂为石塘路游击，喜峰口参将。

真正改变满桂未来命运的，并不是王象乾，而是孙承宗。

天启二年（公元 1622 年），孙承宗行边，满桂跟其他官员一起依照惯例到帅帐拜访孙承宗。

这个拜访的机会，让满桂迎来了命运的转折！

孙承宗一看满桂身材魁梧、两眼炯炯有神，就认为满桂是个带兵打仗的好手。

孙承宗当然也不是这么好骗的人，他自然不会被人的外表欺骗。

孙承宗为了确定满桂的能力，又问了满桂几个军事难题，满桂都对答如流，讲得头头是道，有如信手拈来，就好像事先经过彩排一样！

可见，满桂是一员响当当的虎将！

孙承宗一向将"我劝天公重抖擞，不拘一格降人才"作为自己的座右铭，如今见了满桂这样能征善战、文韬武略的人才，自然不会放过，毫不犹豫地任命满桂为副总兵，协助自己管理军中的事务。

满桂不愧是干大事的人，受到孙承宗的赏识与重用，一点也不盛气凌人、趾高气扬，仍然保持着自己以往的低调作风，与士兵同甘共苦、并肩作战。

天启三年（公元 1623 年），孙承宗大摆酒席，宴请辽东大大小小的将领，为满桂饯行，送满桂去宁远城与袁崇焕一起修筑宁远城！

由此可见孙承宗对满桂的重视程度。

……

进逼宁远

袁崇焕、满桂听说皇太极率领八旗军队逼近宁远城的消息以后，立马进行了军事部署：城外大部分明军全部退回宁远城内；孙祖寿、许定国统率部分明军驻守宁远城西面；祖大寿、尤世威率领部分明军驻守宁远城东面；其余的明军分派在四周，整顿武器，准备迎战。

五月二十九日，八旗军队抵达宁远城附近的北岗，并在灰山、窟窿山、首山、连山、南海安营扎寨，对宁远城完成包围。皇太极在许多贝勒大臣的陪同下，巡视宁远城。

皇太极说："我军逼近宁远城，很难拼尽全力冲击，必须后退，才能够清楚地观察到明军的最新动向。"

这正是皇太极的诡计！

皇太极的真正意图是：引诱明军趁八旗军队后撤时发起进攻，使明军离开自己的阵地，给八旗军队进攻明军阵地创造战机，以便全歼宁远城外的明军。

八旗军队开始后撤，撤到山岗背侧。

可是宁远城外的明军对八旗军队的撤退根本就是视而不见，毫无反应，皇太极的阴谋在袁崇焕面前再一次破产了。

皇太极在后金翻云覆雨、叱咤风云，可是在一座小小的宁远城面前束手无策、无能为力。

由于当年八旗军队在小小的宁远城被明军打得落花流水、抱头鼠窜，连后金创建者努尔哈赤也被明军的红衣大炮轰得血肉模糊、体无完肤，八旗军队留下了阴影，犯了心理恐惧症，现在一听到"宁远城"这三个字，顿时就被吓得面无人色、双脚发软，比见了鬼还要狼狈，士气极其低落。

这一现象没有逃过代善、阿敏、莽古尔泰精明的眼睛，他们担心这次军事行动会重蹈他们父汗努尔哈赤的覆辙，脆弱的后金已经没有能力承受这么大的重创了，于是三大贝勒一起劝诫皇太极，希望皇太极能够知难而退，取消进攻宁远城的念头，率领八旗军队返回盛京。

皇太极不但没有听从三大贝勒的劝诫，取消进攻宁远城的计划，率领八旗军队退回盛京，反而暴跳如雷，大声呵斥三大贝勒。

皇太极是后金大汗，即使他的决策是错误的，代善、阿敏、莽古尔泰也只有毫不犹豫地去执行。

鏖战宁远城

皇太极召集八旗军队，准备进攻袁崇焕驻守的宁远城。

皇太极跟努尔哈赤一样，不是那种只会看着将士在前线浴血奋战、出生入死，而自己却坐在帅帐里谈天说地、坐享其成的人，那种人也注定不会得到将士的拥护和支持。

皇太极偕同阿济格等贝勒亲率八旗军队，开始疯狂地进攻宁远城。

八旗军队跟上次进攻宁远城一样，先锋部队都推着J形战车，用以抵挡宁远城城楼上明军射下的弓箭和子弹，然后迅速靠近城墙，挥动大锤和斧子开始猛烈地砸击城墙，等到城墙被砸开几个缺口的时候，后面的八旗铁骑就能够以迅雷不及掩耳之势，攻入宁远城内。

驻守宁远城楼下的明军在满桂的率领下，冲进阵营与八旗军队展开了肉搏战。

顿时宁远城下箭如飞蝗、杀声如潮，八旗军队和明军都有许多士兵被乱箭射下马背，宁远城下横七竖八地躺着沾满了鲜血的尸体，空气中弥漫着浓烈的血腥气味，令人作呕。

这支明军就是经过袁崇焕训练，战斗力高于大明所有军队的关宁铁骑，可是这支军队比起把射箭、摔跤、砍人当成家常便饭的八旗军队来还有相当大的差距，毕竟没有训练的打不赢经过训练的，经过短期训练的战胜不了经过长期训练的，经过长期训练的抵不住终身训练的。

宁远城下的明军没有经过几个回合的战斗，就被八旗军队打得落花流水、抱头鼠窜，连满桂都身中数箭，被他的亲兵拖出了战场，可是满桂的坐骑就没有满桂这样的运气，直接被八旗军队的弓箭射成了马蜂窝，明军在宁远城下的坚固防线在顷刻间就被排山倒海般蜂拥而上的八旗军队攻破。

八旗军队此刻还不能够太嚣张，毕竟要攻破宁远城，他们还有很长的路要走，对八旗军队来说，现在他们就好像被关在玻璃框里的苍蝇，前途是光明的，道路是行不通的。

此时的宁远城在袁崇焕的苦心经营下，已经基本实现了立体化防御体系，

并且有由热兵器逐渐取代冷兵器作战的趋势。

当八旗军队推着 J 形战车排山倒海、气吞山河般朝宁远城扑来的时候，袁崇焕一声令下，万炮齐鸣，炮火顿时照亮了整个天空，空气中弥漫着浓烈的火药味，黑乎乎的炮弹有如成千上万只麻雀，朝城下的八旗军队扑去。

一块牛皮加一块厚木板的 J 形战车哪里抵挡得住火力如此之猛、威力如此之大的西洋火炮，八旗军队的 J 形战车顿时被火炮轰得粉碎，紧接着，宁远城城楼上的明军开始用火枪朝城下疯狂射击，没有火枪的明军也不甘寂寞，开始用弓箭热情地招呼八旗军队。

八旗军队成群成群地摔倒，刚才还在挥舞着兵器、大声吼叫的八旗将士在瞬间就成为了躺在地上、沾满了鲜血的尸体，没有被击中的八旗将士此时也没有了斗志，开始哭爹喊娘、屁滚尿流地朝后退去。

八旗军队崩溃了，他们崩溃的并不只有阵容，还有心理上的防线！

皇太极看在眼里，急在心里，后金就这么点点本钱，皇太极可不想让它全部毁在自己手上，丢了祖宗基业，死了是没有脸入祖坟的，皇太极迫不及待地下达了退兵的命令。

尽管如此，皇太极还是舍不得宁远城这块肥得流油的肥肉，不把这块肥肉吞进肚子里他是不会甘心的。

皇太极虽然下了退兵的命令，但是他并没有率领这支损失惨重、溃不成军的部队返回盛京，而是命令大军在宁远城附近的双树堡安营扎寨，等待时机再向宁远城发动进攻。

屡败屡战

皇太极现在就好像一个赌红了眼睛的赌徒，他要把身上最后一点点财产投向赌桌，去扳回他失去的财产，只可惜赌博这个东西不仅仅要靠实力和决心，还靠时机和运气，要占尽天时、地利、人和，才能够取得最终的胜利。

在宁远城这个地方，皇太极占尽了天时、地利、人和了吗？没有！所以这次行动注定他要失败，甚至在他没有作出决定前，失败的命运就已经注定，只是他自己还被蒙在鼓里，不知道罢了！

正午，皇太极又亲率八旗军队进攻宁远城。

八旗将士比昨天更加疯狂，他们争先恐后地朝宁远城奔来。

当然他们也有疯狂的理由，虽然宁远城城坚炮利、易守难攻，但是他们也有父母、老婆、孩子需要赡养和抚养，只要他们能够攻下宁远城，他们就可以抢劫大批的财物，满载而归，到那个时候，家人就能够过上几天好日子了，即使没有攻下宁远城，自己战死疆场了，也不用太过担心，毕竟自己是为国捐躯，后金不会忘记自己，后金大汗不会亏待自己，他们会照顾好自己的家人。

袁崇焕、满桂等将领一看这么多的八旗军队如同饿了数天的野兽朝宁远城扑来，马上命令明军反击，顿时宁远城城楼上火炮、火枪、弓箭齐发，宁远城下的八旗军队被轰得哭爹喊娘、血肉模糊、体无完肤、苦不堪言，甚至他们还没有来得及接近宁远城，就有数百人死在明军猛烈的炮火之下。

八旗军队没有被明军强大的火力吓倒，他们跃过同伴的尸体，踩着同伴的鲜血与碎肉，继续向宁远城发动猛烈的冲锋。

宁远城城楼上的明军没有被八旗军队这种舍生取义、视死如归的大无畏精神感动，对他们来说，城楼下的八旗军队就是土匪、强盗，他们为了自己的利益，抢劫了大明多少财物，屠戮了大明多少子民，践踏了大明多少人的利益与自由，他们是大明的敌人，他们是大明百姓的敌人，那么他们也就是明军的敌人。

为了大明的利益，为了大明百姓的安危，为了战友少流血牺牲，我们别无选择，我们只有拿起武器，继续作战。

成千上万颗的弹药从黑乎乎的炮口迸发，如同密集的雨点一样洒向了城楼下的八旗军队，顿时宁远城下火光冲天、硝烟弥漫、飞沙走石，许多八旗将士被强大的气浪送到了空中，在生命的最后一刻感悟到了翱翔广阔蓝天的那种感觉，八旗将士被轰得哭爹喊娘、抱头鼠窜。

当然八旗军队的旗主与将领也收到了明军珍贵的礼物，贝勒济尔哈朗，代善第三子萨哈廉、第四子瓦克达都被明军炮火强大的冲击力给推下了马，顿时被摔得眼冒金星、口吐鲜血，被亲兵慌慌忙忙地拖出了战场。

也有些将领没有济尔哈朗、萨哈廉、瓦克达那么幸运，比如说蒙古正白旗牛录额真博博图、游击觉罗拜山、备御巴希就直接被明军的炮火送上了冥界，从此以后再也不用害怕妖魔鬼怪了。

皇太极看着眼前的这一切，一个从出生以来一直就没有考虑过的问题，

不由自主地在他脑海中闪现：难道攻陷宁远城对自己就真的那么重要？难道为了攻陷宁远城，就可以让父汗一手创建的八旗将士在宁远城下永无休止地消耗，直到消耗殆尽，不得不撤退。

皇太极不敢再想下去，果断地下达了退兵的命令。

本来八旗军队就已经被明军强大的炮火吓得提心吊胆，现在听了皇太极退兵的命令，如蒙大赦，纷纷拖着同伴的尸体以迅雷不及掩耳之势向后方退去，在撤退的时候都在埋怨自己的母亲没有给自己多生两条腿。

皇太极下令就地掩埋死去的八旗将士，对皇太极来说，他压根儿就不知道"叶落归根"之类的道理，对他来说，什么做法不容易给自己添麻烦，他就会义无反顾地采取这种做法。

五月二十九日，皇太极率领损失惨重、溃不成军的八旗军队撤离宁远城，赶往锦州城。

来自锦州的偷袭

皇太极也不想从宁远城撤军，八旗劲旅在宁远城损失惨重、溃不成军，再加上围困锦州城的八旗军队又遭到了锦州城内明军的偷袭，损失惨重，导致皇太极不得不放弃宁远城，驰援锦州城。否则锦州城附近的八旗军队就有可能被明军逐步蚕食，甚至全军覆没。

驻守锦州城的纪用和赵率教其实胆子也很小，他们也只想不求有功但求无过，能够抵挡住八旗军队的进攻，保住锦州城就行了，可是上天好像有意要成全这两个做好自己本职工作又不贪心的好人，皇太极率领八旗精锐向西挺进，意图攻打宁远城的消息居然被他们无意中得知了，用"闭门家中坐，富贵找上门"这句话来形容这件事情是再恰当不过了。

当然纪用和赵率教也不敢轻易相信这个消息，皇太极这个人擅长谋略、老奸巨猾、阴险无比，谁知道这个消息又是不是皇太极诱惑他们出兵的诡计。

纪用和赵率教又派人出城查探，探子回来说这个消息千真万确，八旗主力的确已经撤离了锦州城，留在锦州城附近的都是老弱病残、虾兵蟹将。

这对纪用和赵率教来说，无疑是天上掉下的馅饼，城头摔下的林妹妹，他俩决定抓住这次难得的机会，重创八旗军队，立下战功。

虽然说这次行动也很有风险，如果中了埋伏，损失惨重，甚至全军覆没，那就不是万人敬仰、荣誉加深了，而是被推到菜市口斩首示众了，但是成功细中取，富贵险中求，如果不抓住这次难得的机会，今后要想出将入相、位极人臣那更是难上加难。

夜幕降临，纪用和赵率教命令明军打开锦州城的城门，明军主力如潮水般冲出城，排山倒海向八旗军队营寨扑来。

明军从八旗军队抵达锦州城下起，就一直龟缩城池内，从上到下坚定不移地贯彻着安全至上、小心防备的大原则，从来没有大张旗鼓地出城作过战，八旗军队压根儿就不相信明军敢偷袭自己的营寨。

当明军攻向八旗军队寨门的时候，许多八旗士兵才从被窝里钻出来。

这么多明军，哪里冒出来的！

八旗士兵拿起兵器仓促应战，被明军打得落花流水、抱头鼠窜。

这是一次不小的战果！

难能可贵的是，明军并没有被眼前的胜利冲昏头脑，他们没有追击损失惨重、溃不成军的八旗军队，而是迅速撤出了战场，返回了锦州城。

再战锦州

消息传到后金军营，皇太极大为震怒！

皇太极率领八旗主力返回锦州城附近后，马上命令八旗军队安营扎寨，打算长期围困锦州城，迫使锦州城内的明军投降。

不过八旗军队想把明军困死在锦州城内根本就是不现实的。

前面本人已经详细介绍过，锦州城内的粮食补给依靠海上运输，后金生产力极其落后，尤其是造船工艺，基本上处于原始社会阶段，八旗军队想切断明军的海上运输线，无疑是痴人说梦、异想天开。不然八旗军队进攻觉华岛的时候也不会选择冬季海水结了冰的时候了，也不会让驻守皮岛的毛文龙逍遥自在这么久了！

八旗军队很快发现了一个奇怪现象，那就是被围困了数天的明军不但没有面黄肌瘦、摇摇欲坠，反而面色红润、天庭饱满，每天从早到晚在锦州城城楼上扯起嗓子朝八旗军队开喷，连内容都不带重样的。

八旗军队马上把这一情况报告给了他们的统帅皇太极。

此时皇太极终于知道了迫使锦州城内的明军投降难于上青天。

既然软的不行，那就只有来硬的了！

皇太极集合了锦州城附近的全部八旗士兵，开始指挥八旗军队强攻锦州城。

六月初四凌晨，皇太极下令攻打锦州城，八旗军队手持盾牌有如潮水般向锦州城涌来。

当然锦州城内的明军对这群凶神恶煞的强盗也没有心慈手软，他们开始把珍藏已久的礼物送给了这些远道而来的客人。

顿时，锦州城城楼上的明军纷纷向锦州城下投掷滚木、巨石，八旗军队被砸得哭爹喊娘。

当八旗军队还在惊骇滚木、巨石的巨大威力时，明军的第二轮攻击开始了。锦州城城楼上的火炮、火枪齐鸣，锦州城被炮火照得有如白昼，空中弥散着浓烈的硝烟气息，锦州城下飞沙走石，硝烟弥漫。

锦州城下倒满了八旗将士，残肢断体更是随处可见，鲜血从尸体上流出，汇聚成数条小河，缓缓流入锦州城附近的护城河。空气中弥漫着浓烈的血腥气味，令人头晕目眩，尸体堆积如山，可见这次战役，八旗军队损失是多么惨重，残存下来的八旗军队开始冒着明军密集的枪林弹雨搬运尸体……

皇太极看到这一切，彻底疯狂了，他有如一只疯狂又饥饿的老虎，而锦州城则是一只可怜的兔子，老虎不把兔子咬在嘴里，是不会罢手的。

六月初四正午，皇太极命令八旗军队继续进攻锦州城，可是锦州城内的明军凭借坚固城池的掩护，用火炮、火枪猛烈轰击八旗军队，八旗军队在强烈的炮火面前，根本没有办法接近锦州城，更不用说架云梯攻城了，八旗将士被明军炮火轰死的不计其数。

怎么办？完全找不到突破口！

真的不能再打了，再打就全没啦！

六月初五凌晨，皇太极知道大势已去，果断地下达了停止进攻的命令，稍作休整后，率领八旗军队踏上了返回盛京城的归途。

皇太极当然不甘心就这样糊里糊涂地回去。

　　皇太极为了发泄心中的怒火，拆毁了小凌河与大凌河的城池，还是让大明受了一些损失。

　　历时半个多月的宁锦战役以八旗军队彻底失败而告终，宁锦战役就此结束。

　　可是谁又会想到，在这一片土地上还会爆发第二次宁锦战役呢，有趣的是，交战双方仍然是八旗军队与明军。

无法无天的阉党

宁锦战役以八旗军队的彻底失败而告终，换句话说，那就是明军在宁锦战役中重创八旗精锐，取得了巨大的胜利。

按照历史发展规律，一般情况下战争取得了巨大的胜利，都要大封有功之臣，对指挥得力、骁勇善战的将领免不了加官晋爵，赏赐奇珍异宝，就连毫不起眼的普通士兵也能够多得到一份粮食与军饷。

这对官居高位的文武大臣来说或许不算什么，可是对这些普通的士兵来说至关重要，这份额外的粮食与军饷可以改变他们家里的生活状态，让他们的老婆孩子少受点苦，少遭点罪。

朱由校天天都待在北京紫禁城里，不是吃喝玩乐就是做木工，不可能到辽东前线去亲自督战，他怎么知道哪个统帅在辽东前线运筹帷幄、指挥得力，那么他了解情况的唯一途径就是辽东前线统帅的奏折了！

刘应坤是第一个明白这个道理的，在明军在宁远城重创八旗军队的时候，他就迫不及待地写了封奏折，命人马不停蹄地带往北京紫禁城上交朱由校，生怕别人抢了头功。

其实刘应坤除了八旗军队攻打宁远城的时候待在宁远城之外，什么功劳也没有，可即使是这样，刘应坤也比历史上某些将领好多了，比如说：在抚顺战役中，努尔哈赤还没有命令八旗军队攻城，抚顺参将李永芳就屁颠屁颠地献城投降了。

无独有偶，在广宁战役中，王化贞的心腹爱将孙得功为了得到努尔哈赤的赏识与重用，在八旗军队还没有抵达广宁城的时候，就率领部下控制广宁城，打开城门，欢迎努尔哈赤的到来。

而这方面的集大成者，却是清朝晚期的叶志超。

在甲午中日战争中的平壤战役中，爱国将领左宝贵中弹牺牲后，叶志超弃城逃跑一天之内狂奔五百里，从朝鲜的平壤城跑到了中朝边境的鸭绿江。

熟悉地理的都知道，平壤城与鸭绿江之间的距离，即使在今天交通极其发达的情况下坐汽车也需要几个小时，而叶志超骑马居然只用了一天时间。

当然并不是仅仅有刘应坤明白这个道理，至少袁崇焕也明白这个道理。

不要认为袁崇焕是个骁勇善战、忠君爱国的将领，就不贪功，不爱慕虚荣了。

不然，袁崇焕后来也不会向朱由检夸下海口，五年可平辽，更不会在没有征得朱由检的意见的情况下，贸然杀掉毛文龙了。

聪明的赵率教

赵率教看到刘应坤和袁崇焕都纷纷向朱由校上奏折，描述战况邀功请赏，而他自己和纪用也指挥得力，趁皇太极率领八旗主力围攻宁远城的良好时机，率领锦州城驻军奇袭锦州城附近的八旗营寨，重创八旗军队，也应该给朱由校上呈一份奏折，具体讲述锦州城驻军奇袭八旗营寨的全过程，来赢得朱由校的赏识与重用。

赵率教想得出做得到，马上就给朱由校写了一封奏折，名叫《锦州报捷疏》。

赵率教非常聪明，他写好奏折后并没有署名，而是去请领导袁崇焕签名。这样做无疑是英明无比、一箭双雕：

首先，赵率教可以迎合袁崇焕，使袁崇焕认为他是一个尊敬上级、不贪功的人，以后会更加赏识与重用他；其次，无论自己在奏折里把自己说得多么运筹帷幄、骁勇善战，多么所向披靡、战无不胜，都不怎么管用，还不如被人夸自己管用。

不管袁崇焕的奏折说得多么天花乱坠，都于事无补，毕竟此时此刻决定整个大明王朝命运的不是朱由校，而是朱由校最宠爱的太监魏忠贤。因为朱由校谁的话都不相信，只相信魏忠贤的话。

魏忠贤用阴谋诡计整垮了朱由校的恩师孙承宗，可见朱由校对魏忠贤的宠信程度。

袁崇焕等人能不能够受到朱由校的赏识与重用，不在于他们立了多少战

功，也不在于他们的奏折写得多么精彩绝伦，关键在于他们与魏忠贤的关系怎么样！

袁崇焕的悄然落职

在这里不得不提一下刘应坤，刘应坤是魏忠贤的亲信加心腹，属于臭名昭著的阉党成员。

刘应坤之所以会去宁远城当镇守太监，就是受到了魏忠贤的指示。

表面上是去宁远城当镇守太监，督促宁远城的军务，可实际上却是去监督袁崇焕，这就叫作"明修栈道，暗度陈仓"！

为什么魏忠贤要派遣刘应坤去监督辽东经略袁崇焕呢？这个就还得从袁崇焕的恩师孙承宗说起。

魏忠贤为了拉拢孙承宗，曾经多次派遣人去天下第一关山海关，又是送银子又是给粮食，孙承宗就是不给魏忠贤面子，粮食、银子留下，人从哪里来就滚回哪里去，可是孙承宗忘记了，魏忠贤不是那种吃了亏就往肚子里吞的角色。

常言道"宁愿得罪真小人，也不要得罪伪君子"，孙承宗得罪了魏忠贤这个伪君子，魏忠贤就会千方百计地给孙承宗小鞋穿，让孙承宗痛出声来。

不久魏忠贤就以山海关总兵马世龙柳河战败为借口，指使阉党成员上书弹劾孙承宗。朱由校迫不得已，只有罢免孙承宗辽东经略的职务，换上魏忠贤的亲信与心腹高第去经略辽东。

现在的辽东经略是袁崇焕，他还有一个身份，就是孙承宗的学生。

这样的人，魏忠贤当然是不大放心的，派人去监督他也是意料之中的事情。

不然，说不定袁崇焕哪一天就率领辽东精锐关宁铁骑，浩浩荡荡开进京师来"清君侧，诛奸臣"了，那魏忠贤连怎么死的都不知道！

那么理所当然魏忠贤也不可能让袁崇焕这样的人得到朱由校的赏识与重用，让他威胁到自己的地位。

这样的人，必须想办法弄走！

宁锦战役刚刚结束，魏忠贤和其党羽就天天跑到朱由校面前弹劾袁崇焕。

朱由校本来每天的时间就不多，如今为了袁崇焕那个讨厌的家伙，浪费了自己大量的时间，气不打一处来，恨不得马上把袁崇焕那个家伙推进一张巨大的蜘蛛网，将他缠得筋疲力尽、痛苦万状，死得寸寸断裂、体无完肤。

　　然而朱由校又不能够这么做，毕竟袁崇焕是个有能力的人，自从他当上辽东经略，经略辽东以来，多次打败八旗军队，稳定了辽东局势。如果现在罢免了袁崇焕，皇太极率领八旗军队再进攻辽东军事重镇怎么办？

　　朱由校感到很为难，一边是自己的亲信加心腹，另一边是大明的有功之臣，偏袒谁都没有好处。

　　其实魏忠贤和他的党羽弹劾袁崇焕的理由相当牵强——"暮气难鼓，不救锦州"。

　　袁崇焕也知道这是阉党分子诬陷自己，可是自己官微言轻，也没有能力改变局面。

　　与其让阉党分子逼自己下课，还不如自己主动辞官归隐，这样还能够保住自己的名节。

　　袁崇焕上书朱由校，声称自己得了重病，不能够继续工作，恳请辞官归隐。

　　朱由校无奈地批准了袁崇焕的请求。

　　袁崇焕终于结束了他的军旅生涯，回到了家乡广东东莞过起了许由、陶渊明般的隐居生活。

　　袁崇焕没有愤恨，只有伤感！

一人得道，鸡犬升天

　　既然袁崇焕已经辞官归隐回到家乡广东东莞了，那魏忠贤也就没有什么好顾忌的了，开始肆无忌惮地抢夺宁锦大捷的胜利果实。

　　阉党成员因为宁锦大捷而获得朱由校封赏的多达三四十人。

　　魏忠贤还推荐自己的亲信加心腹阎鸣泰担任辽东经略，管理辽东事务。

　　说起阎鸣泰这个人，就气不打一处来。

　　当皇太极命令阿敏等人率领八旗军队进攻朝鲜李氏王朝的时候，作为蓟辽总督的阎鸣泰在忙着做什么呢？

　　阎鸣泰正忙着给朱由校写奏折，在奏折中用了大量华美的词汇为魏忠贤歌功颂德，并且建议朱由校在宁远城、前屯为魏忠贤建立生祠。

　　阎鸣泰这个人别的本事没有，拉人的本领倒是一流，他自己上书也就罢了，他还恬不知耻地利用职务关系强迫下属联名上书，连袁崇焕都未能避免。

其实对于恬不知耻地抢占别人功劳的行为，魏忠贤早就轻车熟路了。

早在魏忠贤刚刚受到朱由校的赏识与重用，掌管大明的特务组织东厂的时候，他就本着胳膊肘往里拐、肥水只流自家田的原则，大力扶植和提拔亲信势力。

魏忠贤的亲朋好友都青云直上，位居高位。

魏忠贤的侄孙魏鹏翼还是睡在摇篮里只会吃奶的孩子，也因为魏忠贤的关系，被朱由校封为太子太保、少师，一生足以衣食无忧，享有很高的社会地位。

魏忠贤的侄子魏良卿更是飞扬跋扈，嚣张到了极点，居然代替朱由校去北京城南北郊的祖庙主持祭祀天地，祭祀帝王祖庙的活动。

魏忠贤现在身份显赫，地位崇高，偌大神州，偌大官场，上到内阁首辅，下到捕快酷吏，有权的全是他干儿子，有钱的全是他干孙子，已经达到了人生的顶峰，这说明他离灭亡已经不远了。

中国有个成语叫作"成也萧何，败也萧何"，既然魏忠贤是因为朱由校而加官晋爵、为所欲为的，那么理所当然魏忠贤最后被抄家灭族也跟朱由校有很大的关系。

大明最后的君主

我们还是说回朱由校吧！

病来如山倒，病去如抽丝！

天启七年（公元 1627 年）夏，朱由校身体急转直下，健康状态是一天不如一天，天堂的大门已经为他打开，生命已经进入倒计时。

如果朱由校在此时病逝，一定会对大明产生重大影响，自然会对在大明的文武大臣产生重大的影响。

大明文武大臣请安的奏疏如同密密麻麻的麻雀，一起朝朱由校飞来。

当然依朱由校当时的身体状态，自然是没有心情看这些奏疏了！

内阁首辅黄立极只好率领满朝文武大臣到皇宫向朱由校请安。

虽然朱由校现在头晕目眩、双腿发软，但是满朝文武大臣的好意也不好拒绝。

朱由校在乾清宫接见了黄立极等人。

朱由校将大明的军政大事都托付给了魏忠贤、王体乾和满朝文武大臣。

朱由校，这是没有识人之明啊！

正所谓"画虎画皮难画骨，知人知面不知心"，朱由校会身患重病，都是因为魏忠贤和客氏。

事实也确实如此！

天启皇帝生病的起因

天启五年（公元 1625 年）五月十八日，朱由校在魏忠贤和客氏的陪同下，在数千禁卫军的护卫下，浩浩荡荡跑到京师东城区安定门外的方泽祭坛祭祀。

方泽祭坛建于嘉靖九年（公元1530年），嘉靖十三年（公元1534年）设地坛。

祭祀的内容当然也是千篇一律、大同小异，又是什么祈求上天保佑祖宗留下的基业万世不毁，什么保佑大明百姓丰衣足食之类的东西！

祭祀，对喜欢嬉戏游玩的朱由校来说，很枯燥乏味。

祭祀完以后，自然要四处逛逛，发泄发泄心中的怨气。

再说了，朱由校天天待在紫禁城里当木匠，日子过得不咸不淡，平静如水，没有一丝的波澜，难得出来一次，理所当然，应该到处逛一逛。

去哪里逛才好呢？

朱由校在魏忠贤、客氏以及两名太监的陪同下游览皇家园林西苑（今中南海）。

魏忠贤和客氏整天也陪在朱由校的身边，难得出一趟紫禁城，再说了，西苑风景优美，曲径通幽。

没过多久，魏忠贤和客氏就悄悄离开了朱由校，跑去游玩了。魏中贤刚一离开，朱由校这边就出现状况。事情是这样的，朱由校在两名太监的陪同下登上了龙船，一边饮着小酒，一边欣赏西苑的独特风景，这种日子是多么令人向往啊！

然而好日子，总是幸福而又短暂的！

朱由校很满意，可是老天爷很不满意！

没有过多久，湖面上就吹起了一阵飓风，很不幸，朱由校所在的龙船被吹翻，朱由校和陪同他的两名太监都掉进了湖里。

这状况，来得太突然！

幸亏发现及时，朱由校死里逃生，被众人七手八脚地从湖里救了上来，陪同朱由校的两名太监就没有那么幸运，都淹死了。

当然出现这种情况也是有原因的，在当时那么危急的情况下，众人都忙着去拯救朱由校了，哪里还会有人想到那两个在湖里垂死挣扎的小太监呢？

虽然朱由校被众人从湖里救上来，但是朱由校也因为惊吓过度，伤了神，身体每况愈下。

现在的朱由校，将主要精力都放在了指定继承人的事上！

天启七年（公元1627年）八月十一日，朱由校单独召见信王朱由检。

朱由检虽然畏惧魏忠贤和客氏两人，见了他们两个就好像老鼠见了猫一样，但是朱由校的命令又不敢不听，只得前往乾清宫西暖阁问安。

让朱由检大吃一惊的是，自己见到朱由校还没有来得及行君臣之礼的时候，朱由校就迫不及待地说了一句："来，吾弟当为尧舜！"

这句话暗含的意思就是朱由校打算将皇位传给朱由检。

朱由校这么做也有自己的苦衷，虽然他结婚比较早，妃子也比较多，但是没有一个儿子。

阉党对天启皇帝妻子与子女的迫害

其实朱由校有三个儿子，他们分别是朱慈燃、朱慈焴、朱慈炅，但他们的命都不好，出生后，没有过几个月就去世了，而造成这一切的都是魏忠贤和客氏这对心狠手辣、无恶不作的男女！

天启三年（公元 1623 年），朱由校的正妻，也就是皇后张嫣怀孕了，魏忠贤和客氏非常害怕。

张嫣作为皇后，如果她生的是男孩，那就是根正苗红的嫡长子，那么这个孩子就是将来最有资格继承皇位的人选，前途不可限量。

这是有依据的,大明王朝奉行的是"父死子继、立嫡以长"的皇位继承制度，张嫣的儿子身为嫡长子，理所当然是最有资格继承朱由校皇位的人了。

张嫣的怀孕，对魏忠贤和客氏来说，显然不是个好消息！

张嫣与魏忠贤和客氏这两个人向来不和，说来话长，事情是这样的：

据说朱由校有次到皇后寝宫发现张嫣正在看书。

朱由校虽然对读书写字不怎么感兴趣，但还是对张嫣看书感到好奇，于是问道："皇后，您看的是什么书啊？"

谁知道张嫣理直气壮地回答道："《赵高传》。"

虽然朱由校没有读过多少书，字也不认识几个，但是赵高这个臭名昭著、遗臭万年的历史名人朱由校还是知道的。

朱由校自然也知道张嫣这是在用赵高这个人影射魏忠贤。

朱由校对魏忠贤信任有加，自然不会因为张嫣的几句话而改变对魏忠贤的态度。

朱由校只是一笑置之。

魏忠贤在大明能够翻手为云、覆手为雨，自然耳目众多，张嫣的话很快

就传到了魏忠贤的耳朵里。

魏忠贤感觉脸有点烫，火辣辣地烫！

这样无端挑衅的行为，魏忠贤不能忍。

这个面子，魏忠贤必须找回来！

那该怎么对付张嫣呢？

思来想去，魏忠贤决定好好地教训教训张嫣，给她一点颜色看看，让她以后不要这么嚣张。

一场好戏就在魏忠贤的策划下悄然上演了！

第二天，朱由校在皇宫内发现了一个鬼鬼祟祟的男人，立刻就命令侍卫将这人逮捕，交锦衣卫押送东厂处理。

这办事效率实在是高！

魏忠贤借题发挥，诬告皇后张嫣的父亲太康伯张国纪派人行刺朱由校，打算立朱由检为皇帝，以达到一箭双雕的目的。

这个计划遭到了一向对魏忠贤唯命是从、马首是瞻的司礼监掌印太监王体乾的激烈反对。

当然王体乾也有他的理由，那就是朱由校虽然凡事都不予理睬，但是对兄弟妻子非常好。如果这个计划不能够成功，那么他们就全部完了。

这可真是一个难题，连最倚重的心腹都不支持他了，他还能说什么呢？

真的很无奈啊！魏忠贤不甘心如此，却又不得不如此。

魏忠贤只能取消了这个计划，并将知道这件事情的小弟全部处死，以达到斩草除根、永绝后患的目的！

这案子就这样草草结案，成了一个无头案。

说白了，还是害怕啊！

魏忠贤的如意算盘落空，却没有多少时间沮丧！

不久，发生了一件离奇的事情！

皇宫内又发现了匿名传单，上面列举了魏忠贤与客氏狼狈为奸、陷害忠良、图谋不轨的众多事实。

魏忠贤虽然派出了大量特务调查此事，但是仍然没有找到丝毫的线索。

魏忠贤怀疑这件事情是由张嫣的父亲张国纪等人一手策划的。

魏忠贤决定彻底铲除张嫣和张国纪这两个眼中钉、肉中刺，再将他侄儿魏良卿的女儿扶上皇后的宝座，这就叫作"肥水不流外人田"！

魏忠贤的主意就此定下，马上指使阉党成员顺天府丞（正四品）刘志选上奏折弹劾张国纪。

然而，这世上，有些事并非由魏忠贤说了算的！

朱由校不但没有惩罚张国纪，反而将满腔怒火发泄在原告刘志选身上。

朱由校的态度，似乎收到了奇效，这场闹剧结束了。

魏忠贤觉得自己好像漏掉了什么致命的信息，从此以后，再也不敢轻易对张嫣下手了！

如今魏忠贤和客氏有了不祥的预感！

狗急跳墙，猪急上树！

如今张嫣怀孕已经严重威胁到了魏忠贤和客氏在朝中的地位，魏忠贤和客氏决定铤而走险，打掉张嫣肚子里的孩子，彻底解决后患。

可是这又谈何容易呢？

魏忠贤和客氏总不可能到提着棍子冲到寝宫，去猛打张嫣的肚子，这样恐怕还没有将张嫣肚子里的孩子打掉，他俩就已经被禁卫军剁成了肉酱！

魏忠贤和客氏思考要怎么解决这道难题？

魏忠贤和客氏两人采取的是一种神不知鬼不觉的方法，他俩专门请了一个内功非常深厚的按摩师傅，去给张嫣做保健按摩的时候暗中使坏，用内功将张嫣肚子里的孩子击伤。

张嫣丝毫没有疼痛的感觉，没有过多长时间，就意外流产了，而且胎儿还是个男孩。

此时，张嫣这个柔弱无力的女子发誓，她与魏忠贤和客氏这对奸夫淫妇不共戴天，不是你死就是我亡。

天启三年（公元 1623 年）十月二十二日，慧妃范氏生下了一个男孩，这对还没有子女的朱由校来说自然是一件天大的喜事。

朱由校立刻将范氏生的孩子取名为朱慈焴，并且大赦天下，看来大明境内的老百姓真的应该好好地感谢朱慈焴这个好孩子，毕竟是朱慈育的诞生才使大明百姓免交了赋税！

俗话说"母以子贵"，朱慈焴的生母范氏也因为儿子的出生而受到了丈夫朱由校的赏赐，被朱由校赐封为皇贵妃。

虽然朱慈焴为人们做了许多好事、善事，但是他的命并不好，出生还不到一年，就去天堂报了到。

对于这件事情当然有许多人伤心难过，比如说朱慈焴的父亲朱由校和母亲范氏。可是对于这件事情也有许多人幸灾乐祸，比如说魏忠贤和客氏。

魏忠贤和客氏并没有高兴多久，不久朱由校的另一个妃子裕妃张氏又怀孕了。

魏忠贤和客氏两人知道这个消息以后伤心难过，张氏跟张嫣一样，与魏忠贤和客氏也有不共戴天的深仇大恨。

魏忠贤与客氏决定像对付皇后张嫣一样，趁张氏还没有将孩子生出来之前，先将他弄死在张氏的肚子里。

张氏并不像张嫣那样深受朱由校的宠爱，魏忠贤和客氏自然不会像对付张嫣那样，还要花许多钱财来请按摩师傅，暗中做手脚，处理得神不知，鬼不觉。

这样的人很好对付！

魏忠贤和客氏决定大张旗鼓地处理张氏，反正皇宫里的妃子多的是，朱由校也不一定记得住自己宠幸过一两次的妃子！

魏忠贤假传朱由校的谕旨，诬告张氏假装怀孕，欺骗朱由校，强行将张氏打入冷宫。

更为可恶的是，魏忠贤居然不给张氏提供水和粮食，结果使张氏饥渴而死，朱由校的另一个孩子又断送在了魏忠贤和客氏的手上。

天启五年（公元1625年）十月初一，朱由校的另一位妃子容妃任氏又诞下一个男婴。

朱由校有了前面的教训，自然对这个男孩特别关照和疼爱，将这个男婴取名为朱慈炅，并且对这个男婴的母亲任氏刮目相看，赐封任氏为皇贵妃。

虽然朱由校为自己的孩子做了许多事情，但是上天并没有因此眷顾这个男婴，这个男婴仅仅在人世上待了八个月，就夭折了！

到天启七年朱由校病逝前夕，朱由校也没有一个儿子，看来朱由校不但没有他父亲朱常洛命长，也没有他父亲朱常洛那样多子多孙，看来朱由校比他父亲朱常洛的命运还要凄惨。

忍辱负重的朱由检

朱常洛一共有七个儿子，可是其中有五个儿子出生没有过多久就病逝了，比朱常洛的命都还要坏，朱常洛最起码还活了二三十岁，并且结了婚生了子女，还当了一个月大明的皇帝，可是朱常洛的这几个儿子不但没有结婚生子，而且连寿命都还没有过十岁。

相对来说，朱由校和朱由检就幸运多了。

朱由检是朱常洛的第五个儿子，母亲为贤妃刘氏，生于万历三十八年（公元 1610 年）二月七日。

天启二年（公元 1622 年），朱由校册封朱由检为信王。

朱由检就这样空挂着王爷的头衔，在皇宫里过着无忧无虑、幸福快乐的日子。

朱由检在皇宫里遇到次数最多的人，自然就是魏忠贤和客氏。

虽然朱由检对魏忠贤和客氏这两个人恨之入骨。但是朱由检也有自知之明，知道现在选择跟魏忠贤和客氏这两个朱由校身边的大红人作对，就是找死。

活着，这是如今朱由检的生活核心和人生真谛。

朱由检非常明智地选择了忍气吞声、卧薪尝胆，见到魏忠贤就点头哈腰，百般讨好。

朱由检溜须拍马、顺风接屁的奴才嘴脸暴露无遗，只不过是装出来的。

朱由检与魏忠贤和客氏这相处得还算融洽。

朱由检毕竟不是大明的皇帝，就算与他哥哥朱由校的关系再好，也总不可能一辈子都住在皇宫里吧！大明王朝也没有这样的先例。

天启六年（公元 1626 年）十一月，已经成年的朱由检走出了陪伴他十几年的皇宫，前往信王的府邸，正式开始了他的藩王生活。

天启七年（公元 1627 年），十八岁的朱由检迎娶城南兵马司副指挥周奎的女儿周氏为妻。

朱由校最后一刻

现在最有资格继承朱由校皇位的人就只有朱由检了。

当朱由校说"来，吾弟当为尧舜！"这句话的时候，朱由检却吓得汗流浃背、

双腿发软，半天说不出一句话来，最后居然"扑通"一声跪倒在地，吞吞吐吐地说道："臣弟死罪，皇上说出这样的话，臣弟罪该万死！"

普天之下现在最有资格继承朱由校皇位的人就只有朱由检了，朱由校自然不会因为朱由检的推辞而罢手。

朱由校也不管朱由检到底答不答应，就把皇位强行推给了朱由检。

朱由校交代了朱由检两件重要的事情，那就是朱由检继位以后一定要善待张嫣和继续重用魏忠贤。

善待张嫣这件事情，朱由检或许做得到；继续重用魏忠贤这件事情，朱由检做不做得到就不好说了！

天启七年（公元1627年）八月十二日，内阁首辅黄立极像往常一样又率领满朝文武大臣前来乾清宫西暖阁请安。

朱由校依照惯例还是接见了他们。

朱由校先滔滔不绝、口若悬河地表示了自己对大明未来的担忧。

这跟朱由校平时漠不关心政事，一心沉醉于木工中的行为判若两人，这大概就是"人之将死，其言也善；鸟之将亡，其鸣也哀"的道理吧！

然后，朱由校下达了他在人世上最后一道圣旨，在圣旨中，朱由校用大量篇幅重申了自己对司礼监秉笔太监和东厂总督魏忠贤的赏识与重用。

此外，朱由校还在圣旨中详细地阐述了自己在八月十一日召见朱由检的全部经过。

黄立极这些大臣都是聪明人，自然知道朱由校这是有意要将皇位传给朱由检。

阉党成员马上将这一重要情报告诉了他们的主子魏忠贤。

魏忠贤的小算盘

魏忠贤得到这个消息以后，顿时吓得双腿发软、马上找到掌握皇宫警卫大权的锦衣卫指挥使田尔耕商议对策。

魏忠贤妄图发动宫廷政变，推举自己亲近的人为大明皇帝，到时候，自己便可以呼风唤雨、为所欲为。

这种事情，搞不好要惹祸上身的啊！

田尔耕听了魏忠贤的话，在刹那间就变得脸色苍白、大汗淋漓。

如果田尔耕真的是天不怕、地不怕，视死如归的话，他也就不会投靠臭名昭著的魏忠贤，背负千古骂名了。

如今魏忠贤叫田尔耕发动宫廷政变，他有那个胆子吗？

田尔耕不帮忙，换一个！

魏忠贤没有办法，又只好厚着脸皮去找兵部尚书崔呈秀商议发动宫廷政变。

崔呈秀也是个贪生怕死、胆小如鼠的主儿，听说魏忠贤想让自己率领大军发动宫廷政变的时候也被吓得六神无主、魂飞魄散，把脑袋瓜子摇得如同拨浪鼓一样。

当魏忠贤迫不及待地询问崔呈秀不敢发动宫廷政变的原因时，崔呈秀说出了自己的真实想法："如果我们发动宫廷政变，恐怕会遭到各地义军的群起而攻之啊！"

魏忠贤于是打消了发动宫廷政变的冒险计划，决定退而求其次，谋取摄政的权力。

没有过几天，魏忠贤就召集满朝文武大臣商议朱由校的善后事宜。

在会议上，魏忠贤迫不及待地提出了由自己监国的想法。

让魏忠贤没有想到的是，他的想法遭到了满朝文武大臣的强烈反对，就连一向对魏忠贤恭敬礼貌得像是在向孔子请教的阉党成员内阁大学士施凤来都站出来反对魏忠贤。

在巨大的政治压力面前，魏忠贤感到十分无奈，只好就此作罢。

所以说，魏忠贤好不容易想到的计划，就这样宣告结束了！

朱由校病逝与朱由检继位

告别的时刻终于来临！

八月二十二日，朱由校在乾清宫懋德殿病逝，年仅二十三岁，折腾了大明七年的天启统治时期终于结束了。

朱由校病逝后，魏忠贤立刻封锁了消息，因此当时除了紫禁城里的人知道朱由校病逝的消息之外，其他的人根本没有办法知道这件事情。

魏忠贤小瞧的女人就是朱由校的皇后张嫣，魏忠贤将会为自己的行为付出惨重的代价。

对于张嫣来说，但凡能让魏忠贤难过的事情，她就感到快乐！

张嫣真的很聪明啊，硬是将朱由校病逝的消息传出了皇宫。

片刻之间，大明所有文武大臣都知道了这件事情。

魏忠贤现在才知道后悔，只可惜已经晚了。

魏忠贤知道已经隐瞒不了，只好当着满朝文武大臣的面宣布了朱由校临终时下的遗诏：

皇五弟信王由检，聪明夙著，仁孝性成，爰奉祖训，兄终弟及之，文丕绍伦，即皇帝位！

大明的文武大臣知道朱由校遗诏的内容以后，决定马上采取措施将朱由检接回皇宫举行登基大典。

吏部尚书兼中极殿大学士施凤来、礼部尚书兼建极殿大学士黄立极和英国公张惟贤等朝廷重臣立马赶往朱由检的府邸。

魏忠贤为了讨好朱由检，也派遣忠勇营提督太监涂文辅前往朱由检的府邸迎接朱由检回宫。

按照大明王朝惯例，当满朝文武大臣迎立皇太子登基的时候，必须履行相应的程序，也就是满朝文武大臣第一次请求皇太子继承皇位的时候，皇太子要坚决推辞，以表示对皇位从来都没有野心；然后满朝文武大臣再一次请求皇太子继承皇位，皇太子则要委婉谢绝，以表示谦虚谨慎；最后满朝文武大臣第三次请求皇太子继承皇位，皇太子则表示"却之不恭，受之有愧"，然后勉强答应继承皇位。

朱由检就这样被满朝文武大臣迎回了紫禁城。

担惊受怕的朱由检

尽管朱由检即将成为大明的皇帝，可是他仍然对魏忠贤和客氏存在疑惧心理，每时每刻各种受迫害妄想症。

乱世里阴谋诡计大行其道，稍不留神就会身首异处，长期搅在政治旋涡里，对一切保持高度的警觉，是生存需要！

朱由检在出发之前，就在袖子里藏了几个信王府邸自制的肉饼，以防宫里的食物被魏忠贤和客氏下了毒，自己误食食物而中毒，毕竟"害人之心不可有，防人之心不可无"嘛！

朱由检进入皇宫以后的第一天，整夜都没有睡觉，而是坐在桌子旁边看燃烧的蜡烛，生怕魏忠贤会派遣杀手来刺杀自己。

正在这个时候，一个巡逻的太监走来，朱由检看着这个太监腰间悬挂的佩剑顿时露出了笑容，马上命令那太监将佩剑取下来。

虽然朱由检此时还不是真正的皇帝，但是要不了几天朱由检就会成为大明的最高统治者，那么太监自然不敢不听从朱由检的命令，只好乖乖将腰间的佩剑取下来恭恭敬敬地交给了朱由检。

朱由检的确非常有表演天赋。

他先接过那个太监递过的佩剑，然后装模作样地将佩剑放在灯光下细细地品味，还滔滔不绝、口若悬河地赞叹道："果然是好剑！"

然后朱由检正儿八经地告诉那个太监，自己非常喜欢这把剑，希望那个太监能够将这把剑送给自己，自己会给那太监大量的金银珠宝、绫罗绸缎。

反正那把剑对那个太监也没有什么用处，那个太监自然非常乐意。

其实朱由检根本就不喜欢这把剑，只不过多一把剑给自己壮壮胆子罢了！

然后朱由检又命令近侍太监准备酒菜犒赏宫中的太监，毕竟人多一点，就热闹点，也安全一些。

朱由检在皇宫中的第一个夜晚就这样提心吊胆地度过了！

朱由检登基

当朱由检在提心吊胆、兢兢业业地提防魏忠贤和客氏的时候，宫中其他的人也在忙着自己的事情，他们在忙着修筑为朱由检举行登基大典的宫殿。

皇宫中的宫殿早就在明成祖朱棣时期就全部完工了，为什么现在还要修筑宫殿呢？

万历二十五年（公元1597年），北京发生特大地震，紫禁城里的三大宫殿全部损毁，万历、泰昌、天启三个时期一直都在重修。

只是现在三大宫殿要用于朱由检举行登基大典，时间紧，任务重啊，工程师们才会加紧施工，希望能够在朱由检举行登基大典之前完工。

八月二十日，紫禁城遭损的三大宫殿全部修复成功！

八月二十四日，朱由检在紫禁城的皇极殿举行登基大典。

从这一刻开始，朱由检不再只是大明境内的人上之人，而是大明境内的

明亡清兴多少事

第二卷　明金对决

官上之官。

　　在这个本该兴高采烈、载歌载舞的日子里，朱由检却一点都高兴不起来。

　　八月二十六日，朱由检向大明臣民颁布诏书，定年号为"崇祯"，以下一年正月初一日开始为崇祯元年。

　　朱由校的故事结束了，大明进入了朱由检时代。

阄党的覆灭

最近魏忠贤比较烦！

自从朱由检在紫禁城的皇极殿举行登基大典以后，朱由检作为大明政府最高统治者的事情已经成为无可改变的事实，即使是翻手为云、覆手为雨的阄党首领魏忠贤也是"无力回天"。

不做亏心事，也怕鬼敲门，何况，魏忠贤心里有鬼呀，他几乎每天都生活在忐忑不安里。

现在魏忠贤能够做的就是花大力气去改善与朱由检的关系，说不定魏忠贤把朱由检逗开心了，朱由检到时候会舍不得铲除魏忠贤和以魏忠贤为首的阄党。

只是这种情况发生的概率不是很大！

朱由检和魏忠贤在一场没有硝烟的战场上展开了高智商对决！

朱由检继位没过几天，魏忠贤就给朱由检送来了几个天姿国色、倾国倾城的绝色美女。

在魏忠贤看来，"自古英雄难过美人关"，既然英雄都难过美人关，更何况朱由检这个普普通通的男人。

可惜，结果证明魏忠贤的想法是错误的。

朱由检不但没有正眼看这四个美女一眼，而且还在这四个美女的衣袖里搜出了一种名叫"连魂香"的春药。

朱由检不但对魏忠贤的看法没有丝毫转变，反而增强了铲除魏忠贤的决心。

要铲除魏忠贤谈何容易，魏忠贤掌控大明政府长达六七年，基本上大明

政府中绝大部分文武大臣都是魏忠贤的党羽和爪牙。

比如说文臣中的兵部尚书崔呈秀、田吉，工部尚书吴淳夫，都察院左副都御史李夔龙等人；武臣中的锦衣卫左都督田尔耕、锦衣卫都指挥佥事许显纯、锦衣卫右都督孙云鹤、锦衣卫佥事杨寰等人都与魏忠贤狼狈为奸、沆瀣一气。

朱由检虽然是皇帝，但失去了大臣支持也不过是个光杆司令！

如果处理不当，就会"一着不慎，满盘皆输"，到时候连死都不知道怎么死的。

可想而知，朱由检的心情是不会太好的。

人在屋檐下，不得不低头，大局为重，为了振兴大明，必须隐忍，必须沉得住气，等待一击必中扳倒魏忠贤的机会。

朱由检决定先提拔自己亲近的人，发展自己的势力，然后再逐步铲除魏忠贤为首的阉党。

魏忠贤的试探

不久，朱由检册封周氏为皇后，并趁此机会将周氏之父周奎由兵马司副指挥提升为右军都督同知（明朝统领全国的最高军事机构为五军都督府，分别为中军都督府、左军都督府、右军都督府、前军都督府、后军都督府，各设左右都督、正一品，都督同知，从一品），而且还任命周氏的兄长周文炳、周文耀为兵马司副指挥（正七品）。

虽然朱由检此事做得小心谨慎，但还是引起了魏忠贤的恐慌。

魏忠贤决定先试探朱由检是否有铲除自己的心思，再决定下一步的计划。

魏忠贤试探的方法，就是很俗套的把戏——请辞！

九月初一，魏忠贤上疏朱由检，主动提出辞去东厂总督一职。

拒绝是最简单的事情，朱由检自然表示强烈反对。

朱由检表现得越倚重魏忠贤，魏忠贤越是不信任他。

魏忠贤决定再用客氏去试一试朱由检的真实想法。

九月初三，在魏忠贤的指使下，客氏请求朱由检准许自己从皇宫里迁回私宅。

让魏忠贤意想不到的事情又发生了，那就是朱由检居然同意了客氏的请求。

魏忠贤惊了！

朱由检也有自己的理由，那就是客氏是朱由校的奶妈，现在朱由校已经大行了，客氏也没有理由继续留在皇宫了，总不可能让客氏留在皇宫里继续当朱由检的奶妈吧！

魏忠贤想一想也是这个道理，于是决定再找一个人去试试朱由检。

九月初四，王体乾递上奏疏向朱由检提出辞去司礼监掌印太监一职。

朱由检没有让魏忠贤失望，朱由检又没有同意司王体乾的合理要求。

又是这招，百试百灵！

魏忠贤认为，这说明朱由检并没有打算铲除以魏忠贤为首的阉党。

魏忠贤此时的心情非常不错，毕竟自己还可以继续过着权倾朝野、前呼后拥的富贵生活。

可是魏忠贤并没有高兴几天。

朱由检还没有打算对以魏忠贤为首的阉党动手，满朝文武大臣就迫不及待地把矛头指向了阉党。

群臣对阉党的反击

不久，都察院右副都御史杨所修上奏疏弹劾兵部尚书崔呈秀、工部尚书李养德、太仆寺少卿陈殷、延绥巡抚朱童蒙等人。

杨所修弹劾这几个人的理由也很简单，那就是这些人的父母去世时，因为先帝，也就是朱由校的"夺情"而留任，没有回家为父母守孝，这有悖于儒家"以孝治天下"的行为准则。

不仅如此，杨所修还顺带将吏部尚书周应秋也检举告发了，理由也非常清楚明白，那就是周应秋明明知道崔呈秀、李养德、陈殷、朱童蒙这几个人在父母去世以后没有回家为父母守孝，却不检举告发他们，这就是犯了包庇纵容罪。

这看似普通的一起检举告发事件其实暗藏玄机，因为杨所修所告发的崔呈秀、李养德、周应秋、陈殷、朱童蒙等人都是阉党成员。

这件事情似乎是朝廷内的正直官员对阉党成员的反击，不过，很多时候眼见未必为实，事情的真相远比我们想象的要复杂得多！

朱由检那实在不是一个省油的灯，他看了杨所修的奏疏，不但没有罢免

崔呈秀、李养德、周应秋等人的官职，反而把原告杨所修狠狠地骂了一顿。

崔呈秀、李养德和周应秋毕竟都是阉党成员，心里还是非常害怕的，决定主动承认错误，争取宽大处理。

这些人忘记了，有些错误主动承认了是会得到宽大处理和原谅的，可是有些错误主动承认了只会让自己死得更快。

崔呈秀、李养德立刻向朱由检提出了辞职，周应秋则做得更绝，居然请求朱由检罢免自己。

朱由检并没有答应他们的要求。

这倒不是朱由检同情他们，而是朱由检认为这样处理简直是便宜他们了，而朱由检又是那种不喜欢人家占他便宜的人！

直到此时此刻，一向大大咧咧的魏忠贤才感受到了前所未有的恐惧，立刻命人代写了一份《久抱建祠之愧疏》。

说起建生祠这件事情，话就长了。

建造生祠的经过

祠，也就是祠堂，在我国奴隶社会和封建社会时期，许多有钱有势的达官贵人都喜欢拿出许多财物来为祖宗先人修建庙宇，来供奉祖宗和先人的灵位，以求祖宗和先人能够保佑自己"百尺竿头，更进一步"，让自己能够过上好日子。

生祠，顾名思义，就是为活着的人，也就是还没有死的人建造的祠堂。

最先提出给魏忠贤建造生祠的人就是浙江巡抚潘汝桢。

潘汝桢这个家伙什么才能都没有，他最大的特点就是爱做表面文章，却几乎不干实事，道理一大堆，行动一个无，其无耻程度，仅次于魏忠贤。

天启六年（公元 1626 年）六月初二，潘汝桢上疏朱由校：东厂魏忠贤心勤体国，念切恤民。鉴此两浙岁遭灾伤，顿蠲茶果铺垫诸费，举百年相沿陋习积弊一旦厘革，不但机户翻然更生，凡属兹土莫不途歌巷舞，欣欣相告，戴德无穷，公请建祠，用致祝厘。

第一个看到这个奏疏的人并不是朱由校，而是魏忠贤和王体乾。

原因也很简单，王体乾的职务是司礼监掌印太监，而魏忠贤的职务是东厂总督兼司礼监秉笔太监。他们有权利也有义务阅读满朝文武大臣给朱由校

的奏疏。

据说魏忠贤手下将潘汝桢奏疏的内容告诉魏忠贤的时候，他表面是拒绝的，内心是快乐的。

这个善解人意的潘汝桢，实在是讨人喜欢啊！

这样的奏疏，恰好满足了魏忠贤的虚荣心，他太爱听了！

魏忠贤骨头都轻了几分，连这封奏疏都没有交给朱由校批阅，就迫不及待地命人御批了潘汝桢的奏疏，同意了潘汝桢的请求。

朱由校知道这件事情以后，不但没有责怪魏忠贤，反而用实际行动支持着魏忠贤的生祠建造工作。

朱由校为潘汝桢给魏忠贤建造的生祠送了一块巨型牌匾，上面有朱由校的亲笔提名"普德"。

虽然朱由校没有读过什么书，字也写得不咋样，但是这两个字毕竟是大明最高统治者的真迹啊！具有非常重大的象征意义！

满朝文武大臣一看朱由校不但没有禁止，反而鼓励潘汝桢为魏忠贤建造生祠。这样既可以讨好巴结魏忠贤这个朱由校身边的大红人，又不得罪朱由校，这种有百利而无一害的事情谁不愿意干啊。

大明境内兴起了轰轰烈烈为魏忠贤建生祠的运动。

应天巡抚毛一鹭在苏州虎丘为魏忠贤建立生祠。

蓟辽总督阎鸣泰敢为人先，不为人后，居然在蓟州、密云、昌平、通州、涿州、河间、保定这七个州郡为魏忠贤建造了生祠，看来阎鸣泰一天也没有其他事情干，就只忙着为魏忠贤建造生祠。

宣大总督张朴一看阎鸣泰那个乳臭未干的臭小子居然这么卖力，把自己的风头都抢完了，哪里还会服气，也加紧为魏忠贤建造生祠。不久，宣府、大同这两个地方都有魏忠贤的生祠落成，张朴自然非常高兴，可是他在高兴之余，也有点伤心，毕竟张朴跟阎鸣泰比起来，不论是生祠的数量还是质量都不在一个档次！

山西巡抚曹尔桢的官职比阎鸣泰和张朴的官职小多了，自然没有那么多的财力、物力、人力和他俩较量，只能够为魏忠贤在五台山建造生祠。

可是这也很不错了，至少五台山是著名的风景名胜区，将生祠建在这里，人们在参拜生祠的时候，还可以欣赏五台山的优美自然风光，这简直是一举

多得，何乐而不为呢？

工部侍郎纪国桢胆子更大，居然将魏忠贤的生祠建造在卢沟桥的旁边。

巡视五城御史黄宪卿的胆子跟纪国桢比起来，也小不到哪里去，居然将魏忠贤的生祠建造到了北京城宣武门外。

顺天府尹李春茂的胆子比纪国桢和黄宪卿的胆子更大，他不仅将魏忠贤的生祠建造到了北京城宣武门外，而且还建造在了大明历代皇帝的祖坟边上。

孝陵卫指挥李之才的胆子那就不是一般地大了，胆子居然大到将魏忠贤的生祠建造了南京明孝陵的正前面。

南京明孝陵可是朱元璋的陵园啊！

河道总督薛茂相也不是什么省油的灯，他将魏忠贤的生祠建造在了朱元璋爹妈的陵园凤阳皇陵旁边！

……

愚蠢的阉党成员

朱由检阅览了魏忠贤呈上的《久抱建祠之愧疏》的奏折以后，既没有同意，也没有拒绝魏忠贤提出停止建造生祠的要求，只在魏忠贤呈上的《久抱建祠之愧疏》的奏折上御批了一句话：

各地要建而未建的生祠，一概停止！

朱由检的这句话，可是大有玄机啊！

这句话到底是说现在还没有建可是打算建造的生祠就不用建造了，还是说现在还没有建造的生祠，可是打算建造的生祠和正在建造的生祠就不用再建造了？

魏忠贤没有搞清楚，魏忠贤手下的阉党成员自然也是丈二的和尚——摸不着头脑。

一国之主的威严，有时候还是很有用的！

最近风声紧得很，魏忠贤也瞻前顾后前怕狼后怕虎顾虑太多，决定暂时不要轻举妄动。

就在这个万分危急的情况下，又有人给魏忠贤添乱子了。

礼科给事中陈尔翼针对杨所修的奏疏也给朱由检呈上一封奏折。

在奏疏中，陈尔翼强烈谴责了杨所修"信口开河""胡说八道""搬弄是非""颠倒黑白"的行为，并且断言这是东林党余孽策划的阴谋活动，请求朱由检下令东厂、锦衣卫彻底调查此事，彻底铲除东林党余孽。

陈尔翼如此栽赃陷害，未免也太明显了！

即便如此，朱由检也不能够严惩陈尔翼，否则会打草惊蛇，致使铲除以魏忠贤为首的阉党的计划功亏一篑。

这并没有难倒朱由检，朱由检先驳斥了陈尔翼的奏疏，紧接着又大力嘉奖了魏忠贤和王体乾对登基典礼作出的突出贡献。

非但如此，为了要给魏忠贤吃上一颗定心丸，朱由检更给魏忠贤和王体乾的亲戚都安排了锦衣卫中的清衔。

正所谓"将欲取之，必先予之"，朱由检给的是官职，而要的却是他们的命！

没有过多长的时间，毛文龙又上奏疏向朱由检呈上了明军大败八旗军队的战报。

至于这一仗到底是明军打败了八旗军队，还是八旗军队打败了明军，这里本人暂且不提，可是有功劳的自然应该嘉奖。

朱由检再次嘉奖了魏忠贤、王体乾、崔呈秀、徐应元以及胡良辅等人。

我们都知道明军大胜跟阉党一点关系也没有，朱由检知道，他什么都知道，他只是假装什么都不知道而已。

为了稳住阉党，朱由检也没有其他办法，就让他们再得意一阵子吧！

老奸巨猾的魏忠贤发现，朱由检对阉党的态度实在太反常了！

越是这样，越让人觉得遍体生寒！

魏忠贤感受到了"山雨欲来风满楼"的危险气息，自己掐人中，必须展开自救！

历史无数次地证明，干爹往往是最靠不住的！

魏忠贤终于决定"弃车保帅"，打起了干儿子崔呈秀的主意，用他来作自己的替死鬼。

在魏忠贤的眼中，天下熙熙，皆为利来；天下攘攘，皆为利往，为了自己的身家性命，为了自己的荣华富贵，为了自己的权力地位，不要说干儿子，就是亲儿子也照样出卖。

这就是给魏忠贤卖命的下场！

魏忠贤指使都察院御史杨维垣上奏疏弹劾崔呈秀。

身为魏忠贤的党羽，自当忠心不二，唯命是从！

杨维垣尊崇习惯的人，居然在弹劾崔呈秀的时候都没有忘记拍魏忠贤的马屁。

聪明的朱由检一眼就看出了魏忠贤肚子里的花花肠子，决定将计就计，彻底消除以魏忠贤为首的阉党的戒备心理。

朱由检下达谕旨，强烈谴责了杨维垣，并告诫杨维垣不要诋毁有突出贡献的崔呈秀。

朱由检对杨维垣也没有多加追究。

魏忠贤搬起石头砸脚，如意算盘又一次落空了！

不久，事情突然又出现了一点小波折！

几天以后，杨维垣再次上疏弹劾崔呈秀，并且在奏疏的最后用大量的篇幅赞美了魏忠贤为大明政府和大明百姓作出的杰出贡献。

对阉党分子的初步整饬

朱由检知道现在再不对崔呈秀采取措施，反而会引起以魏忠贤为首的阉党成员的怀疑，朱由检命令崔呈秀"静听处分"！

两天后，朱由检免除了崔呈秀兵部尚书、都察院左都御史这两项重要的职务。

这一事情也标志着朱由检开始对以魏忠贤为首的阉党动手了。

朱由检现在还不能够大刀阔斧、钟鼓齐鸣地对魏忠贤动手，还必须耐心地等待满朝文武大臣对以魏忠贤为首的阉党的态度。

天启七年（公元 1627 年）十月二十二日，工部主事陆澄源率先上疏弹劾魏忠贤，弹劾魏忠贤拉帮结派，党羽遍布大明的各大州郡，奏疏中有一句最经典的台词就是"尽废君前臣名之礼"。

可惜，朱由检就是不着急！

朱由检还是认为铲除阉党的时机尚不成熟，反而把陆澄源狠狠地谴责了一顿。

墙倒众人推，接着又有人站出来了！

十月二十五日，刑部员外郎史躬盛贴出了大字报，列举了魏忠贤得势以后犯的滔天罪行：

举天下之廉耻渐灭尽；

举天下之元气剥削尽；

举天下之官方紊乱尽；

举天下之生灵鱼肉尽；

举天下之物力消耗尽。

这封奏疏写得铿锵有力、回肠荡气，看得满朝文武大臣抱头痛哭、鼻涕连连。

朱由检眼睛一下子就亮了，觉得快要摸到脉了！

不过朱由检还是没有任何表示。

将任何事情都写在脸上的人并不可怕，将任何事情都埋藏在内心深处的人才可怕，他会在你毫无防备的情况下跳出来咬你一口。

而朱由检就是这样的人。

江湖上有一句老话，明枪易躲，暗箭难防，十月二十六日，海盐县贡生钱嘉征上了一封奏疏给朱由检，详细列举了魏忠贤得势以后的十大罪状。

此时此刻，朱由检终于弄清楚了满朝文武大臣对以魏忠贤为首的阉党的态度。

摊牌的时刻到了！

一场轰轰烈烈地铲除以魏忠贤为首的阉党的运动经过长时间的准备，终于从容不迫地登上了历史的舞台。

对魏忠贤的整饬

朱由检看完钱嘉征的奏疏以后，立刻召见了魏忠贤。

一张无形的大网，终于张开了！

朱由检也是个非常体贴他人的人，知道魏忠贤虽然贵为东厂总督兼司礼监秉笔太监，却是一个目不识丁、不学无术的地痞流氓，根本不可能看懂钱嘉征的奏疏，特意让太监将钱嘉征的奏疏念给魏忠贤听。

魏忠贤听得都快被吓死了，瞬间涕泪横飞，嚎声一片。

魏忠贤你也有怕的时候啊，你当初盛气凌人不可一世的能耐哪去了？现

在才知道害怕，已经太晚了！

朱由检也没有太难为魏忠贤，等魏忠贤听完以后，朱由检就叫他回去休息了。

魏忠贤也知道仅仅凭借自己的几滴眼泪是感动不了对自己恨之入骨的朱由检的，朱由检一定会对自己动手的，而且不是小打小闹，不是凌迟处死就是诛灭九族，而且诛灭九族的可能性大于凌迟处死，当然说不定是两者兼而有之。

这可如何是好？计将安出？

魏忠贤必须想出万全之策，要想出万全之策不容易，但想不出万全之策很可能会死无葬身之地。

魏忠贤开始睡不着觉了！

就在这时候，魏忠贤想起了自己年轻时的密友，当然也只有这种人才跟魏忠贤有共同语言。

这个人就是信王府太监徐应元。

徐应元以前仅仅是一个藩王的奴才，就连普通老百姓都不会正眼瞧这种人一眼，但是现在不一样了，徐应元的主子朱由检一转身成为了皇帝。

作为朱由检的奴才，徐应元自然也"水涨船高"，变成了大明王朝的红人，分量可不轻，成为了满朝文武大臣尽相巴结的对象。

事到如今，也没有别的办法啦，狗急乱跳墙，病急乱投医。

魏忠贤这人，典型的势利眼，很会在"脸面"和"利害"之间权衡利弊，懂得看人下菜碟。

魏忠贤几乎把徐应元当作最后一根救命稻草，一改昔日"九千九百岁"的傲慢态度，准备了大量礼物，去拜访徐应元。

魏忠贤是真的着急啊！

对于魏忠贤的礼物，徐应元嘴上说不要，身体却很诚实地接受了。

徐应元帮魏忠贤出了一个主意。

这个主意就是劝魏忠贤避其锋芒，辞去东厂总督以及司礼监秉笔太监的职务。

十月二十七日，魏忠贤上疏提出辞去东厂总督以及司礼监秉笔太监这两个职务。

魏忠贤错了，大错而特错！朱由检注定要让他失望了！

这时候说什么都没有用了！

朱由检这次撕下了他平时对魏忠贤和颜悦色、恭恭敬敬的虚伪面纱，连眉头都没有皱一下，就批准了魏忠贤的请求。

魏忠贤感觉自己被忽悠了，可惜，太晚了，开弓没有回头箭，话都说出去了，还有别的选择吗？

魏忠贤还真有点虎落平阳遭犬欺，龙困浅滩遭虾戏的味道！

你以为这样就完了，事实证明，更狠的还在后面呢！

朱由检还是觉得这样太便宜魏忠贤这个权奸祸宦了。

当断不断，反受其乱！

既然已经向魏忠贤摊了牌，那么也就不需要畏首畏尾了。

接下来的事情就简单了！

十一月初一，朱由检再次下达圣旨，勒令魏忠贤立刻前往朱元璋的家乡凤阳去看管皇陵。

这是当太监犯了非常严重错误的时候，官方才会给予的差使，等同于流放。

魏忠贤心急如焚，却束手无策！

魏忠贤被贬黜后，不论是朝中大臣还是京城百姓，都拍手称快，互相庆贺。

老天有眼，这无法无天、无恶不作的权宦可算滚蛋了。

然而，这对魏忠贤来说，并不意味着噩梦的结束，恰恰相反，噩梦才刚刚开始！

魏忠贤这个人，有个最大的毛病，就是爱炫耀、爱摆谱，你突然让他改掉这坏毛病，也是很困难的。

魏忠贤前往凤阳看守皇陵的方式，那是相当令人震撼，运送的财物就多达四十几车，护卫的私人武装也多达一千余人。

这哪里是被发配到凤阳去看守皇陵啊，简直是皇帝下江南游玩的排场啊。

于是，一场更大的悲剧发生了！

朱由检听说这件事以后，马上向兵部发出了一道紧急命令，命令锦衣卫赶往凤阳逮捕魏忠贤，身边的侍卫随从也一并逮捕，不得纵容！

虽然现在魏忠贤已经不再是东厂总督兼司礼监秉笔太监了，但是紫禁城里还是有他的党羽。

朱由检命令锦衣卫逮捕魏忠贤的消息，很快就被李永贞派人传到了魏忠贤的耳中。

可是知道又能如何呢？难道自己还能够去左右皇帝的决定，这除了让魏忠贤提前感到绝望之外，没有丝毫作用。

十一月初六，魏忠贤在一千多私人武装部队的护卫下，抵达了淳城县南关。

只是魏忠贤已经没有了刚从北京出发时的闲情逸致，也没有在北京城到阜城县南关途中欣赏山川河流之美，仰望日月星辰之光的雅兴。

魏忠贤进入了阜城南关的尤氏旅馆。

半夜时分，魏忠贤听见了窗外传进来的歌声。据说这是一个白衣书生专门为了给魏忠贤送终而作的曲子，名叫《桂枝儿》。

魏忠贤听得痛哭流涕、撕心裂肺。

荣华富贵对魏忠贤来说有如过眼云烟，功名利禄对魏忠贤来说也不过是梦幻泡影，唯有声名远播的名声方能万世长存，只不过是遗臭万年。

魏忠贤慢慢地懂了，可是也晚了。

魏忠贤越想越气，越气就越想不开，想不开就容易干一些傻事。

半夜时分，魏忠贤用自己的腰带结束了他罪恶丑陋的一生。

就魏忠贤现在的处境，死了也未尝不是一种解脱。

魏忠贤的贴身太监李朝钦对主子魏忠贤还是挺忠心的，不忍主子魏忠贤独自上路，也自缢而死，李朝钦也是唯一为魏忠贤殉葬的人。

魏忠贤身边的人在得知魏忠贤自缢而死的消息以后，不但没有痛哭流涕、伤心欲绝，反而迫不及待地瓜分了魏忠贤的四十多箱金银珠宝、绫罗绸缎！

备受打击的阉党

"魏忠贤自杀"这个沉重的噩耗，传将开来，北京城上自皇帝下至普通老百姓，都笑得合不拢嘴。

房子被抽去梁柱定然会倒塌！

魏忠贤上吊自杀以后，阉党失去了强有力的后盾以及对他们发号施令的首领，成为了一盘散沙，一个个垂头丧气。

满朝文武大臣从此以后再也不用惧怕和畏惧阉党了，开始不断站出来揭发和弹劾阉党分子的滔天罪行。

刹那间，阉党陷入了四面楚歌、走投无路的危险境地。

朱由检认为跟阉党算总账的时刻终于来了，先后任命曹师稷、颜继祖、宗鸣梧、翟式耜等人为给事中，任命吴焕、叶成章、任赞化等人为御史，开始清查阉党分子所有的罪行。

也就是这些人每天什么事情都不用干，专门搜集阉党分子的错误与缺点！

树倒猢狲散，人倒大家踩！一个一个来，不着急！

最先被踩的重量级人物是崔呈秀！

十一月初九，户部员外郎王守履再次上疏朱由检，首先揭发了崔呈秀所犯的滔天罪行，然后提出了关于处罚方面的建议，那就是绝对不能够让崔呈秀辞职了事。

王守履果真是个男子汉大丈夫，真正做到了"量小非君子，无毒不丈夫"。

朱由检在王守履呈上的奏疏中批示道："崔呈秀罪状明悉，先削籍为民，再进一步审查定夺！"

这个时候，崔呈秀已经风风光光回到家乡蓟州，准备安享晚年。

崔呈秀在北京城里的同党派人赶到蓟州，将朱由检已经派刑部、大理寺、都察院的官员调查崔呈秀的消息告诉了他。

是啊，事到如今，他又能怎样呢？

宁做撑死鬼，不做饿死鬼！

崔呈秀自知罪孽深重，难逃一死，准备了数十桌山珍海味、玉露琼浆，大吃大喝以后，也像魏忠贤和李朝钦一样，上吊自杀了。

朱由检一点儿也没有跟崔呈秀这个老头子客气，在得知崔呈秀畏罪自杀的消息以后，就迫不及待地派人去查抄了崔呈秀的家产。

还有一个人的命运也不得不提！

她就是客氏！

十一月十五日，朱由检派太监将客氏抓进了浣衣局。

这些太监平时见到客氏都低声下气，连大气都不敢喘一下，现在见到客氏落难自然也应该打击报复一下了！

这些太监发誓，一定会好好照顾客氏，他们每天都对客氏拳打脚踢，客氏这样如花似玉、晶莹剔透的女人转眼之间就变成了一个鼻青脸肿、浑身是伤的伤员。

客氏这个十足的软骨头，不禁打，被打了几下以后，就彻底绝望了，竹筒倒豆子似的招认了她和魏忠贤狼狈为奸，害死朱由校子嗣等长长一串的犯罪事实。

人证物证俱全，铁证如山！道德败坏，死不足惜！

朱由检一看客氏这么合作，也就没有跟客氏再客气，立刻命人将客氏乱棍打死了。

客氏的儿子和魏忠贤的侄子魏良卿也一并被处死了，其余亲属、族人也被注销户口，发配到了边疆充军！

十二月二十一日，刑部、大理寺、都察院将魏忠贤和客氏所犯罪行的审查报告呈给了朱由检。

朱由检看完审查报告以后，直夸刑部、大理寺、都察院的大臣办事不错，并告诫他们不要辜负自己的期望，再接再厉，继续调查与接受其他阉党分子的犯罪证据。

弄虚作假

原因很简单，那就是朱由检用错了人，主持审讯阉党的刑部尚书苏茂相、都察院左都御史曹思诚、大理寺少卿潘士良与魏忠贤沆瀣一气、狼狈为奸，平时也没有少得到魏忠贤的关照和好处，如今朱由检让他们去审讯阉党，这不是"贼喊捉贼"嘛，审讯的结果可想而知。

崇祯元年（公元 1628 年）正月二十五日，苏茂相、曹思诚、潘士良才将阉党的审查结果呈给朱由检，朱由检心中的愤怒比早上八九点钟的太阳还难抑制，命令他们重新再审。

不久刑部、大理寺、都察院的官员向朱由检报告了调查阉党议案的结果：工部尚书吴淳夫、太仆寺署事御史倪文焕剥夺"诰命"的头衔；兵部尚书田吉、左副都御史李夔龙革职查办，锦衣卫左都督田尔耕、锦衣卫都指挥佥事许显纯逮捕法办；锦衣卫右都督孙云鹤、锦衣卫佥事杨寰；锦衣卫都督同知崔应元削除官籍。

这哪里是在调查阉党啊，这简直是在包庇阉党，朱由检一把邪火直冲头顶，立刻命令他们重新再查。

既然皇帝发了话，那就重新调查吧！只不过那些阉党成员毕竟从前跟他们称兄道弟，该从轻处罚的还是要从轻处罚的。

不久以后，刑部、大理寺、都察院的官员又将他们重新调查的结果报告给了朱由检：吴淳夫、李夔龙、田吉、倪文焕犯了贪赃枉法罪，全部充军边疆，并且追缴赃银五千两或者是一千两；田尔耕、许显纯以过失致人死亡的罪行，斩监候，也就是死缓；杨寰、孙云鹤以及崔应元犯了知情不报，发配边疆充军。

群臣的愤怒

奇怪地，朱由检这次没有生气，满朝文武大臣却看不下去了，一想到在阉党当政期间所受的怨气他们就气不打一处来，有怨的报怨，有仇的报仇，该出手时就出手，纷纷拿起笔杆子写奏疏，揭发阉党成员的罪行。

崇祯元年（公元 1628 年）正月，连春节都还没有过完，工科给事中祖重晔就给朱由检上了一封奏疏，揭发前任内阁首辅顾秉谦，朱由检对这封奏疏并没有引起足够的重视。

不久，陕西道监察御史高弘图又多次上疏朱由检，希望朱由检能够严厉惩处蓟辽总督、兵部尚书兼右副都御史刘诏、提督操江右佥都御史刘志选、太仆寺署事御史梁梦环。

贵州道监察御史任赞化也上疏朱由检，揭发杨维垣与崔呈秀狼狈为奸、沆瀣一气，杨维垣后来之所以上疏攻击崔呈秀，不过是"弃车保帅"，想以牺牲崔呈秀来保全阉党成员和自己。

听任赞化这么一说，杨维垣还真有点"牺牲他一个，幸福一大家"的意思！

朱由检立刻下令对杨维垣进行隔离审查，其实杨维垣被人告发也是迟早的事情！

几天以后，都察院御史邹毓祚上疏揭发杨维垣是魏忠贤的党羽，也不知道邹毓祚揭发杨维垣是因为他原来得罪了自己，还是真的为了国家为了人民才这么做的。

朱由检看了任赞化的奏疏还是半信半疑，可如今看了邹毓祚的奏疏就深信不疑了。

朱由检对阉党分子是从来不会心慈手软、手下留情的，马上下达谕旨，革去了杨维垣的太仆寺少卿职务。

不久，礼科给事中阎可陛、汪如亨以及都察院御史戴相都上疏揭发兵部

尚书霍维华是魏忠贤党羽。

也许仅仅一个人上疏，朱由检还会半信半疑，可是如今居然有三个人上疏说霍维华是魏忠贤的党羽，那自然就是了。

朱由检于是下达谕旨，革去霍维华兵部尚书的职务。

随后，原任户部尚书黄运泰、原任兵部尚书阎鸣泰、原任工部尚书孙杰、原任建极殿大学士魏广微遭到了揭发与弹劾。

朱由检也虚怀纳谏，广泛听取了群臣的意见，并对这些人作了相应的处理。

对《三朝要典》的处理

同时，大明的文武大臣对魏忠贤主持编纂的史学巨著《三朝要典》也发动了攻击。

三月，新任南京兵部武选清吏司主事别如纶上疏朱由检，建议朱由检删除《三朝要典》的部分内容，遭到了朱由检的拒绝。

这倒不是朱由检认为删除《三朝要典》这部史学巨著的部分内容可惜了，而是认为这样做远远不够，最好是将《三朝要典》全部销毁了！

四月，翰林院侍读学士倪元璐上疏再次提及此事，并且建议朱由检销毁大明境内所有的《三朝要典》。倪元璐的建议正合朱由检的心意，朱由检二话没说，就欣然同意了倪元璐的建议！

让朱由检没有想到的是，他的主张居然遭到了许多大臣的反对。

翰林院侍讲学士孙之獬居然气势汹汹地跑到了内阁去大吵大闹，最后说到动情处居然泪水鼻涕哗啦啦地流个不停。

来宗道、霍维华也被孙之獬的举动感动了，他们都站出来全力支持翰林院侍讲学士孙之獬的主张。

当然这只是表面现象，还是有许多官员支持朱由检的，比如说都察院御史吴驳，朱由检毕竟是皇帝，他提出的主张无论是被其他人赞成还是反对，最后都还是要得到贯彻和执行的！

五月初十，朱由检下达谕旨，将皇史馆收藏的《三朝要典》全部予以销毁，并且还下令在全国各地开展销书运动。

魏忠贤主持编纂的，花费大量人力、物力、财力完成的《三朝要典》就这样从中国历史上彻底消失了。

民众的呼声

百姓对阉党的怒火让此时的昆山成为了一个巨大的火药桶，缺少的，只是一丝火星。

就在朱由检大刀阔斧、风风火火对付以魏忠贤为首的阉党的时候，昆山百姓也展开了声势浩大的铲除阉党分子的运动。

六月五日，顾秉谦家乡昆山的老百姓发动了声势浩大的倒阉活动，他们闯入了顾秉谦的府邸，并放火焚烧了顾秉谦的府邸，幸亏救援及时，不然顾秉谦辛苦了许多年才凑够钱建造的府邸就要付之一炬了！

昆山的老百姓放火焚烧顾秉谦的府邸以后，不但大摇大摆、若无其事地走出了顾秉谦的府邸，就连官兵、捕快的影子都没有看见一个，这更增添了昆山百姓的"嚣张"气焰。

七月十三日，昆山的百姓再一次聚集起来，冲进了顾秉谦的府邸，昆山的百姓经过上一次事件胆子变大了不少。上次是纵火焚烧房屋，这一次是用铁锤、斧子砸墙。

由于昆山的百姓团结一心、齐心协力，顾秉谦的府邸有许多房屋都被砸塌了。

然而顾秉谦的悲剧到此还没有结束。

七月二十四日，昆山百姓又一次冲进了顾秉谦的府邸。

这一次他们做得更过分，不但纵火焚烧顾府，而且还顺手牵羊，将顾府的财物洗劫一空。

到了这个时候，真怀疑昆山百姓到底是来打抱不平、伸张正义的，还是来落井下石、趁火打劫的。

昆山百姓做了这么多居然还嫌不够，还嚷嚷着要将顾秉谦那个阉党分子一脚踹进粪坑里，让他下辈子变成单细胞动物。

年过八十岁的顾秉谦在这个时候表现了惊人的爆发力，硬是躲过了昆山百姓的追捕，窜进了江边的一条小渔船躲藏，才保住了性命。

顾秉谦，就混了这么个落寞的结局。

群臣的敷衍

崇祯二年（公元 1629 年）正月十七日，朱由检召见了内阁首辅韩爌、礼部尚书兼东阁大学士李标、文渊阁大学士钱龙锡以及吏部尚书王永光、都察院左都御史曹于汴等人，要他们尽快确定阉党分子的黑名单。

虽然韩爌、李标、钱龙锡这些人都不想去做这个"吃力不讨好"、得罪人的任务，但是朱由检的话就是不容更改的圣旨，他们自然没有理由推辞，也许这就是所谓的"人在江湖，身不由己"吧！

韩爌、李标、钱龙锡等人第一次呈给朱由检阉党分子的黑名单只有四十五个人。当然，有四十五个人也很不错了，总比一个都没有好。

朱由检却不高兴了，魏忠贤当政期间，溜须拍马、阿谀奉承的官员不胜枚举，怎么可能只有四十五个人。

其实朱由检是只知其一，不知其二啊！魏忠贤当政期间，满朝文武大臣免不了要拍点马屁，如果连这都要算成阉党分子的话，恐怕满朝文武大臣中就没有人不是阉党分子了！朱由检这不是让人为难吗？可是为难也要去做啊，谁叫人家是皇帝而自己是臣子呢？

不久，韩爌、李标、钱龙锡等人再一次给朱由检呈上了阉党分子的黑名单，可是仍然"换汤不换药"，还是区区那几十个人。

朱由检这次不是生气，而是非常生气，都回去重新再查，直到查到我满意为止。

过了几天，朱由检召见了内阁大臣，当然朱由检这次召见了他们并不是询问他们确定阉党分子黑名单的进展情况，而是给了他们一些东西。

这些东西就是朱由校当皇帝期间，满朝文武大臣对魏忠贤歌功颂德的奏疏。

朱由检的要求也很简单，那就是叫内阁大臣们将这些奏疏整理出来，并且将上这些奏疏的大臣的名字写到阉党分子的黑名单上。

就是这样简单容易的事情却没有人做，内阁大臣在此时都表现了惊人的默契感，都找借口将这个工作给推辞了。

朱由检虽然是皇帝，但是有些事情也是不能够勉强的。

没有办法，朱由检只好将这个工作交给了吏部尚书王永光来操办。

内阁大臣聪明，王永光也不笨，他也知道这是一项"吃力不讨好"、得罪人的工作，也找借口拒绝了。

朱由检虽然很生气，但是又无可奈何。朱由检又找到刑部尚书乔允升。

这次朱由检高兴得心花朵朵开，两腿轻如燕，乔允升居然没有找理由来拒绝。

"钦定逆案"的最后一个环节就阴错阳差地落到乔允升的肩上。

"钦定逆案"名单

三月十九日，朱由检以谕旨形式公布了"钦定逆案"的黑名单。

为了使大家对"钦定逆案"的黑名单有个大致的了解，我还是将这份黑名单的大部分内容展示出来！

首恶两人：魏忠贤，客氏，明正典刑。

首逆同谋六人：崔呈秀，宁国公魏良卿，锦衣卫指挥使侯国兴，太监李永贞、李朝钦、刘若愚，按照"大逆"律减等，一律拟斩，其实这跟明正典刑也没有多大区别，反正都难逃一死！

刘若愚这个人运气比较好，由于他上过几天学，头脑灵活，又写得一手好文章，朱由检舍不得杀他，认为让刘若愚活着比让他死了更有价值，因此留下了他。

刘若愚也没有辜负朱由检的期望，在以后的岁月中头悬梁，锥刺骨，认真从事文学事业。他创作的《酌中志》流传到了现在，并成为研究阉党的重要史料来源！

交结近侍十九人：提督操江右佥都御史刘志选，太仆寺署事御史梁梦环、倪文焕，兵部尚书田吉，蓟辽总督、兵部尚书兼都察院右副都御史刘诏，太仆寺少卿孙如冽、曹钦程，大理寺副御史许云志，刑部尚书薛贞，工部尚书吴淳夫，左副都御史李夔龙，丰城侯李承祚，国子监生陆万龄，锦衣卫左都督田尔耕、锦衣卫都指挥佥事许显纯、锦衣卫都督同知崔应元、张体乾，锦衣卫右都督孙云鹤、锦衣卫佥事杨寰，按照"交结近侍奸党"律，一律论斩。

交结近侍次等十一人：内阁大学士魏广微，工部尚书徐大化，吏部尚书周应秋，兵部尚书霍维华，御史张纳，总督尚书阎鸣泰，太仆寺少卿李鲁生，右副都御史杨维垣，南京兵部右侍郎潘汝桢，昌平都督郭钦，孝陵太监李之才，

按照"交结近侍奸党"律减等，发配边疆充军。虽然惩处得比较严重，但是跟前面的人比起来已经算好的了，至少保全了身家性命，毕竟"活着比什么都重要"啊！

交结近侍又次等一百二十九人：这么多人，在此不一一罗列了。这一百二十九人也不是处以一样的惩罚，这就更加增添了统计的难度只能够简单地举几个例子：

例如：内阁大学士冯铨、顾秉谦、张瑞图、来宗道，户部尚书郭允原，工部尚书薛凤翔，太仆寺少卿李蕡，户部尚书张我续，工部尚书孙杰，延绥巡抚朱童蒙，工部尚书杨梦衮，都察院右副都御史李春茂，吏部尚书王绍徽，左都御史曹思诚，光禄寺卿阮大铖，漕运户部尚书李精白等人，被削籍。

又例如，内阁大学士黄立极、施凤来、杨景辰，吏部尚书房壮丽，督师辽东兵部尚书王之臣等人都被罢了官。

祠颂四十四人：这些人本人就不列举了，毕竟这些人所犯的罪行都比较轻，就给他们一次改过自新的机会吧！如果本人将他们的大名都罗列，这不是让他们臭名昭著、人见人恨嘛，这样做本人是不会安心的，毕竟古语有云"知错能改，善莫大焉"！

这仍旧不算完！

既然要给阉党来一场地震，索性就震得剧烈一些！

虽然因为"钦定逆案"而受到牵连的官员多达二百五十八人，但是朱由检还不满意，朱由检的最终目的是将阉党分子全面清除。

崇祯二年就是考察各地官员的一年，朱由检凭借这一点，大力打击残存的阉党分子。

太仆寺少卿、南京太仆寺少卿彭惟城，太常寺少卿韩一鸣，浙江巡抚、兵部尚书张延登，四川巡抚、右副都御史田仰，大理寺左寺丞谢启充，礼部郎中虞大复，吏部郎中周宗宏等人都被罢了官。

大明朝廷内的阉党分子被朱由检一扫而空，历时两年多整饬阉党的运动也暂告一段落了！

阉党覆没的那一刻，朱由检，已经脱胎换骨。

历史也翻开了新的一页！

朱由检终于有了实权。

枚卜阁臣

当然，朱由检当上皇帝以后，也并非只有铲除以魏忠贤为首的阉党这一件事情需要忙，他也有许多其他事情需要处理。这些事情中最重要的当然是提拔自己信任的官员。

天启七年（公元 1627 年）十二月二十三日，朱由检召集满朝文武大臣，命令他们推举能够进入内阁的大臣人选，以取代吏部尚书兼建极殿大学士顾秉谦、礼部尚书兼建极殿大学士黄立极、礼部尚书兼东阁大学士丁绍轼、礼部右侍郎兼东阁大学士冯铨、礼部尚书兼中极殿大学士施凤来、礼部尚书兼建极殿大学士张瑞图、吏部尚书兼建极殿大学士李国这七个人的职务。

好在大明地大物博、人才众多，要找几个有能力有才干的人，并不是什么难事。

没有用多长时间，满朝文武大臣就推荐出了十个文武双全、德才兼备的人才。

现在有十个人，而仅仅有七个人能够进入内阁，那没有其他办法了，只有进行筛选了！他们筛选的方式很简单直接，那就是抓阄。

朱由检在乾清宫召集了满朝文武大臣，之所以叫满朝文武大臣来，并没有其他什么意思，只不过是想让他们当个见证人，保证大赛的公平、公正、公开罢了！

朱由检先祭拜了苍天，对此我们也不用太过惊讶，我国奴隶社会和封建社会时期统治者需要办什么重大事情的时候，都需要祭拜苍天和祖宗，这是约定俗成的规矩，不管是谁都不能够轻易破坏！

朱由检命令贴身太监在御桌上摆设了毛笔、砚台和十张红纸，然后朱由

检将十位候选人的姓名依次写在了十张红纸上。随后将这十张红纸捏成纸团，放入御桌上的金瓶里，再用筷子去夹取纸团，只要哪个纸团被夹上来，姓名在纸团上的人就能够进入内阁，成为内阁大学士。

当然这毫无规律可循，全凭运气和天意。

抓阄抓出来的内阁

第一个被朱由检用筷子选中的是钱龙锡。

钱龙锡，字稚文，松江华亭（今上海）人。

万历三十五年（公元1607年）考中进士，被朝廷授予编修的职务。

由于钱龙锡表现良好，政绩突出，不久就被提拔为少詹事。

天启四年（公元1624年），钱龙锡升任礼部右侍郎，协理詹事府。

天启五年（公元1625年），钱龙锡又被改命为南京吏部右侍郎。

钱龙锡这个人疾恶如仇，绝对不可能与祸国殃民的乱臣贼子同流合污，遭到了魏忠贤的打压与迫害，被罢了官，一直待在松江华亭，过着归隐山林、闲云野鹤的生活，倒也落得个逍遥自在！

第二个被朱由检用筷子选中的是李标。

李标，字汝之，号建霞，河北高邑县李家庄人。

跟钱龙锡一样，都是在万历三十五年（公元1607年）考中的进士，被任命为翰林院庶吉士。

明光宗朱常洛当政期间，李标已经因为种种良好的表现被提拔为少詹事了！

朱由校成为大明最高统治者的时候，李标已经升任为礼部右侍郎，协理詹事府。

由于李标的老师越南星处处跟阉党作对，阉党非常记恨他，越南星也因此得到了进入《东林点将录》一书的资格。

李标生怕会遭到阉党的迫害，谎称自己有病，毅然辞去礼部右侍郎的职务。

朱由检运气实在不怎么好，第三个抽中的居然是隐藏在大明朝廷中的阴谋家与投机倒把分子，这个人是名副其实的阉党成员。

让阉党成员进入大明政府最高权力机关内阁有利于大明王朝发展吗？有利于大明百姓安居乐业吗？不利于！

所以说，朱由检抽中的这个人是在错误的时间，错误的地方，让一个错误的人去干了一件错误的事情。

他就是来宗道。

不过谁又会想到朱由检手气实在太差了，抽中一个阉党分子还不够，居然又抽中了一个阉党分子。

朱由检第四个抽中的居然是杨景辰。

杨景辰，字载甫，号侗孩，晋江二十六都芙蓉乡（今福建省泉州市晋江市罗山乡后洋村）人。

杨景辰虽然无恶不作、心狠手辣，但是这个人也有许多优点和长处，而他最大的优点和长处就是酷爱读书，刻苦学习。

"天道酬勤"，万历四十一年（公元1613年），杨景辰参加了全国统一考试会试，不费吹灰之力就考中了进士。

我国封建社会只要在科举考试中取得了好的成绩，榜上有名，都是要被授予一官半职的，不然也不会有人写下"十年寒窗无人问，一朝成名天下知"这样的诗句。

至于杨景辰考中进士的时候到底被授予什么官职，本人就不多说了。

杨景辰官至翰林时，由于他学穷天下、知古通今，被魏忠贤看中，让他担任《三朝要典》的副主编。

杨景辰不但没有拒绝，反而尽心尽力，将所有的心思和才学全部用在了编撰《三朝要典》这部史学巨著上。

当然杨景辰在编撰《三朝要典》的过程中也没有忘记对魏忠贤阿谀奉承、溜须拍马，写下了不少歌颂魏忠贤的奏折，把魏忠贤哄得心里比吃了蜜糖还甜。

魏忠贤也没有亏待杨景辰，没有用几年时间，杨景辰就被提拔为吏部右侍郎了！

接下来朱由检的手气就没有那么差了，抽中了周道登、刘鸿勋。这两个人能力怎么样，本人不知道，可是本人能够保证，他俩绝对不会是阉党分子。

周道登，苏州吴江（今江苏吴江）人，宋朝理学鼻祖周敦颐的后代。

周道登这个人也是刻苦学习、酷爱读书的典型。

万历二十六年（公元1598年），周道登在大明政府举办的全国统一考试

会试中一举成名，考中进士。

朝廷授予周道登少詹事的职务，官是小了点，可是只要他踏实肯干、兢兢业业还是很有发展前途的。

周道登是个聪明人，他自然比本人更明白这个道理。

周道登兢兢业业，努力做好自己的本职工作，深受领导的赏识。没用多长时间，就被领导提拔了。

朱由校当上皇帝以后，周道登已经是礼部左侍郎了。

如果周道登规规矩矩，不到处惹事，那么他的生活还是不错的，可是他偏偏就不是那种规规矩矩的人。

周道登最看不惯的就是以魏忠贤为首的阉党分子，可是他孤立无援、独木难支，唯一能够做的就是不与魏忠贤为首的阉党同流合污、狼狈为奸。于是周道登愤然辞官，回到家乡吴江过常乐生活，享坦然人生了。

天启五年（公元1625年）秋，朝中的文武大臣一致推荐让周道登担任礼部尚书一职。

魏忠贤不干了，他软磨硬泡，终于说服了朱由校，削了周道登的官籍。

朱由检用筷子夹起第七个纸团的时候，突然吹起了一阵阴风，将纸团吹飞了。

朱由检立刻命令众太监四处寻找，可是找了大半天都没有找到。

而这张纸条上的名字就是王祚远。

看来王祚远的运气实在霉到家了，眼看就能够进入内阁了，没有想到结果让一阵阴风坏了大事。

决定权就在朱由检手上，指谁就是谁！

朱由检经过阴风事件也没有继续选下去的闲情逸致了，指定韩爌进入内阁。

这就是史上著名的"枚卜阁臣"！

朱由检当上皇帝以后的新内阁初步形成，有人将钱龙锡、李标、来宗道、杨景辰、周道登、刘鸿勋、韩爌组成的内阁称为"新东林内阁"！

袁崇焕的复出

朱由检当上皇帝以后，除了处心积虑地对付以魏忠贤为首的阉党和确立自己的领导班子这些重要的内部事务需要处理之外，还有重要的外部事务需要认真对待，这就是辽东事务。

自从努尔哈赤病逝，皇太极成为汗王以后，辽东的局势就变得极其复杂：皇太极先派遣阿敏以及济尔哈朗等人率领八旗军队越过鸭绿江，征服朝鲜李氏王朝；后来皇太极又亲率八旗劲旅对锦州和宁远发动了进攻。

看来皇太极的野心并不比他父汗努尔哈赤小，如果大明再不采取有力的措施，恐怕整个辽东都将变成后金的领土。

大明晚期，名臣宿将已经是昨夜星辰，坠落得都差不多了，能解大明燃眉之急，剩下的唯一人选，也只有袁崇焕一人了。

袁崇焕的成绩，可圈可点，有目共睹，复出的事，那是顺理成章的。

天启七年（公元 1627 年）十一月十九日，朱由检重新起用袁崇焕，任命袁崇焕为都察院右副都御史兼兵部右侍郎。

看来朱由检是要铁了心要做一位中兴英主啊！

此时，袁崇焕并不在辽东前线，也不在北京城里，而在自己的家乡广东东莞。

此时的袁崇焕犹如笼中鸟，不得展翅高飞，但他始终在耐心等待出笼的那一天。

很幸运，袁崇焕成功了！

北京城距离广东东莞，路程岂止万里，再加上古时候交通运输条件比较差，恐怕朱由检的谕旨没有几个月的时间，是到不了袁崇焕的手上的！

兵部左侍郎吕纯如一看朱由检已经重新起用袁崇焕，立马上疏朱由检，极力推荐袁崇焕，并且在奏疏中指出袁崇焕具有的几大优点：

第一就是不贪生怕死。只有不贪生怕死的人才能够冲在士兵的最前面，起好带头作用，而士兵也才会听从他的指挥，统一行动。

第二就是不贪钱。只有不贪钱的人才能够恪尽职守、精忠报国，才不会被后金诱惑。

第三就是曾经打过两次大胜仗。袁崇焕曾经取得宁远战役和宁锦战役的巨大胜利，这在大明与后金的多次交锋中是绝无仅有的。

朱由检看了吕纯如的奏疏以后，坚信袁崇焕是值得托付重任的栋梁之材，仅仅授予袁崇焕都察院右副都御史兼兵部右侍郎的职务实在是大材小用。

虽然"士为知己者死，女为悦己者容"，但是人与人之间的关系说白了还是利益的关系。

朱由检对于这一点是深信不疑的。

朱由检决定再给袁崇焕一个意想不到的惊喜！

崇祯元年（公元 1628 年）四月初三，朱由检任命袁崇焕为兵部尚书兼都察院右副都御史，总督蓟、辽、登、莱、津等地的军务。

五年复辽

七月十四日，经过几个月长途跋涉、舟车劳顿的袁崇焕，终于抵达了北京城。

袁崇焕还没有来得及欣赏一下北京城的雄伟气派、繁荣昌盛，朱由检就迫不及待地在平台召见了袁崇焕。

朱由检这个人一向都不喜欢拐弯抹角、拖泥带水，一见到袁崇焕就说出了心里话："后金反抗大明，说来已经有十几年了，大明疆域不断被它蚕食，而辽东更是惨遭后金蹂躏，生灵涂炭，百姓流离失所，每次想到这里，朕心里就忐忑不安、有如刀割。如今爱卿不远万里从家乡应召前来，实在值得嘉奖，爱卿有什么平定辽东的策略，速速道来！"

袁崇焕这个家伙刚刚被升了官，尾巴都翘到天上去了，居然还没有等朱由检将话说完，就抢先发言道："如果皇帝能够给微臣方便，五年之内，东患可平，全辽可复！"

朱由检慷慨地表示："五年灭寇，便是方略，朕不惜封侯之赏，爱卿当努力以解天下倒悬！"

言语之中，表露无限的喜悦之情。

看来朱由检这个人还是个赏罚分明的人！只要有功，就能够得到嘉赏，有过就要受到处罚，可是嘴上说是一回事，怎么做又是另外一回事！

在一旁的内阁大臣韩爌、刘鸿勋、李标、钱龙锡等人一听袁崇焕这个家伙说"五年全辽可复"这六个字的时候心里都乐开了花。

可惜的是这些内阁大臣并不知道袁崇焕这个家伙其实并没有十足的把握收复辽东，他说的"五年全辽可复"不过是吹吹牛，说说大话罢了！

朱由检没有和袁崇焕谈多长时间就先进便殿休息去了，准备养足精神以后再和袁崇焕天南海北地神吹！

朱由检一走，兵科给事中许誉卿就迫不及待地询问袁崇焕要怎么样才能够做到"五年平辽"。

许誉卿询问了袁崇焕半天，袁崇焕就是不肯说。

可是当袁崇焕真的讲给许誉卿听以后，许誉卿气得差点就去跳楼了。

袁崇焕的回答只有四个字：聊慰上意。

天子无戏言，忠臣不妄对！袁崇焕你胆子也实在太大了吧，连朱由检都敢糊弄啊！

还好，袁崇焕遇到了许誉卿这样的好人，听了这话不但没有去向朱由检打小报告，而且忍不住提示："皇上英明神武，您还敢信口开河。如果五年之后您没有平定辽东，您想过后果吗？毕竟'伴君如伴虎'啊！"

袁崇焕一听许誉卿说的话句句在理，再一想到自己戏弄皇帝的事情，顿时吓得冷汗直流、双脚发软，马上思量起应对之策。

袁崇焕五年复辽的条件

当朱由检一从便殿走出来，袁崇焕就对朱由检说："辽东现在的状况是四十多年时间积累下来的结局，原本不容易了结，可是皇上励精图治、勤于政务，作为臣子的也兢兢业业、枕戈待旦，微臣一定尽心竭力，做到'五年平辽'，在这五年时间里，必须事事落实才能够成功。第一就是钱粮，第二就是武器。"

朱由检一心想收复辽东失地，自然会尽一切努力去满足袁崇焕的要求，袁崇焕刚刚把话说完，朱由检就一一交代了户部侍郎王家祯、工部侍郎张维枢，叫他们一定要将辽东的事情放在心上，保证辽东将士都有粮食吃，都有军饷领。

这是朱由检亲自吩咐的事情，王家祯和张维枢自然满口答应，至于这两位仁兄事后到底有没有落实，本人就不得而知了！

袁崇焕一看自己提出的要求朱由检连眉头都没有皱一下就答应了，于是越说越来劲儿，又提出了新的要求："五年这么长的时间，有很多事情是任何人都没有办法能够预料到的，吏部和兵部在用人的事情上必须让微臣顺心如意，得心应手，有带兵作战能力的人就用，没有带兵作战能力的人就坚决不用，真正做到'人尽其才，物尽其用'！"

朱由检还是连眉头都没有皱一下就交代吏部尚书王永光、兵部尚书王在晋要尽最大努力满足袁崇焕的要求。

看来收复失地的确是朱由检最大的梦想，不然他就不会一而再、再而三地满足袁崇焕的要求了！

见朱由检答应得这么爽快，袁崇焕觉得自己还可以继续提高要价。

袁崇焕表示："凭微臣的能力平定辽东绰绰有余，可是朝廷的文武大臣心里怎么想，嘴上怎么说，微臣却没有能力管，朝廷中有些忌功妒能的言官一定会用言语来中伤微臣，虽然这不至于牵制微臣的能力，但是足以扰乱微臣的内心！"

朱由检听袁崇焕这么一说，认为也是这个道理，正所谓"明枪易躲，暗箭难防"嘛。朱由检向袁崇焕信誓旦旦保证道："朕自有主持，爱卿不必为浮言介意！"

袁崇焕遇到了朱由检这样知人善任、赏罚分明的皇帝，顿时感动得泪流满面。

袁崇焕当即向朱由检许诺："微臣如果不能够马到成功，收复辽东失地，还有什么颜面再见圣上。"

不过袁崇焕对"五年复辽"的计划是否能够实现，心里也没有底，袁崇焕希望朱由检能够提出一些意见和看法，给自己上三保险。

袁崇焕话锋一转，说道："微臣才疏学浅、孤陋寡闻，还希望圣上能够给予微臣一些意见和指示！"

你要朱由检读读奏疏、签签字还可以，可你要朱由检跟你谈论带兵打仗那简直是对牛弹琴，毕竟朱由检对带兵打仗的事情是九窍通了八窍——一窍不通。

虽然朱由检衣角子扫死人，威风八面，但还是有自知之明，自己有几斤几两，他还是很清楚的。

朱由检说道："爱卿陈述得井井有条、头头是道，甚合朕意，爱卿就不必谦虚了！爱卿应该知道，过分的谦虚就是骄傲了！"

权力的顶峰

内阁大学士刘鸿训、钱龙锡一见朱由检对袁崇焕信任有加、言听计从，有意拉拢袁崇焕，毕竟多一个名义上的朋友总比多一个事实上的敌人要好得多吧！他们纷纷建议朱由检：给予袁崇焕便宜行事的权力，赐给袁崇焕尚方宝剑，将辽东的指挥大权全部集中于袁崇焕。

这样做无疑使袁崇焕成为了割据一方的土皇帝，可是朱由检还是一口答应了，并且和颜悦色、心平气和地祝愿袁崇焕："愿爱卿早日平定外寇，以纾四方苍生之困！"

与其说朱由检这是在祝愿袁崇焕，不如说是祝愿他自己，毕竟"早日平定外寇，以纾四方苍生之困"不仅是袁崇焕的梦想，更是朱由检的梦想。

可惜的是，这个梦想永远也只是个梦想，而不能够成为事实！

袁崇焕感动得现在都不知道说些什么了，只能够说些冠冕堂皇的话了："微臣一定遵照皇上的心意，早日了结辽东战局，宣扬皇上威德，消灭敌寇！"

这次面对面的交心谈心就这样愉快地结束了。

至少当时，大家是非常乐观的！不论是朱由检，还是袁崇焕都很满意，认为这是一次成功的谈话，预示着大明王朝光明美好壮丽的前景即将到来。

当然袁崇焕不会忘记恩师孙承宗是如何踌躇满志，又是如何功败垂成的，血的教训告诉袁崇焕，许多事情必须向朱由检说清楚。袁崇焕在离开北京城的时候再次上疏朱由检：

恢复之计，不外臣昔年以辽人守辽土，以辽土养辽人，守为正着，战为奇着，和为旁着之说，法在渐不在骤，在实不在虚，此臣与诸边臣所能为。

至用人之人，与为人用之人。皆皇上司其钥，何以人，而勿贰，信而勿

疑？盖驭边臣与廷臣异。军中可惊可疑者殊多。但当论成败之大局，不必摘一言一行之微瑕。事任既重，为怨实多，诸有利于封疆者，皆不利于此身者也，况图敌不急，敌亦从而间之，累以为边臣甚难。陛下爱臣之臣，臣何必过疑惧，但中有所危，不敢不言！

　　朱由检也没有让袁崇焕失望，不但答应了袁崇焕的请求，而且还送给了袁崇焕大量财物。

　　这优渥的承诺，看起来真是无条件地付出，没前提地信任，简直不要太美好！

　　为将如此，夫复何求。

　　一切都得到满足后，意气风发的袁崇焕再无牵挂与担忧，不久就离开了京师，前往"天下第一关"山海关！

毛皇私议

八月，袁崇焕带着无限热情和满腔抱负来到了"天下第一关"山海关。

此时袁崇焕的每一个眼神，每一个表情，每一个动作，无不昭示着这一句话：时隔多年，我胡汉三又回来啦！

早晚有一天，我要拿回辽东这片属于大明的土地！

事实上，情况并不像袁崇焕想象中的那么顺利。

袁崇焕正准备放开手脚大干一场的时候，辽东巡抚毕自肃毫不客气地泼来了一盆冷水，将袁崇焕彻底泼醒了。

毕自肃报告袁崇焕，宁远城驻军由于长时间没有领到军饷，吃不饱饭，引发了兵变，如果再不给他们发军饷，他们极有可能带着宁远城一起归附后金。

当然这也不能够怪驻守宁远城的明军将士，他们远离亲人，将身家性命系在裤腰带上，与后金作战，就是希望能够多挣一些钱，让亲人过上幸福快乐的生活，谁又能够想到，他们当上了兵不但领不到军饷寄给家里的亲人，就连自己也是吃了上顿没有下顿，他们当兵还有什么意思。

明军将士之所以聚众叛乱，就是希望要回他们辛辛苦苦挣的血汗钱，这又有什么错。

袁崇焕一得到宁远城聚众叛乱的消息以后，就上疏朱由检，恳请朱由检能够立刻命令户部尚书毕自严下发拖欠的八十万两白银的军饷，只要宁远城的士兵能够领到军饷，那么这场聚众叛乱就能够迅速烟消云散。

袁崇焕并不善良，他在上疏朱由检的同时，又率领数百名亲兵快马加鞭、星夜兼程地赶往宁远城，并以迅雷不及掩耳之势逮捕了聚众叛乱的领头人杨正朝、张思顺，真正做到了"射人先射马，擒贼先擒王"。

宁远城的聚众闹事没有用多长时间就被袁崇焕恩威并施的手段给化解了。

当然这对袁崇焕来说只是开始而不是结束。

袁崇焕接下来要做的事情就是将驻守辽东各大军事重镇的将领都换成他的人。

袁崇焕首先封蓟镇总兵赵率教为"平辽将军"，并将其调往山海关，出任山海关总兵。

可是原来的山海关总兵麻登云也不是什么好惹的角色，袁崇焕自然也应该给他找个合适的位置坐。

袁崇焕任命麻登云为蓟镇总兵，驻守蓟镇。

麻登云调过来调过去都还是总兵，官职根本就没有什么变化，自然也不会反对袁崇焕的决定。

随后袁崇焕将锦州的军政大权全部交到了亲信祖大寿的手中，并加封祖大寿为"征辽前锋将军"！

袁崇焕将自己第一次取得重大胜利的城池宁远城交由都督佥事何可纲来驻守，可见袁崇焕对何可纲的赏识与重用程度。

而原先驻守宁远城的总兵朱梅，袁崇焕对他的能力并不十分了解，对他的忠诚度也并不十分放心，袁崇焕二话不说，就将朱梅撤职了。

朱梅虽然心里极不服气，但是也无可奈何，只好收拾包袱回老家去游山玩水了，这对他来说也未尝不是件好事！正所谓"祸兮，福之所倚；福兮，祸之所伏"。

正当袁崇焕放开手脚准备大干一场的时候，又遇到了一件天大的麻烦事。

而给袁崇焕制造这件麻烦事的正是毛文龙。

毛文龙

这个毛文龙，到底是什么来历？

毛文龙，浙江仁和（今浙江省杭州市）人。努尔哈赤命令八旗精锐征讨朝鲜半岛，朝鲜李氏王朝自然不会是八旗军队的对手，他们马上派遣使者去请求大明救援。

大明虽然那个时候也处于水深火热之中，但还是派出了大量明军，远赴朝鲜半岛与八旗军队作战，很不幸，毛文龙也被任命为都司，随同明军进入

朝鲜半岛。

此时的明军已经是今非昔比，再也没有昔日进入朝鲜半岛援助李氏王朝抗击丰臣秀吉日本侵略军时那种人挡杀人、佛挡杀佛的强大气势了，被八旗军队打得落花流水，抱头鼠窜。

毛文龙在这个时候更是发扬了他"面对强敌，逃跑第一"的处事原则，脚底抹油，从朝鲜半岛逃回了辽东。

按说毛文龙的做官生涯也就到此结束了，没有被大明派出的锦衣卫抓回去，严加治罪，再拉到北京菜市口去把脑袋瓜子砍了，已经是毛文龙八辈子修来的福气了。

每一个人的成功都非偶然！

毛文龙将用实际行动告诉后人：出来混的，是生是死，要由自己决定！

努尔哈赤攻陷辽东众多军事重镇以后，毛文龙不但没有逃跑，反而从海路潜回了辽东沦陷区。

俗语有云"不入虎穴，焉得虎子"，毛文龙到辽东沦陷区不是来躲避锦衣卫追捕的，而是到这个地方来建功立业，实现自己远大抱负的，毕竟要想取得最大的效益，就要敢于承担最大的风险。

当然毛文龙这么做，还是有一定理由的！

最危险的地方，往往是最安全的地方，这就叫"灯下黑"，努尔哈赤他们也不会相信，毛文龙他们就隐身他们的眼皮底下。

原来是这样！

镇江（今辽宁省丹东市）游击佟养正，是努尔哈赤元妃哈哈纳扎青的堂弟，祖上有德，世代为官，家大业大，不差权和钱，性格目中无人，生活骄奢淫逸。

佟养正是个风月场的熟客，每天也没什么正事做，就知道留恋于秦楼楚馆、花街柳巷之间，过着花天酒地、醉生梦死的生活。

机遇总是留给有准备的人！

毛文龙抓住了这个千载难逢的机会，于天启元年（公元1621年）七月二十五日带着二百二十多个兄弟冲进妓院，将佟养正及其子佟丰年、其侄佟松年在内的六十多人全部生擒。

毛文龙牵着这些人犯找到了广宁巡抚王化贞。

毛文龙生擒活捉佟养正、佟丰年、佟松年这些大鱼，有幸成为了大明和

后金对抗以来第一位大有斩获的大功臣，这次胜利是应该载入史册的，毛文龙一战成名。

王化贞没有吝啬，直接提拔毛文龙为总兵。

你以为，毛文龙的辉煌人生，就此打住了！

这回，只是毛文龙试试水啊！

毛文龙越干越大，没有用几年时间，就由一个被朝廷通缉的逃兵变成了辽东的左都督，挂起了将军印。

虽然这比起王化贞和熊廷弼这些人来还有很大的差距，但是在辽东，毛文龙在黑白两道都吃得开，人脉广，面子大，轻易不敢有人招惹他！

毛文龙的确是一个很不一般的人，即使他当上了辽东的左都督，挂起了将军印，人人都对他投来欣赏羡慕的目光的时候，他也没有得势就膨胀，高傲得不知自己姓什么，恨不得用眼神秒杀所有比他地位低的人，而是继续保持他低调的作风，兢兢业业，如临深渊，如履薄冰，做好自己分内的事情。

这个世界是不会亏待老老实实做人、踏踏实实做事的人的，毛文龙凭着他吃苦耐劳、踏实肯干的本分，很快使得他的大名从偏远贫瘠的辽东迅速传播到了京师，就连朱由校也听说了毛文龙的英雄事迹。

朱由校虽然是个只知道做木工、不知道干正事的人，但也是个重视人才的人，既然他听说了有毛文龙这样的人才，那么自然不会轻易放过。

朱由校特意赏赐毛文龙尚方宝剑，命令毛文龙长期驻守皮岛，希望通过他牵制后金的部分兵力。

皮岛，也被人称为"东江"，位于登、莱之间的海域，方圆八十里，整个岛上不要说是粮食、水果，就算是野草都没有一棵，是名副其实鸟不下蛋、龟不靠岸的地方。

可我们也不要因此而小瞧皮岛，皮岛在大明晚期战略地位是相当重要的，当然这也取决于皮岛得天独厚的地理位置。

皮岛距离大明的疆域那是相当远的，而距离努尔哈赤的后金却是相当近的。皮岛的东北部毗邻朝鲜半岛，岛上的大多数居民来自河东地区，当然这也要归功于努尔哈赤！

空口无凭，举例为证。

天启元年（公元1621年），努尔哈赤率领八旗精锐攻陷河东地区，使得河东地区的百姓妻离子散、无家可归，而辽东的大明守将害怕努尔哈赤偷袭，坚决不肯打开城门接纳这些百姓，这些百姓走投无路，最后只好流落到皮岛避难。

毛文龙驻守此岛，不怕召集不到士兵，这个世界上只要有钱就能够办很多事情，也就是说金钱虽然不是万能的，但是没有金钱是万万不能的。

毛文龙现在手上有钱又有粮，皮岛上穷得连饭都吃不起的人自然都愿意跟着毛文龙干。

毛文龙没有用几个月的时间，就由起初的几百人，变成了现在的数万人。

毛文龙跟袁崇焕一样，也知道光有人是不行的，还需要有兵器，没有兵器的士兵就好比没有牙齿的老虎，根本就不可能对敌人构成威胁。

毛文龙出重金从辽东挖掘过来大批优秀的工匠，开始没日没夜地铸造战船、火炮，并且还分出部分兵力驻守登州，与皮岛遥相呼应，构成夹击之势。

毛文龙就在这个小小的海岛上实施起了他的远大理想与雄伟抱负。

天启四年（公元 1624 年）五月，毛文龙派遣将领率领着几百人的部队长途跋涉、翻山越岭，渡过鸭绿江，翻越长白山去偷袭后金。

明军经过这样的折腾，到达后金境内的时候，都已经累得满头大汗，腰酸背疼，只有出的气，没有进的气了，哪里还有什么战斗力，自然是被八旗军队给生吞活剥了。

同年八月，毛文龙又派遣军队从义州城出发，渡过鸭绿江，打算前往皮岛屯田，结果阴错阳差地被八旗军队发现了，八旗军队在半路埋伏袭击，明军死伤五百多人，连携带的粮食种子也被八旗军队一把大火烧成了灰烬。

看来毛文龙也的确不是带兵打仗的料啊！

按理说，毛文龙遭遇了这么多次失败，应该规规矩矩、老老实实了，可是奇怪的是，毛文龙根本就不是什么循规蹈矩的人。

为了达到自己的目的，毛文龙从来都不会放弃，真的做到了"不见棺材不掉泪，不到黄河不死心，不撞南墙不回头"！

天启五年（公元 1625 年）八月，毛文龙又派遣军队袭击耀州附近的官屯察，结果被八旗军队杀得干干净净，连几个喘气的活口都没留下。

天启六年（公元 1626 年）五月，毛文龙又派遣军队偷袭八旗军队驻守的鞍山驿，又损失了一千多明军。

可是没有过几天时间、毛文龙又派遣军队偷袭撒尔河，袭击南城，又被八旗军队打退。

毛文龙虽然每次派出去偷袭后金的军队最后都被八旗军队打得落花流水、抱头鼠窜，但是这也搞得努尔哈赤焦头烂额、寝食难安。

八旗军队也是被毛文龙那家伙折磨得吃不下饭，睡不着觉，天天都在思考毛文龙下一次会去偷袭后金的什么地方。

努尔哈赤是后金大汗，女真人心目中的大英雄，自然比其他人更要郁闷，为了这个问题，努尔哈赤把头都搞大了，也没有想出什么两全其美的好办法。

努尔哈赤训练的八旗军队都是神勇无畏、敌强愈强的好手，在陆地上很难找到对手，可是毛文龙成天躲在远离陆地的皮岛上，女真人生产技术又比较落后，根本就造不出大型的战船，总不可能游过去吧，努尔哈赤这个军事家也只能够对着皮岛望洋兴叹了！

毛文龙也知道这一点，所以他才有胆子屡次派遣部下去攻打后金，虽然八旗军队骁勇善战，所向披靡，但是又不是自己亲自去，就算被发现了，也奈何不了自己。

反正毛文龙有的是士兵，今天派遣几个人去偷袭一下，明天又派遣几个人去袭击几下，就不信占不到便宜。

而毛文龙自己则天天坐在皮岛上的沙滩晒晒太阳，有闲心的时候还要去游游泳、钓钓鱼，日子过得岂止一个"逍遥快活"能够形容的。

当然毛文龙也不能够光知道玩，皮岛上还住着几万人呢！皮岛又不产粮食，也没有什么收入，毛文龙老兄只好干起了老本行，那就是做生意。

毛文龙骨子里涌动着的，都是商人的基因，天生就会打算盘珠子，是一块做生意的好料。

毛文龙做生意可不仅仅是放在国内的市场哦，毛文龙早就看出国外市场这块能够赚取巨额利润的风水宝地。

毛文龙从大明境内低价收购茶叶、丝绸、瓷器等中国的特有产品，转卖到朝鲜半岛和日本，赚取了大量的外汇收入。

据说毛文龙还将大量的军用物资卖给了后金，赚了女真人不少钱。

看来毛文龙更像一个生意人，明白比较优势理论，还懂得互通有无！

毛文龙做生意可不像其他商人做生意那样，大明还要收取重税，贪官污吏也没有忘记敲诈勒索一把，到头来赚的钱是少之又少，而毛文龙老兄做生意根本就没有缴税这个概念。

皮岛上就是毛文龙官职最大，哪个见钱眼开、不贪生怕死的官员敢来敲诈勒索，就准备到阴曹地府敲诈勒索阎罗王了！

毛文龙做生意所得的利润非常大，每天都有不少银子进账。

有了银子就不怕没有人为他尽心尽力地办事，在其他将领手上当兵，不但要出生入死、浴血奋战，而且还经常被克扣军饷，而在毛文龙手上当兵情况就大大的不同了，不但有高额工军饷领，而且还能够每天吃香的喝辣的。

就是打仗也非常具有创意，人家打仗是倾巢出动、声势浩大，而毛文龙打仗则是实行抽签制度，每次都只抽取几百人或者是几千人去打仗。有这样好的统帅，自然所有人都愿意在他手上做事，据说前往皮岛当兵的人把沿海地区的船只都抢购一空了，有些没有抢到船只的仁兄，干脆跳进大海中游过去了！

毛文龙刚去皮岛的时候，只有几百人，现在都有数万人了，看来出现这种情况也不是没有原因的！

毛文龙的势力如此强大，自然不可小觑，努尔哈赤率领八旗军队去大明抢劫的时候都会出现一个非常奇怪的现象，那就是走在后面的八旗士兵都不时朝屁股后面张望，生怕毛文龙派遣的军队会突然出现在他们的屁股后面。八旗军队长期处于惊慌失措之中，看什么事情都是风声鹤唳、草木皆兵，这严重影响到了八旗军队工作的效率。

毛文龙对后金的影响如此恶劣，这自然是大明愿意看到的，也是朱由校愿意看到的。

大明非常看重毛文龙，不但升了他的官，而且还赏赐给他尚方宝剑，希望他能够再接再厉，继续扰乱后金，为大明创造进攻努尔哈赤的最佳机会。

看透一切的毛文龙

八月，毛文龙的下属王子登跑到辽东地区袁崇焕的驻地拜访了袁崇焕，并且给袁崇焕带来了一条惊天地、泣鬼神的消息。

这条消息就是毛文龙私自与皇太极往来，有变节背叛大明的迹象。

这件事情并不是无中生有，也不是空穴来风，更不会是无风起浪。

事情是这样的：

明军取得宁锦战役的巨大胜利以后，大明政府扬眉吐气，大明百姓举国欢庆，而取得宁锦战役巨大胜利的大功臣袁崇焕却遭到了以魏忠贤为首的阉党的攻击。

阉党成员在魏忠贤的指使下，上疏弹劾袁崇焕，当然都是一些莫须有的罪名，什么"援锦不力，暮气难鼓"啊，什么"轻遣李喇，动出非常，茫无实效"啊！

聪明人一眼就能够看出这是"欲加之罪，何患无辞"，可是朱由校并不是聪明人，他看了奏疏以后，马上就撤销了袁崇焕的一切职务，打发他回老家养老去了。

而当时以魏忠贤为首的阉党却在大明翻手为云覆手为雨，虽然朱由检继位以后，以迅雷不及掩耳之势铲除了以魏忠贤为首的阉党，朝野为之一振，但是大明经过朱翊钧、朱由校几代昏君的经营，已经积重难返，大厦将倾。

可怕的是，毛文龙清醒地认识到了这一点，为了自己将来的发展，为了皮岛上数万将士的未来，毛文龙决定狠下决心，秘密派遣使臣前往盛京（今沈阳）觐见皇太极，就算不能够投降后金，也改善改善自己与后金的敌对关系！

毛皇私议

崇祯元年（公元 1628 年）正月，毛文龙的使者带着毛文龙的亲笔书函抵达了盛京。

在书函中毛文龙回顾了大明与后金从前和平相处、友好往来的友好关系，并指出了如今大明与后金连年征战的原因所在，那就是大明政府中的部分文武大臣没有分清形势，对后金抱有敌视态度，最后毛文龙希望"今两国与其互为捍御，讫无终期。何若共谋和好共享太平之策"。

真看不出来毛文龙不过是一介武夫，居然文学功底也不差，写的书函条理清晰，层次分明，有理有据，真是"人不可貌相，海水不可斗量"啊！

毛文龙居然主动派遣使者前来与后金议和，皇太极真想抱着祖宗的牌位大哭一场。皇太极当时表现得这么反常，一点也不奇怪，毛文龙归附了后金，后金就可以解除后顾之忧，将精力全部放在对付大明上。

皇太极不会忘记天启七年自己亲率八旗精锐攻打宁远、锦州的时候，毛文龙趁后金后方兵力空虚，偷袭后金军事重镇昌城和东京，给后金带来了不可估量的物质损失，给八旗将士增添了沉重的精神压力。

五月初三，皇太极派遣阔科等五位使臣抵达东江，这个时候户部的官员正在东江给毛文龙的军队散发粮食，阔科等五人长这么大，还是头一次到东江这种地方来出差，再加上又没有人接引，他们就这样误打误撞、大摇大摆地闯进了户部官员的营帐。

派往东江的户部官员虽然官职不大，能力不强，但是汉人和女真人还是分辨得出来的，如今一看女真人主动送上门来，也没有客气，照单全收，将阔科等五位使臣全部押送到了北京城。

消息传回盛京以后，皇太极很生气，立刻下令停止与毛文龙的议和事宜。

而此时毛文龙也如热锅上的蚂蚁，急得团团转，如果阔科这五人是天生的软骨头，还没有动用酷刑，就一五一十地交代了自己与皇太极来往的情况，那么不但自己的身家性命、荣华富贵保不住，恐怕还要满门抄斩、诛灭九族啊！

毛文龙在阔科等人被抓的当夜就派遣人赶往北京城，向处理阔科这件事情的文武大臣贿赂了四万两白银，正所谓"有钱能使鬼推磨"，这件事情隐瞒住了，阔科等人也保住了身家性命，可是阔科等人被囚禁在大明境内，再也没有机会返回后金了。这些文武大臣虽然贪财好色，但是他们也贪生怕死，这已经是他们的底线了。

毛文龙又赶紧写了一封信，派遣使臣送给皇太极，向皇太极解释了阔科等五人之所以会落得如今的下场，全部是他们咎由自取，与他人无关，自己最多承担点接待不周的责任。

皇太极根本就不听毛文龙的解释，坚决要求毛文龙将阔科等五人送回后金以后再议和，毛文龙根本就没有胆子也没有能力救出阔科这五人，毛文龙与皇太极的议和就此中断。

袁崇焕听了王子登的告发以后，顿时气不打一处来，恨不得将毛文龙丢进苍蝇飞舞、蛆虫遍地的垃圾场，让他头顶生疮、脚底流脓，随着这些垃圾一起腐烂消失，可是袁崇焕不能够这么做，他不能够因小失大，也不能够为了局部利益而放弃整体利益。

袁崇焕决定再给毛文龙一次改过自新的机会，毕竟"人非圣贤，孰能无过"！

毛文龙之死

　　当然本人说袁崇焕打算给毛文龙一次改过自新、重新做人的机会，不过是说些冠冕堂皇、无关紧要的话，来缓和缓和气氛罢了，其实袁崇焕早就看毛文龙不顺眼了。

　　毛文龙这个人好事做尽、坏事做绝，他谎报军功，骗取朝廷的奖赏，并且用大量的奇珍异宝去贿赂朝中要员，以袁崇焕大公无私、清正严明的秉性，早就想用长矛将毛文龙捅成一颗冰糖葫芦，然后拿去喂狗，可是为了大明江山，为了大明百姓，袁崇焕暂时不能够这么做。

　　原因很简单也很明显，那就是毛文龙驻守的是皮岛而不是其他地方，再加上朝中大部分文武大臣都收受了毛文龙的贿赂，正所谓"拿人手软，吃人嘴短"，恐怕袁崇焕想铲除毛文龙的消息还没有上报到朱由检那里，就先有人给毛文龙通风报信了。如果毛文龙狗急跳墙，率领皮岛上的数万明军归附了后金，这对大明来说，是有百害而无一利的！

　　袁崇焕决定先一步步削弱毛文龙的实力，最后再一口吃掉他。

　　崇祯二年（公元 1629 年）三月，袁崇焕上疏朱由检，请求在宁远城设立东江（皮岛）饷司，改由觉华岛转运辽东明军的粮饷，并且禁止登州、蓬莱的商船直接前往东江。

　　明眼人一看这封奏疏，就知道袁崇焕这么做是"醉翁之意不在酒"。皮岛明军的主要经济来源就是与周边国家展开贸易，赚取大量外汇收入。禁止登州、蓬莱的商船前往东江，也就相当于禁止了东江与周边国家之间的贸易往来，这无异于断绝了皮岛明军的经济来源，袁崇焕这一招实在是高啊！

　　毛文龙能够混这么久，全凭三样东西：够狠、义气、兄弟多！

袁崇焕的奏疏刚刚送到朱由检手中，毛文龙就得知了消息。

袁崇焕，既然你对我不仁，那么就不要怪我对你不义了哦！毛文龙也赶紧写了封奏疏，派遣下属马不停蹄、日夜兼程地送往北京。

如今朱由检既需要袁崇焕，用他来实现"五年复辽"的梦想，也需要毛文龙去挖后金的墙脚，自然是谁都不愿意得罪。

于是至高无上、无所不能的朱由检也采取了"和稀泥"的战略战术，既不同意袁崇焕的请求，也不反对毛文龙的观点，这件事情就这样被拖延着。

袁崇焕实在不是什么好惹的角色，既然在朱由检那里得不到答案，不如干脆去找做这件事情的主角毛文龙商议洽谈，也许这样更容易解决这个问题。

不识抬举的毛文龙

五月二十八日，袁崇焕亲率数百名将士抵达东江所属岛屿之一的双岛，并且派遣下属致书毛文龙，希望毛文龙能够前来双岛与自己商量国事。

毛文龙虽然是一介武夫，但是他也清楚地知道袁崇焕对自己的敌视态度，恐怕袁崇焕请自己去双岛商讨国事是在摆鸿门宴啊！

不过袁崇焕是自己的领导，如果自己不去，恐怕会成为袁崇焕讨伐自己的借口吧！

经过反复思考，权衡利弊，毛文龙最终还是率领了三千五百七十五名将士前往双岛拜访袁崇焕，这简直比当年汉高祖刘邦赴鸿门宴的排场还要大！

这一去，毛文龙也就彻底玩完了！

毛文龙作为袁崇焕的部属，见到领导袁崇焕，自然也应该有所表示，毛文龙刚抵达双岛，鞍马劳顿，腰酸背痛，还没有来得及休息一下，就马上派人给领导袁崇焕送去了三封礼帖，并亲自张罗了三桌饭菜，准备为袁崇焕接风洗尘。

虽然袁崇焕对毛文龙那个家伙恨之入骨，但是那个家伙的面子现在还是要给的。俗话说"不看僧面看佛面"嘛，不看毛文龙的面子也要看在那三桌珍馐美味、玉露琼浆的分儿上！人跟谁过不去，也不能够跟自己的肚子过不去！

袁崇焕欣然接受了毛文龙的邀请，率领随行的官员空着肚子大摇大摆、若无其事地去赴宴了。

在酒宴上，袁崇焕开门见山、直奔主题地说道："辽东，只有本部院与贵镇两人了。我们必须同甘共苦、团结一心，才能够稳定辽东的局势啊！本部院不顾艰难险阻，不怕长途跋涉，来到这里，就是想和贵镇商议对付后金的办法与策略，军国大事，就在此一举，本部院有一剂良药，不知道患者愿不愿意服用此药啊？"

毛文龙由于今天实在太高兴了，早就喝得东倒西歪、烂醉如泥了，哪里还听得出袁崇焕话里暗含的杀机。

毛文龙此时此刻早就把袁崇焕当成同甘共苦、患难与共的兄弟和朋友了，自然是"推心置腹"地说道："文龙在海外已经有八年了，虽然资质平庸、才疏学浅，但也是兢兢业业，精忠报国，立了不少战功！可是由于朝廷中奸臣当道，小人得志，刻意弹劾与毁谤我，致使钱粮缺乏，又没有多少兵器和马匹，我也是心有余而力不足啊！如果将军能够赠予我这些物品，要帮助将军成就'五年复辽'的远大抱负，也不是什么难事！"

袁崇焕一听虽然毛文龙这个家伙得了五谷想六谷，有了肉吃嫌豆腐——欲无止境，又爱说大话吹牛皮，但的确是有心帮助自己，于是决定饶毛文龙不死，因此二人把酒言欢，喝得大醉而归。

毛文龙再次让袁崇焕失望了，这个家伙喝了酒与没有喝酒的态度简直是三百六十度大转弯啊！

从六月初一到六月初四，袁崇焕一直苦口婆心、不厌其烦地劝说毛文龙答应设饷宁远、更定营制、增设监司的要求。

毛文龙是吃了秤砣——铁了心，无论袁崇焕怎么说，毛文龙的反应都一样，那就是死活不答应。

困难不小啊！

袁崇焕碰了一鼻子灰，心里的不爽当然是可以想象的。

袁崇焕决定好好收拾一下这个和尚撑伞无法无天的毛文龙。

袁崇焕打算将毛文龙变成死人，只有死人才不会反对自己的主张与看法！

自寻死路

六月初五，袁崇焕命令随身携带的百余名亲兵全部登上岛屿，排着整齐的队列，同时邀请毛文龙的三千五百七十五名将士与他们一起参加"两军联欢"

活动。

毛文龙认为，反正又不要自己出钱也不要自己出力，又可以讨好自己的领导袁崇焕，这样的好事傻子才不干呢！

事实告诉我们，任何事情都不能够只看表面，而应该透过现象看本质，其实这件事情也只有傻子才会去做，毫无疑问，毛文龙就是那个傻子！

袁崇焕利用这次"两军联欢"活动，对毛文龙的部下好言抚慰，并且赏赐每位军官三到五两银子，每位士兵一枚小钱。

钱不在多，心意到了就行，毛文龙的部下与士兵得了袁崇焕的好处，自然对袁崇焕心存好感甚至感激涕零了。

袁崇焕通过这一措施分化瓦解了毛文龙的阵营，减少了逮捕毛文龙的阻力。

而毛文龙那个傻子看到这一切，不但没有恐惧与担忧，反而感到高兴与快乐，这跟傻子挨了闷棍，还不知道它是闷棍没什么两样！

毛文龙仍然在作死道路上乐此不疲，说了一句让袁崇焕对他痛下杀手的话："这些士兵大多数是在下的儿子与孙子！"

袁崇焕突然话锋一转，满脸怒容地说道："昨与贵镇相商，必欲解银自往登莱粜买，又必移镇；定营制分旅顺东西节制，并设道核稽国家所费。查兵马钱粮，俱不见允，终不然只管混账，国家费许多钱粮，要这东江何用？本部院披肝沥胆，为你说了三日，只道你回头是岸，也还不迟。哪晓得你狼子野心，总是一片欺诳到底。你目中无本部院犹可，方今天子英武天纵，国法岂容得你！"

袁崇焕话音刚落，袁崇焕身旁的亲兵立马一拥而上，七手八脚地将毛文龙按倒在地，捆了起来，思路之清晰，动作之熟练，配合之紧密，绝对事前操练演习过无数次。

此时谁敢替毛文龙说话，就会立刻成为袁崇焕的死敌。

毛文龙的三千多名亲兵直接施展枯木神功，把身体和脚下的土地化作了一体，眼观鼻，鼻观心，不言不动，不声不息，恨不得袁崇焕将他们看得比屁都还轻，完全忽略他们的存在，"人情冷暖，世态炎凉"可见一斑。

毛文龙也是个"打肿脸充胖子，倒驴不倒架"的人，被捆绑起来了居然还不老实，口口声声说自己没有错！

袁崇焕可是个珍惜时间，视时间如生命的人，自然不会在毛文龙这个将死的人身上浪费太多的时间。

袁崇焕二话不说，就当着双岛上数千明军的面宣读了毛文龙的十二大罪状：

一、祖制：大将在外，必命文臣监，尔专制一方，兵马钱粮，不受核；

二、人臣之罪，莫大欺君，尔奏报尽欺罔，杀降人难民冒功；

三、人臣无将，将则必诛，尔奏有"牧马登州，取南京如反掌"语，大逆不道；

四、每岁饷银数十万，不以给兵，月止散米三斗有半，侵盗军粮；

五、擅开马市于皮岛，私通外番；

六、部众数千人，悉冒己姓，副将以下，滥给札付，走卒舆夫尽金绯；

七、自宁远还，剽掠商船，自为盗贼；

八、强取民间子女，不知纪极，部下效尤，人不安室；

九、驱难民远窃人参，不从则饿死，岛上白骨如莽；

十、辇金京师，拜魏忠贤为父，塑冕旒像于岛中；

十一、铁山之败，丧军无算，掩败为功；

十二、开镇八年，不能复寸土，观望养敌。

毛文龙一开始还大声狡辩、强词夺理，可是听袁崇焕陈述了他的十二大罪状以后，顿时吓得魂飞魄散，只是不停地叩头求饶：我错了！我错了！

看来袁崇焕陈述毛文龙的十二条罪状都是条条属实，并没有一条罪状冤枉了他，否则以毛文龙的脾气和性格，骂街，各种威胁式的垃圾话早就喷出来了！

袁崇焕来到东江的目的就是处死毛文龙的，自然不会轻易被毛文龙的几滴眼泪感动。

袁崇焕宣读完毛文龙的十二大罪状以后，马上请出朱由检赏赐给他的尚方宝剑，将毛文龙的脑袋瓜子削下来。

袁崇焕的善后措施

袁崇焕在双岛的亲兵不过一百多人，而毛文龙的部下多达三千人，如果袁崇焕要将这三千多人全部处罚，恐怕还没有处罚他们，袁崇焕和他的一百多名亲兵就先被乱刀砍死了。再说了，处死双岛上毛文龙的部下无论是对袁崇焕还是对大明都是有百害而无一利的，这种"亲者痛仇者快"的事情袁崇焕自然不会去做的。

袁崇焕刚刚处死毛文龙，就大声地宣布："今日本部院处死毛文龙也是迫不得已，是为安慰海外的兵民，跟你们没有任何关系，你们照旧供职，报效朝廷！"

众人一听跟自己没有一点关系，仍然可以在皮岛上吃香的、喝辣的，花天酒地、醉生梦死，自然是喜出望外，至于毛文龙死没死，跟自己又有多大关系呢？

袁崇焕一看处死毛文龙并没有引起东江将士的普遍不满，于是改编东江军队，分出四协，由毛文龙的儿子毛永禄、参将徐敷奏、游击刘兴祚、副将陈继盛统辖，皮岛的军政大事则全部交由陈继盛代为处理。

杀其父而任其子，按常理来说，这不是宽容冒险，而是愚蠢找死。

袁崇焕在东江埋了一颗威力巨大的定时炸弹，不知道什么时候这颗炸弹就会被点燃引信，引起爆炸，炸出滔天巨浪。

当然那都是袁崇焕死后的事了，用不着袁崇焕操心。

为了进一步安抚东江将士，袁崇焕将东江的粮饷增至十八万石。

袁崇焕这种先用大棒砸毛文龙，再用胡萝卜喂东江将士，恩威并施的手段，在一定程度上控制了东江事态的进一步恶化。

六月初六，袁崇焕为毛文龙举行了隆重的葬礼，袁崇焕还在毛文龙的葬礼上说了一句特别经典的台词：昨日处死你，是朝廷的大法；今日祭奠你，是你我的恩情。

毛文龙虽然死了，但是袁崇焕仍然可以用毛文龙来拉拢人心，看来袁崇焕笼络人心的技术已经达到了炉火纯青、登峰造极的程度！

六月初九，袁崇焕离开双岛，经旅顺口，抵达宁远城。

袁崇焕也知道私自斩杀毛文龙这件事情是大事，如果不上报朝廷，后果不堪设想。

袁崇焕连夜上疏朝廷，详细阐述了斩杀毛文龙这件事情的经过。

朱由检对于袁崇焕不经请示，私自斩杀毛文龙这件事情颇为不满，可是

也无可奈何，总不可能为了毛文龙这个死人，而得罪还活着的袁崇焕吧！这无论是对大明还是对朱由检都没有任何好处。

没有好处的事情，朱由检是不会去做的。

朱由检马上颁发圣旨，大力褒奖了袁崇焕，并且要求袁崇焕公布毛文龙的罪状。

对袁崇焕亲切得令人发指，和蔼得让人哆嗦。

如果某位统帅瞒着帝王，自作主张斩杀了某位镇守边关的将领，帝王知道后，不仅没有惩罚，而是褒奖，那么基本上可以提前为这个人举行葬礼了。

可悲的是，袁崇焕此时的状况跟这个现象就像从一个模子里刻出来的一样，看样子不出几年，袁崇焕就会为此付出惨重的代价。

西征察哈尔

作为袁崇焕最大的对手，后金的汗王皇太极这段时间在干什么呢？

他也没有闲着，做出了不少成绩！

皇太极的政治联姻

天启七年（公元 1627）十二月，皇太极将莽古尔泰的妹妹哈达公主莽古济嫁给了敖汉部落的琐诺木杜棱。

皇太极可不管莽古济到底喜不喜欢琐诺木杜棱，只要对后金有益，只要对爱新觉罗家族有利，皇太极都会毫不犹豫地去做。

再说了，莽古济是莽古尔泰的亲妹妹，又不是自己的亲妹妹，将她嫁给谁，跟自己又有多大关系呢？

崇祯元年（公元 1628 年）正月，皇太极将贝勒岳托十四岁的女儿嫁给了科尔沁寨桑台吉第四子满朱习礼。

这件事情皇太极就更不用放在心上了，莽古济好歹也是皇太极同父异母的妹妹，跟他还有兄妹关系，可是岳托的女儿是代善的孙女，也就是皇太极的侄孙女，无论将她嫁给谁，皇太极都连眉头都不会皱一下。

当然皇太极从来都不会做亏本买卖，即使婚姻这种事情也一样。既然皇太极将两个亲戚嫁到了蒙古高原各部落，那么理所当然，皇太极也应该从蒙古高原各部落娶两个女人回来，这才符合皇太极为人处事的原则。

六月，科尔沁土谢图汗奥巴将女儿嫁给了代善第四子瓦克达。

代善嫁出去了一个孙女，也得到了一个儿媳妇，还是不吃亏！这简直是亲上加亲，以后办事也方便嘛！

九月，科尔沁明安台吉又将女儿送去盛京与皇太极的十五弟多铎完婚。

此时的多铎刚好十五岁，可是在我国奴隶社会和封建社会时期，这种年龄结婚生子不算太早也不算太晚！

西征察哈尔

崇祯元年（公元1628年）二月初一，喀喇沁首领塔布囊、杜陵古英、多塔依衮济、诺干达拉等人纷纷派遣使臣前往盛京觐见皇太极，希望后金能够与喀喇沁缔结军事同盟，共同出兵讨伐察哈尔！

察哈尔最近一段时间，活动猖獗，大有死灰复燃、卷土重来的架势！

皇太极早就想出兵讨伐察哈尔了，只不过找不到机会。

塔布囊、杜陵古英、多塔依衮济、诺干达拉，你们这样确实很适合做盟友，你们真是帮我大忙了！

如今既然喀喇沁要求后金出兵对付察哈尔，那么皇太极就恭敬不如从命了。

皇太极迫不及待地派遣使臣前往蒙古高原拜会喀喇沁首领，商议共同出兵讨伐察哈尔的事情。

谁知道事情的发展，并不如皇太极想象的那般顺风顺水！

难道要眼睁睁地看着他们经过这里，然后我们还给他们端茶送水，顺便挥舞彩旗大声喊辛苦了吗？

那不成了假道伐虢了！

多罗特部落首领多尔济哈坦这火暴脾气，怎么可能忍得住？

多尔济哈坦派出精锐骑兵，拦截后金派往喀喇沁的使臣。

虽然八旗军队实力很强，素有"东方不败"之称，但是八旗军队并不是天兵天将，并不能够以一当百，以十当千，其结局可想而知，东方不败成了东方必败，而且败得很惨，使臣全部被多罗特骑兵乱刀砍死，尸骨无存。

阻击，这是一场赤裸裸的阻击！

可怜的皇太极还以为自己这么久没有收到回信是由于使臣迷了路，又派遣了一批使臣前往喀喇沁。

多尔济哈坦觉得很来劲，没有想到自己刚刚斩杀了送上门来的肥羊，又跑来了一只肥羊。

多尔济哈坦还是毫不犹豫地派遣精锐骑兵将这些送上门来的肥羊给宰杀了。

多尔济哈坦只图砍得痛快，杀得高兴，至于砍杀了以后会有什么样的后果，那是丝毫都没有想过的！

正所谓"可一、可二、不可三"，皇太极很快就明白了其中的道理，气得脸都绿了。

皇太极是一个骄傲的人，哪能受得了这个？怎么可能容忍这样的行为！

皇太极马上从各地抽调八旗精锐，由他亲自统率，前往讨伐多罗特。

一定要速战速决，速决方能速胜！

二月十五日，皇太极亲率的八旗军队在敖木伦就像冲天而起、人间罕至的龙卷风，将多罗特骑兵毫不留情、绝无顾忌地卷起绞杀。

多尔济哈坦虽然受了重伤，但是逃跑的天赋还是有的，居然逃过了八旗军队的追击。

当然，并不是所有的多罗特部众都有他们首领多尔济哈坦那么好的运气，有些跑得慢、跑不动的自然成为了八旗军队的俘虏，而这类人并不少，多达一万一千二百人。

皇太极并没有因为俘虏了这么多人口而放过多罗特，而是命令八旗军队继续追击多罗特逃窜的部众。

会师

多罗特事件让皇太极认识到，几个实力相当、近在咫尺的国家，根本不可能和睦相处，相安无事。要想让其他国家不招惹你、服从你，唯一的办法就是武力征服。

皇太极开始紧急抽调后金各地的八旗精锐，准备大规模出兵讨伐察哈尔。

二月二十四日，皇太极派遣使臣前往蒙古高原通知喀喇沁部落、阿鲁部落、喀尔喀部落、阿巴噶部落的首领，要求他们率领所部人马前来盛京，商议共同出兵对付察哈尔的事情。

其实以后金当时的实力，对付察哈尔已经是绰绰有余了，皇太极之所以会约蒙古高原各部落共同出兵对付察哈尔，就是看看蒙古高原各部落到底听不听皇太极的话，看看蒙古高原各部落对后金忠不忠心。

如果蒙古高原有些部落不愿意出兵与后金共同讨伐察哈尔，恐怕他们的下场不会比察哈尔的下场好多少，话说回来，蒙古高原也没有哪个部落有这么大的胆子与实力公开与后金作对吧！

八旗军队大败多罗特的消息就如同瘟疫一样，迅速传遍了整个蒙古高原。

蒙古高原各部落的首领顿时吓得肝胆俱裂，脑子里闪出来的全是多罗特得罪皇太极后的凄惨下场。等他们稍微回过点神来，立马开始执行皇太极的吩咐。

七月十九日，喀喇沁首领苏布地派遣四名喇嘛，率领五百三十名精锐骑兵前来与皇太极会合。

皇太极在绰洛郭勒大摆宴席，盛情款待了苏布地派遣来的部众。

皇太极搞得这么正式隆重，并不是苏布地有多么了不起，其实，苏布地不过是被皇太极树立起来的一个榜样，本身什么都不是。

数天以后，敖汉部落的锁塔木杜棱、奈曼部落的达尔汉巴图鲁衮出斯等人都率领所部的精锐骑兵前来与皇太极会合。

当然锁塔木杜棱表现得这么积极也是有原因的，那就是锁塔木杜棱的妻子莽古济是莽古尔泰的妹妹，也就是说锁塔木杜棱与爱新觉罗家族是姻亲关系，他不积极还有谁积极啊？

相比之下，后金爱新觉罗家族的另外两位姻亲科尔沁土谢图汗额驸奥巴和满朱习礼台吉表现得就没有那么积极与热情了。

他们居然要求先劫掠以后，才来与皇太极会师。

这简直是没把皇太极的话当回事，皇太极那张脸拉得老长，马上派遣使臣希福带领八位勇士前往科尔沁督促奥巴和满朱习礼率领军队前来与皇太极会师。

希福

希福，赫舍里氏，家族世世代代都居住在都英额这个地方，后来也不知道是什么原因，希福的家族全部迁徙到了哈达境内居住。

上天并没有垂怜希福这个随时都在搬家的家族，没有过多长时间，哈达女真就被努尔哈赤所在的建州女真吞并了。

当时那个社会，人与人之间的关系冷漠得可怕，到处充斥着利己主义和实用主义，忠诚与道义在权势、金钱、刀剑的冲击下根本就不值一提。

希福和他的哥哥硕色为了荣华富贵，为了加官晋爵，毫不犹豫地背叛了哈达女真，率领部族投靠了努尔哈赤。

希福相比其他人，更容易受到努尔哈赤的赏识与重用，希福精通满、汉、蒙三种文字。这在我国封建社会极其缺乏翻译人才的情况下，是相当容易找到工作的。当然现在社会也一样，精通几门语言的人都是非常吃香的，要想找到一份好的工作那简直就是轻而易举的事情。

希福被努尔哈赤召入直文馆工作，专门负责翻译一些汉语和蒙语书籍。

当然，由于当时的翻译人才极其缺乏，希福在翻译汉语和蒙语书籍的同时，也被努尔哈赤派遣到蒙古高原各部落去商议要事。

希福凭借自己兢兢业业、踏实肯干的工作作风引起了努尔哈赤的注意，被赐封为"巴克什"。

努尔哈赤建立八旗制度以后，将希福划入满洲正黄旗的管辖范围！

不堪一击的林丹汗

如今皇太极将希福派往蒙古高原去联络科尔沁，这对希福来说简直是家常便饭、轻车熟路。

当然，对皇太极来说，蒙古各部落，多一个少一个无所谓，无关大局！

就在希福前往联络科尔沁的同时，皇太极就亲率满蒙联军，马不停蹄、日夜兼程地追击察哈尔军队！

皇太极放出豪言，声称要追遍全蒙古，吞并察哈尔！

察哈尔骑兵用来对付后金的八旗军队都成问题，更不用说对付庞大的满蒙联军了。

满蒙联军此时爆发了像洪水海啸一样的战斗力和冲击力，人数稀少、防守薄弱的察哈尔军队就像一堆腐烂变质的渣滓一样，被它瞬间湮没。

九月二十日，联军攻陷了察哈尔所管辖的席尔噶、锡伯图、英、汤图四路。

当然联军除了损失点人之外，得到的好处也不会少，除了获得大量的牛、马、羊等牲畜之外，还俘虏了大量的人口。

联军比狗皮膏药还要讨厌，贴上就不掉，极其难缠，只要粘上了，就不轻易放手，还在继续追击察哈尔的残兵败将。

九月二十一日，联军将察哈尔的残兵败将追到了兴安岭，联军获得了大量残兵败将丢弃的金银财帛。

满朱习礼台吉还算懂事，知道自己没有按时率领所部人马前来与皇太极会师，皇太极会很生气，后果会很严重，皇太极一定会给他穿小鞋，将他裹成三寸金莲。

满朱习礼在打败察哈尔以后，就迫不及待地将截获的金银财帛全部献给了皇太极。

皇太极也不是那种记仇的人，对知错能改的人向来都是宽大为怀的，皇太极赏赐给了满朱习礼大量的金银珠宝与绫罗绸缎，反正都是劫掠来的东西。

相比之下，奥巴就没有满朱习礼这么高的思想觉悟和这么清晰的认识了。

奥巴认为，自己辛辛苦苦、拼死拼活抢来的东西，凭什么交给皇太极啊！

奥巴带着自己截获来的东西返回了科尔沁草原，丝毫都没有将皇太极的命令放在心里。

皇太极是个不怕记仇，甚至是善于记仇、乐于记仇的人，谁得罪过他，他不是当场以牙还牙、以眼还眼，就是事后使绊子、下黑手。

如今奥巴不把皇太极的话放在心上，公然违抗自己的命令，皇太极自然要给奥巴一点颜色看看，让他知道，在后金和蒙古，还是皇太极说了算。

十二月初一，皇太极派遣索尼和阿珠祜两人前往科尔沁给奥巴一点下马威，让他以后注意注意自己的行为，须知作为藩邦，首先要做到的就是听从指示，服从命令，宗主国让你做什么你就得做什么！

这个索尼，可不是个善茬！

索尼

索尼，赫舍里氏，原属满洲正黄旗，索尼的父亲是硕色，而他的叔父就是后金的重臣希福。

由于硕色和希福都精通满、蒙、汉三国文字，索尼受到了他父亲和叔父的悉心教导，再加上索尼自己聪明伶俐、勤奋努力，索尼很快学会了他父亲和叔父掌握的全部知识，精通满、蒙、汉三国文字，并且比他父亲和叔父掌握得还要牢固和熟练。

努尔哈赤也是个会看人的人，他一眼就看出了硕色、希福、索尼都是有

才能的人，将他们全部送入直文馆。

看来索尼的运气还不错，遇到了像努尔哈赤这样知人善任的人，正所谓"千里马常有，而伯乐不常有"嘛。

努尔哈赤如此厚爱，索尼怎能不竭尽忠诚！

不久，索尼因兢兢业业、勤奋努力被努尔哈赤授予一等侍卫，跟努尔哈赤一同出征界藩、栋鄂。

索尼登上了后金的政治舞台，开始了他仕途中最艰难，也最辉煌的演出！

天启七年（公元 1627 年），索尼又跟随皇太极出征锦州。

由于索尼天生就有当间谍的潜质，将宁远城明军的动向摸得一清二楚，立下了盖世奇功。

可是宁远城的明军有先进的火器与视死如归的精神，一次又一次击败了八旗军队的凶猛进攻，取得了宁锦战役的重大胜利。

尽管如此，索尼的功绩仍然不能够抹杀。

皇太极作为索尼与阿珠祜的汗王，在自己的下属去完成自己布置的任务的时候，自然应该给他们一点点指导意见。

皇太极对索尼和阿珠祜两个人千叮咛万嘱咐：你们到达奥巴的住处后，不准跪拜奥巴，也不准吃奥巴为你们准备的食物，并且要对奥巴声色俱厉、不理不睬，然后假装要离开科尔沁，再观察奥巴的反应！

对科尔沁的整饬

索尼和阿珠祜作为皇太极的臣子和下属，自然对皇太极的话是言听计从，皇太极叫他俩往东，索尼和阿珠祜两人不敢往西，同样地，皇太极让索尼和阿珠祜两人往西，索尼和阿珠祜两人绝对不敢往东。

索尼和阿珠祜到达奥巴的住处以后，一直都对这里的人冷言冷语、不理不睬。

奥巴并不知情，还屁颠屁颠地命令部下为索尼和阿珠祜两人准备了丰盛的晚餐。

索尼和阿珠祜这两个人就不怎么懂礼数了，他俩不但没有动一筷子奥巴为他俩准备的山珍海味、熊掌鱼翅，反而拿出了自己的干粮不顾旁人，津津有味地吃了起来。

奥巴的部下马上将这个消息报告给了他们的首领奥巴。

奥巴也不是那种打掉牙齿往肚里吞的人，既然你俩不把我放在眼里，那么也休想我将你俩放在眼里。还以为我少了你俩就不能够活了啊！

索尼和阿珠祜两人受到了汗王皇太极的特别关照，自然不会轻易向奥巴妥协的。

索尼和阿珠祜吃完干粮以后，就拿着带来的金银珠宝、绫罗绸缎去见肫哲公主，也就是奥巴的妻子，努尔哈赤从子恪僖贝勒固伦第二女。

索尼和阿珠祜两人和肫哲公主谈天说地、有说有笑，完全不理奥巴在干什么。

这下子轮到奥巴坐不住了，毕竟科尔沁国小力薄，根本没有实力与后金对抗。如果因为得罪了后金的使臣而遭到了后金的讨伐，那后果就不堪设想了。

想到这里，奥巴就吓得满头大汗、双腿发软，连走路都成问题，马上命令部下扶着自己颤颤抖抖地来到了肫哲公主的住处！

当然，奥巴贵为科尔沁首领，自然不可能一见到索尼和阿珠祜就马上摆出一副笑脸。如果就这样妥协回去，是不是太没面子啦！

奥巴进入肫哲公主住处以后，假装不认识索尼和阿珠祜两人，故作惊讶地问道："你俩是什么人？"

索尼和阿珠祜两人理直气壮地说："我们是后金的使臣，我们能够与科尔沁断绝关系，可是我们不能够与我们的公主断绝联系，此次我们前来并没有其他什么事情，只不过是将我们大汗送给公主的礼物转交给公主！"

既然索尼和阿珠祜两人已经承认自己是皇太极的使臣，那么奥巴也就没有装模作样的必要了，奥巴又命人准备了几桌宴席，盛情款待索尼和阿珠祜等人。

让奥巴没有想到的是，索尼和阿珠祜这次居然比上次玩得更过火，居然当着奥巴老人家的面，掀翻了桌子，拂袖而去。

这是做给谁看呢？

奥巴从出生到现在，在科尔沁境内深受部众的拥护和尊敬，哪里受过这样的侮辱和鸟气。

奥巴自然不可能忍气吞声，马上就派遣部下去质问已经准备离开的索尼和阿珠祜等人。

奥巴的部下追问索尼和阿珠祜两人："你俩如此狂妄自大，一定是受了后金汗王的指使，请问后金的汗王为什么会对我们大汗这样呢？"

索尼和阿珠祜两人连奥巴都不会放在眼里，更不用说奥巴的部下了。

索尼和阿珠祜两人趾高气扬地回答了奥巴部下的问题："我们此次前来是将我们大汗送给公主的礼品转呈给公主，并不是特意来觐见你们首领的，我们为什么要对他有礼呢？至于我们大汗为什么会对你们首领这样，我们作为臣子和部下的，又怎么可能知道呢？不过我们大汗叫我们将一封书信交给你们大汗，恐怕你们想要的答案就在书信里面吧！"

奥巴的部下知道事态紧急，哪里还敢怠慢，接过索尼和阿珠祜的书信以后，就将书信送到了奥巴的手上。

不可一世的奥巴，终于感到害怕了！

索尼和阿珠祜为了不引起奥巴的怀疑，立刻下令自己的随从先行离开科尔沁，返回盛京，以此制造后金的使臣对奥巴这些人根本就不屑一顾，急于返回的假象，这就是著名的"明修栈道，暗度陈仓"的战略战术。

果然不出索尼和阿珠祜两人所料，没有过多长时间，科尔沁的贝勒、台吉等人都纷纷跑到了索尼和阿珠祜的面前，并且全都跪倒在了两人的面前。

索尼和阿珠祜能够受到皇太极的赏识和重用，自然是有能力和智慧的人，他俩一眼就看出了科尔沁的贝勒、台吉还是畏惧后金的，更不用说跟后金对着干了。

索尼和阿珠祜并不打算就此罢手，他俩还要好好羞辱羞辱不听后金差遣的科尔沁的贝勒与台吉，拿这些人做反面典型，使蒙古高原各大部落从今以后不敢再违抗后金的命令。

索尼和阿珠祜两人不但没有三步并作两步，上前将科尔沁的贝勒和台吉一一扶起来，反而声色俱厉地拒绝了他们的邀请和挽留，并且飞快地跳上了马背，准备离开。

科尔沁的贝勒与台吉见到这种情况顿时害怕得浑身发抖，纷纷以迅雷不及掩耳之势冲了上去，有的拉住了马缰，有的抱住了马腿，更有甚者拖住了马尾。

在索尼和阿珠祜两人的精心策划下，科尔沁的贝勒台吉入瓮了！

索尼和阿珠祜赢了！

索尼和阿珠祜两人一看科尔沁的贝勒与台吉都这样低声下气了，自然不敢再屁股坐在别人的脑袋上——欺人太甚，只好顺水推舟地留了下来，心安理得地接受了科尔沁贝勒与台吉的宴请，吃了这么久的干粮，也应该吃几顿山珍海味、奇珍异兽了。

其实索尼和阿珠祜这么做也是迫不得已、身不由己的，毕竟人都是有自尊和人格的，如果索尼和阿珠祜两人再继续羞辱他们，可能会激起他们的反抗，那样就"得不偿失"了！

索尼和阿珠祜不辱使命，圆满完成了任务！

大张旗鼓地管理蒙古各部落

通过奥巴的事件，使皇太极明白了一个道理：在这个刀兵四起、动乱不断的时代，道理不是讲出来的，是用刀剑杀出来的，是用拳头打出来的，是用鲜血堆出来的，谁强谁就有理。

如今的后金已经和金刚葫芦娃一样，完全是个刀枪不入、水火不侵的角色，蒙古高原各部落已经没有能力和胆量再违抗后金的命令了。既然这样，那么蒙古高原的各大部落就不再是后金的盟友，而是后金的附属国了。后金有能力无条件地向蒙古高原各部落发号施令。

崇祯二年（公元 1629 年）三月，皇太极派遣大量使臣前往蒙古高原的各大部落宣布约束他们的规章制度。

看来皇太极在对蒙古高原各部落问题的处理上已经是得心应手了。

可是后金南部的情况是越来越糟，越来越危急，如果处理不当，后金被大明兼并仅仅是时间问题。

明金议和

袁崇焕处死毛文龙以后，驻守辽东各大军事重镇的将领都吓得汗流浃背、双腿发软，哪个还有胆子和脾气敢不听袁崇焕的命令和指示，除非他们不想要自己的脑袋瓜子了！

这就更有利于袁崇焕加强辽东的防御体系，袁崇焕在短短几个月的时间里，就将辽东的军事重镇宁远城、锦州城、登莱、皮岛以及天津连成了一条线，构成了一条固若金汤、易守难攻的防御体系。

只要袁崇焕在这个基础上，再从宁远到前屯，从前屯到锦州，从锦州到广宁，从广宁到辽沈，如此一步一步地以守为攻，步步进逼，战则一城援一城，守则一城顶一城，假以时日，明军对后金的包围圈就完全形成了。最后再不断收缩包围圈，不出几年时间，后金就要从中国历史上消失了！

皇太极也清楚这一点，目前摆脱困境最好的方法就是趁袁崇焕还没有将辽东的防御体系建得固若金汤、铜墙铁壁的时候，先率领八旗精锐摧毁它。

可是皇太极现在不能够这么做。

后金经过宁远战役和宁锦战役以后，八旗军队的减员情况严重，最近西征察哈尔的时候，八旗军队虽然取得了巨大的胜利，但是也损失了不少，毕竟战争是残酷的，不管是对于自己，还是敌人，都是一把双刃剑，无论你怎么挥舞，在消灭敌人的同时，也深深伤害了自己。再加上大战以后接踵而至的天灾，使这个问题更加严重。

皇太极现在要发动战争，兵员是摆在他面前的大难题。

明金双方都需要休养生息，这仗暂时是打不下去了。

既然没有能力发动战争，那么就只有和大明议和了！

明亡清兴多少事
第二卷　明金对决

其实早在后金和朝鲜李氏王朝展开对外贸易的时候，皇太极就已经在和大明议和了！

一场明金史上最精彩的外交大战即将上演。

皇太极的第一次主动求和

崇祯元年（公元1628年）正月初二，皇太极就派遣使臣前往宁远城与大明议和。

皇太极表示，后金愿意与大明重修旧好。如果大明允许，后金愿意派遣使臣前往北京城为刚刚病逝的朱由校吊唁，并且对朱由检成为大明最高统治者的事情表示祝贺。

此时驻守宁远城的将领并不是猛人袁崇焕，他自然没有那个胆量和勇气接受后金的议和条件了。

皇太极从一月份等到五月份，也没有等到大明派遣的使臣。

皇太极决定前往宁远城质问大明，为什么不派遣使臣来后金议和。

五月十一日，皇太极命令贝勒阿巴泰、岳托、硕托等人率领三千八旗精锐前往宁远城兴师问罪。

可是皇太极根本就没有什么议和的诚意，他派遣人到宁远城去兴师问罪也是"醉翁之意不在酒"。

阿巴泰、岳托、硕托等人在前往宁远城的途中洗劫了大明在辽东的许多村寨，俘获了大量的人口与牲畜，截获了不计其数的金银珠宝和绫罗绸缎，然后全部打包运回了盛京。

看来无论是努尔哈赤还是皇太极，志向都跟金废帝完颜亮一样，那就是：国家大事皆自我出，一也；帅师伐国，执其君长问罪于前，二也；得天下绝色而妻之，三也。

然而现在皇太极又不得不将与大明议和的事情提上日程。

皇太极的第二次议和请求

和平，要和平，暴力不能解决任何问题！

崇祯二年（公元1629年）正月十三日，皇太极派遣郑信和任大良携带自己的亲笔书函前往宁远城拜见他的老熟人袁崇焕。

皇太极在信中先使用了大量的篇幅，耐心地解释了后金和大明前几次议和失败的原因，这一部分皇太极写得有情有义、可歌可泣，看了的人不想掉几滴眼泪都不行啊！

随后皇太极笔锋一转，明确指出了后金与大明不要因为后金出兵攻打朝鲜李氏王朝的事情而影响了双方的议和进程。最后皇太极诚恳地希望大明与后金应该继续以前的议和活动，为后金和大明友好相处、和平往来、共同富裕的梦想而努力奋斗！

可惜的是，皇太极花了大半天时间写的书函到头来却没有什么用处，因为这封书函根本就没有被送到袁崇焕的手中。

为什么这封书函没有被送到袁崇焕的手中呢？原因很简单，那就是皇太极在书函中没有正确使用印信，被退回去了。

当然皇太极也是那种不达目的誓不罢休的猛人，他看到自己的书函被袁崇焕驳回了，又写了一封书函给袁崇焕。

二月二十八日，皇太极派遣的使臣将皇太极的亲笔书函转交到了袁崇焕的手中。

皇太极是个猛人，而袁崇焕却是猛人中的猛人，既然双方都没有议和的诚意，那就看谁的忽悠本领更高。

高手的对弈

四月初二，袁崇焕给皇太极回了一封书信。

当然袁崇焕没有皇太极那么悠闲自在，他既要筑城墙，又要建防线，哪里还有时间和精力花在书信上。袁崇焕给皇太极的回信要多短小就有多短小，要多精悍就有多精悍，反正要表达的就一个意思，那就是大明愿意与后金议和。

皇太极一看袁崇焕同意与后金议和，扯了扯那张比城墙还要厚的脸皮，咧了咧嘴角，豪放地笑了笑，又迫不及待地给袁崇焕写了一封数千字的长篇信函。

四月二十五日，皇太极的使臣抵达了宁远城，将皇太极的亲笔书函转呈给了袁崇焕。

皇太极在书函中建议后金与大明以大凌河和三岔河为边界。大凌河为大明的边界，三岔河为后金的边界，大凌河与三岔河之间的区域为缓冲地带。

皇太极还希望袁崇焕能够代为上书朱由检，请求朱由检铸造一枚后金汗王的金印送给皇太极，以方便双方书信往来。

皇太极的这封书函的内容初看一下有理有据、合情合理，也不算什么过分的要求，可是仔细一看，就能够发现书函中隐藏着一个巨大的阴谋。

明金双方以大凌河为大明的边界，以三岔河为后金的边界，两地之间为缓冲地带，这条内容如果袁崇焕同意了，那就等于大明承认了三岔河以北的土地属于后金的疆域。

到那时袁崇焕虽然已经建立了固若金汤、铜墙铁壁的防御体系，并且对后金形成了包围，但是袁崇焕不能够将自己的包围圈继续向前推进了。因为三岔河以北的土地是后金的领土，大明根本没有理由在那一区域建造城池，正所谓"名不正，则言不顺；言不顺，则事不成"嘛！

而皇太极要求袁崇焕上书朱由检，让大明铸造一枚后金汗王的金印送给皇太极，以方便双方书信往来则更是阴谋中的阴谋。如果大明答应了皇太极的这一要求，也就是等于承认了后金不是大明的部属，而是一个独立的国家。

这种事情在我国历史上并不少见，汉武帝刘彻就于元封二年（公元前109年）赐给滇王尝羌"滇王之印"金印，汉光武帝刘秀也曾于建武中元二年（公元57年）赏赐给日本垂仁天皇"汉委奴国王"金印！

袁崇焕这个家伙虽然是猛人中的猛人，天不怕，地不怕，但是这种被拖到菜市口砍脑袋瓜子的事情还是不会去做的。

袁崇焕实在是个聪明人，他既没有同意也没有拒绝皇太极的要求，他压根儿就没有给皇太极回信。

皇太极的如意算盘又一次落了空！

到底是谁的脸皮厚

皇太极不是那种吃了亏就善罢甘休的人，皇太极在六月二十日又派人给袁崇焕送了一封书信。

袁崇焕的脸皮反正比较厚，皇太极的书信还是照样地看，看完以后还是照样不回信，看你皇太极能够把我怎么样？

皇太极不愧是皇太极，忍字功夫那可是天下一流，没有等到袁崇焕的答复，耐着性子给袁崇焕写了一封书信，询问袁崇焕对他的建议的处理意见。

　　袁崇焕还以为自己的脸皮已经够厚了，没有想到皇太极的脸皮居然比自己还要厚，脸皮之厚，除了城墙没有什么可以比得上。袁崇焕没有办法，他只好给皇太极回了一封书函，告诉了对皇太极建议的处理意见。

　　明金双方以大凌河为大明的边界，三岔河为后金的边界，两地之间的地方为缓冲地带——不同意！大明铸造一枚后金汗王金印送给皇太极，以方便双方书信往来——不同意！

　　当皇太极看了袁崇焕的回信以后才知道，一切不过是"落花有意随流水，流水无心恋落花"罢了，自己动之以情，晓之以理，洋洋洒洒数千字换来的却是六个字：不同意！不同意！

　　皇太极很生气，后果却并不严重。虽然皇太极是后金汗王，拥有数百万的臣民，但是可惜，袁崇焕并不是他的臣民，无论皇太极多么生气，都影响不到袁崇焕的心情。

　　可是皇太极并没有死心，他坚信只要自己坚持不懈、持之以恒，就一定能够打动袁崇焕那颗坚如磐石的心！

　　十月初十，皇太极再次致书袁崇焕，滔滔不绝、口若悬河地给袁崇焕讲起了辽东的历史。

　　袁崇焕的文学功底实在不怎么样，不然也不会参加了五六次科举考试都名落孙山了！自然不可能找出什么理由来反驳皇太极立足史实、引经据典的论据，袁崇焕只好在回信中不辩可否、虚与委蛇，就是对皇太极提出的观点，既不赞成也不反对，让他皇太极自己去琢磨。

　　虽然袁崇焕在给皇太极的回信中问牛答马，回答得驴唇不对马嘴，但是袁崇焕的胆子再大，实力再强，大的原则还是不敢违背的！袁崇焕在给皇太极的回信末尾表明了态度：

　　大明和后金之间打了多少年的仗，想在短时间内双方和平相处，友好往来，这不是凭两三个人的能力能够实现的。大明与后金的仇恨与恩怨也不是凭你皇太极三寸不烂之舌能够轻易化解的！

　　皇太极虽然忍字功夫强于常人，但是看了袁崇焕的回信，仍然瞬间抓狂、怒不可遏。我的确是仁慈善良、嘴硬心软的好人，可是这并不代表我皇太极是那种打掉了牙齿往肚子里咽的人。

　　皇太极一改往日的作风，写了一封措辞强硬、火药味十足的书函给袁崇焕，

书函中说："后金想与大明议和，如果大明不同意议和，那么导致后金出兵讨伐大明，杀戮了大明臣民，这就并非我们后金杀戮了大明臣民，而是你们大明自己杀戮了你们的臣民！"

皇太极左等右等，盼星星盼月亮也没有收到袁崇焕的回信。据本人估计，袁崇焕看了皇太极的书函不过是付之一笑，根本没当回事。

皇太极是聪明人，自然一眼就看出了后金与大明的议和不会有什么好结局，既然谈不拢，那么就只有打了。

即使明知不敌，可是为了面子，为了荣誉，为了利益，也必须一战。

入关

宁远战役、宁锦战役、征朝战争、西征察哈尔以及辽东的饥荒使八旗军队的人数锐减，此时的后金想要发动大规模的对外战争是根本不可能的，除非他们不想要后金了。

皇太极现在要想发动大规模的征明战争，唯一的办法就是寻找强大的盟友，组成庞大的联军共同出兵，这样就可以弥补八旗军队人数上的劣势。

可是供皇太极选择的盟友并不多。

朝鲜李氏王朝虽然与后金签订了《江都和约》，约为兄弟之国，但是朝鲜李氏王朝不过是屈于后金的淫威，一直对后金口是心非、貌合神离，而对大明则是亲如兄弟、情同手足。后金想和朝鲜李氏王朝结成同盟，共同出征大明，简直是异想天开、痴人说梦，除非太阳从西边出来了！

察哈尔那更是没有希望了，后金和科尔沁等部落多次联合出兵攻打察哈尔，俘获他们的人口，掠夺他们的牲畜与财物。察哈尔早就与后金结下了深仇大恨，自然不可能与后金结盟，共同出兵进攻大明了，也许你叫察哈尔与大明结成同盟，组成庞大的联军共同出兵讨伐后金还现实些！

那么供皇太极选择的盟友就只能够是科尔沁、扎鲁特、巴林等部落了，可是皇太极也知道，虽然这几个部落一直与后金和平相处、友好往来，而且还多次组织同盟，共同出兵讨伐察哈尔，但是这几个部落与大明也一直是井水不犯河水，"你走你的阳关道，我过我的独木桥"，要想这些部落与后金一起对付大明还是挺困难的！

误上贼船

皇太极作为后金的汗王，拥有至高无上的权力，自然不可能被眼前的困难吓倒。

既然科尔沁、扎鲁特、巴林这些部落不敢与后金结盟，组成庞大的满蒙联军共同出兵讨伐大明。那么就先不让这些部落知道，后金与他们结成同盟，就是为了对付大明。到时候"生米煮成熟饭"，还怕这些部落反悔吗？

皇太极一想到这里，就迫不及待地派遣使者前往科尔沁、扎鲁特、巴林这些部落，通知这些部落的首领，率领所部人马前去与八旗军队会师，共同出兵讨伐察哈尔。反正察哈尔都已经和后金结下了深仇大恨，那么后金也不会在乎再利用一下察哈尔！

崇祯二年（公元 1629 年）十月初二，皇太极率领后金诸贝勒，统兵大臣拜谒堂子（相当于汉族的宗庙、祠堂）后，就率领八旗军队离开了盛京，在喀喇沁台吉布尔哈图这位向导的指引下，前往蒙古高原与科尔沁、扎鲁特、巴林等部落会师！

十月初四，皇太极率领八旗军队抵达都尔鼻，与等候多时的扎鲁特首领色本、桑图以及哈巴盖等人会合。

色本、桑图以及哈巴盖等人之所以比皇太极还跑得快，大概是这三个人前几次与皇太极共同出兵讨伐察哈尔，好处捞了不少，甜头也尝了不少，这次才会跑得这么快，生怕好处与甜头被蒙古高原的其他部落抢光了！

小气的色特尔色棱

十月初六，巴林贝勒色特尔色棱率领所部人马前来与皇太极会合，皇太极简直太高兴了，可是没有过多长时间，皇太极就高兴转为了愤怒。

这个色特尔色棱实在是太小气太吝啬了，献给皇太极的马匹居然都瘦得只剩皮包骨了。这样的马不要说拿去冲锋陷阵、驰骋疆场了，就是想拿去供人观光旅游都不行。

其实色特尔色棱也有自己的苦衷和理由啊，强壮的战马都是色特尔色棱的手中宝、心头肉，凭什么毫无代价地交给皇太极啊？有东西送给你就不错了，你还挑三拣四的，你以为你皇太极是谁啊？

然而皇太极并不这么想，我作为后金汗王，你进贡我是理所当然的，可是没有想到你居然有胆子拿劣马来戏弄敷衍我，我看你是活得不耐烦了。

皇太极毫不留情地拒绝接受色特尔色棱送的礼物，可是他为了长远利益和整体利益，并没有处置色特尔色棱这个欠揍的家伙，看来皇太极是深刻地理解了"小不忍则乱大谋"这句名言的内涵！

十月十一日，皇太极率领八旗军队抵达辽河，并在辽河两岸安营扎寨。这时皇太极终于决定好好清算清算与色特尔色棱之间的旧账，皇太极召集蒙古高原各部落的贝勒与台吉，让他们商议色特尔色棱所犯的罪行。

色特尔色棱虽然与蒙古高原各部落的贝勒与台吉关系并不是很好，但是他好歹也是蒙古人，蒙古高原各部落的贝勒与台吉还是不忍心过重地处罚他，最后商议决定处罚色特尔色棱十匹战马。

皇太极虽然心里极其不高兴，但是也无可奈何，得罪了蒙古高原各部落，恐怕八旗军队还没有跟明军交战，就先要和蒙古铁骑交锋了。常言道"忍一时，风平浪静；退一步，海阔天空"，皇太极从大局出发，再次选择了忍让。

皇太极下令等到满蒙联军班师回朝的时候再次集体商议对色特尔色棱的处罚措施，而且还退还了色特尔色棱上交的十匹战马，还允许色特尔色棱随同蒙古各部落的贝勒、台吉一起朝见议事。

这并不代表皇太极妥协了，他不过是想等到征明战争结束以后再处罚色特尔色棱那个像螃蟹一样横的家伙。

随后的几天，皇太极没有再率领满蒙联军前行，而是继续让联军驻扎辽河两岸，似乎要在这里长久地住下去。

事实并非如此，皇太极让联军驻扎辽河两岸，不过是在等待科尔沁部落。

到底收拾谁

十月十五日，土谢图汗奥巴、孔果儿老人等二十三位贝勒率领所部人马赶来与皇太极会师。

皇太极也是个性情中人，马上被他们的诚意感动了，亲率两大贝勒与蒙古高原各部落的贝勒、台吉出营三里迎接。

做完这些皇太极还嫌不够，又举行了盛大的宴会款待科尔沁的贝勒，当然蒙古高原其他部落的贝勒与台吉也托了科尔沁的福，享受了一顿丰盛的

饭菜。

当蒙古高原各部落的贝勒与台吉把酒言欢，喝得东倒西歪、烂醉如泥的时候，一场大戏也揭开了序幕。

皇太极询问已经喝得东倒西歪、烂醉如泥的蒙古各部落的贝勒与台吉："大明多次破坏后金与大明定下的盟约，察哈尔也残酷剥削与压迫蒙古高原其他部落。这两个国家都不是什么好东西，后金都应该征讨，如今八旗军队已经集结完毕，应该率领大军讨伐谁，还是请大家踊跃发言，各抒己见！"

当然，应该率领大军讨伐谁，皇太极的心中早就已经有了答案，这不过是明知故问！后金的贝勒台吉、统兵大臣异口同声地说道："察哈尔距离后金实在太遥远了，满蒙联军前去讨伐它，一定是人困马乏、疲惫不堪，吃力不讨好，不如挥师南下，讨伐大明！"

皇太极立马表明了态度："各位贝勒、大臣都说得非常有道理，那么我们就挥师南下，攻打大明吧！"

大家这才恍然大悟，原来这才是皇太极的真正目的！

蒙古高原各部落就这样被皇太极拉进了后金与大明的战争，开始彻底与大明决裂！

初次交锋

考虑到自己的兵力并不多，辽东的关宁防线又修得很坚固，皇太极明白，在接下来的战争里不能硬拼，而是要出其不意，巧妙地深入关内，最大限度地减少伤亡。

这一次，皇太极打算火中取栗，兵行险招，不走寻常路。

皇太极善于用兵，对兵贵神速的古训深信不疑，快，只有快，才能掌握先机，占据主动。

十月十六日，皇太极命令满蒙军队拔营起寨，赶往蒙古高原。

十月二十日，满蒙联军经过几天的长途跋涉、翻山越岭，终于抵达了喀喇沁部落的喀审城。

十月二十七日，贝勒阿巴泰和阿济格率领部分八旗军队攻陷游击王纯臣、参将张安德驻守的龙井关。

女真人毕竟是游牧民族，仍然保持了他们一贯野蛮、凶残的本性，打败了龙井关的明军还不算，居然还将龙井关连根拔起，凝聚了劳动人民无数汗水和心血的建筑工程就这样被摧毁了。

让人气愤的是，驻守西北军事重镇汉尔庄城的明军居然没有一点民族气节，更不用说爱国情操了，连抵抗都没有抵抗一下就全部投降了。这简直就是一群看风使舵、没有一丝血性的强盗土匪。

莽古尔泰和多尔衮马上率领八旗军队浩浩荡荡地开进了汉尔庄城，并且将八旗军队分驻汉尔庄城内的衙署内。

莽古尔泰和多尔衮进入汉尔庄城以后也没有闲着，他们当起了理发师，强行将崇尚"身体发肤，受之父母"的汉人的头发给剃了，很好地履行了女真人"留头不留发，留发不留头"的传统。

一时间，大明北方狼烟四起，战报频传。

京师谣言四起，人心惶惶，气氛无比紧张！

八旗军队的战斗力和凶狠程度简直爆表，人少了可不是个事儿啊！

朱由检宣布北京城进入警戒状态，开始召集朝中文武大臣的家人和奴仆，跟驻守北京城的明军一起抵挡满蒙联军。

十月二十八日，得知皇太极率领满蒙联军绕道蒙古高原攻入长城防线消息的袁崇焕，当时就火冒三丈，气不打一处来。

援军

其实早在崇祯二年初，当得知皇太极已经和蒙古高原众多部落缔结军事同盟，组成数量庞大的满蒙联军，准备挥师讨伐察哈尔的时候，袁崇焕就意识到了潜在的危险。

凡事总要往最坏的方面想一想！

察哈尔光对付后金的八旗军队就够呛了，更不用说对付更加庞大的满蒙联军了。可是察哈尔是大明牵制后金向西北方向发展的重要棋子，如果察哈尔战败了，后金就会肆无忌惮地向西北地区发展，而大明西北部的边疆将受到后金的严重威胁。

如果他的预感是正确的，那真是非同小可！

袁崇焕三番五次地上书朱由检，建议朱由检整顿西北防务，在蓟门等薄弱地段设置重兵，防止八旗军队的偷袭。

袁崇焕到底是个明白人啊，真是有先见之明啊！

朱由检和朝中的文武大臣都没有将袁崇焕的建议当回事，更不用说虚心接受袁崇焕的建议去整顿西北防务了，他们认为根本没有必要花那个冤枉钱。

真是众人皆醉我独醒啊！

这事就此搁浅，时间一长，自然也就不了了之。

国家大事，如此儿戏，实在无语。

九月，袁崇焕认为近期皇太极可能绕道蒙古，进攻大明，于是命令参将谢尚政率领大军前往加强遵化等地的防线。

刚刚上任的顺天巡抚王元雅认为这不过是袁崇焕杞人忧天，二话不说就打发谢尚政等人回去了。

还真是越怕什么，越来什么啊！如今，袁崇焕担心的事情终于来了！

袁崇焕就是这么有远见。

纠结归纠结，愤怒归愤怒，谴责归谴责，事情已经发生了，有问题，就得解决问题！

因为袁崇焕知道，这是他的职责。

救兵如救火，速度是关键啊！

既然决定救援，就得选一名先锋官！

身在宁远城的袁崇焕马上传令山海关总兵赵率教，让他立刻率领山海关内的明军赶往遵化城，拖延满蒙联军的推进速度。

与此同时，袁崇焕简单地交代了一下宁远城近期的工作，以及布置了一下近期的任务以后，也率领辽东的明军火速赶往关内。

这几乎是袁崇焕所能拿出的全部实力了！

皇太极一刻也没有闲着，很快就率领大军南下，直奔关内。

和这样的对手交手，袁崇焕算是倒了大霉。

十月二十九日，皇太极率领满蒙联军抵达洪山口城。

皇太极决定趁热打铁，再下一城！

遵化城的激战

十月三十日，皇太极率领满蒙联军抵达遵化城。

皇太极命令满蒙联军停止前进，然后派遣使臣前往遵化城劝降。

大概是皇太极这个人不劳而获，免费的午餐吃多了，又想像攻占汉尔庄城那样，不损失一兵一卒，不耗费一枪一箭就得到遵化城。

皇太极的如意算盘是打得比较响，只可惜用错了对象。

此时驻守遵化城的是顺天巡抚兼都察院右佥都御史王元雅。

男子汉大丈夫，自当顶天立地，有所为有所不为！

王元雅是有民族气节和爱国情操的人，他早已下定决心，要战斗到最后一刻，宁可战死，也绝不会投降的。

既然如此，那大家就手底下见真章吧！

见劝降没有任何效果，皇太极也就不再废话了，准备硬攻遵化城。

接下来硬攻遵化城，就费老鼻子事了！

因为关键时刻，一支生力军突然加入了！

十一月初一，赵率教在三名副将的陪同下，率领四千明军经过三天三夜的急行军，疾驰三百五十里，抵达遵化城附近的蓟镇三屯营。

让人意想不到的是，驻守三屯营的蓟镇中协总兵官朱国彦居然拒绝放赵率教入城。

赵率教没有办法，只有率领疲惫不堪的明军向西而行，赶往遵化城。

遵化城的防御能力得到了一定程度的增强。

直到此时，皇太极才明白，招降王元雅已经是没有任何可能的事情了，如今要想占领遵化城，就只有采取暴力手段这一条路可以走了。

十一月初四，皇太极命令贝勒阿济格等人率领左翼四旗外加蒙古军队，向赵率教发动了猛烈的进攻。

明知山有虎，偏向虎山行；明知敌军多，偏要向前迎。

与其等死，不如拼死！生死看淡，不服就干！就在这里决战吧！

赵率教亲自率领四千明军在城外与满蒙联军展开了面对面的较量。

多兵之旅必获胜！

满蒙联军多达十万人，而明军仅仅有四千人，满蒙联军是明军的二十五倍，战役的结局早就已经注定。

赵率教率领的四千明军全部阵亡，赵率教也被乱箭射成了刺猬。

虽然赵率教率领的四千明军全军覆没、无一生还，但是他们也将十万满蒙联军折腾得够呛，想在当天强攻下遵化城是没有什么希望了。

皇太极是个聪明人，自然不会让自己的将士作无谓的牺牲，皇太极做出了一个非常明智的选择：今天到此为止，明天接着再来！

虽然遵化城今天是不攻打了，但该做的部署还是要做的：

纳穆泰，率领正黄旗攻打北面之西；额驸达尔哈，率领镶黄旗攻北面之东；额驸和硕图，率领正红旗攻打西面之北；雍舜，率领镶红旗攻打西面之南；额驸顾三泰，率领镶蓝旗攻打南面之西；正蓝旗攻打南面之东；图尔格，率领镶白旗攻打东面之南；喀克笃礼，率领正白旗攻打东面之北。

剩下的就看王元雅如何应对了！

十一月初五，遵化城内突然发生了大火，当然这场大火不会是什么自然灾害，也不可能是什么意外事故，而是有人纵火。

皇太极没有忘记当年他的父汗努尔哈赤是怎么不费吹灰之力攻下辽东军事重镇抚顺城和广宁城的，皇太极毫不客气地继承了他父汗的这个优点。

在进攻遵化城的前几天，皇太极就往遵化城内派遣了大量间谍与奸细。

防不胜防！防不胜防啊！

如今他们正好发挥了他们应有的作用，也就是造成了这场大火。

这样一来，遵化城中再也没人能控制住局面，实在是凶多吉少啊！

驻守遵化城的明军顿时惊慌失措、乱作一团，都纷纷提着水桶、木盆去救火。

准备了这么久，等的就是这个时刻！

皇太极乘机率领满蒙联军向遵化城发动了猛烈的进攻，遵化城沦陷。

就算做不成大丈夫，也绝不能做个懦夫！

王元雅选择了上吊自杀，永平推官何天球，保定推官李献明，遵化知县徐泽，前任知县武起潜，教谕曲敏龄，中军徐联芳、彭文炳等皆殉国，在危急关头，他们用实际行动证明了他们的民族气节与爱国情操。

紧接着，满蒙联军开始进攻遵化城东面的三屯营。

朱国彦自知不是满蒙联军的对手，于是先将逃跑将领名单在大街上张榜公示，又把家里的钱粮分发给士兵，做完这些，与妻子张氏上吊自杀。

相比之下，三屯营副总兵朱来同就没有那么崇高伟大了，他选择了逃跑。

朱来同这么做虽然不算什么男子汉大丈夫，但是比起李永芳、孙得功这类汉奸来，已经算好的了！

就在遵化城沦陷的同一天，袁崇焕率领五千关宁铁骑马不停蹄、日夜兼程赶往关内。

与此同时，袁崇焕还命令总兵朱梅、副总兵徐敷教驻守"天下第一关"山海关，参将杨春驻守永平城，游击满库驻守迁安城，都司刘振华把守建昌城，参将邹宗式防守丰润，游击蔡裕防守玉田，昌平总兵尤世威率领所部人马保护北京城附近的帝王陵寝，宣府总兵侯世禄驻守三河，保定总兵曹鸣雷、辽东总兵祖大寿驻守蓟州城。

祖大寿

祖大寿，字夏宇，辽东宁远人，他出生在宁远，生活在宁远，工作也在宁远，好像祖大寿这个人从一生下来开始就跟宁远城有一种说不清道不明的神秘关系。

祖大寿不是喜欢读书学习的人，四书五经对祖大寿来说，内容简直跟天书差不多。

也许是祖大寿长期坚持体育锻炼，他臂力惊人，无论是单挑还是打群架，祖大寿都能够将对方打得屁滚尿流、满地找牙，祖大寿在打架这方面从来就没有吃过亏。

这可把祖大寿的父亲祖承训害惨了，因为祖大寿的暴力倾向，祖承训没有少赔医疗费。

为此祖承训也没少扇祖大寿的耳刮子，可是祖大寿挨了打以后，不但没有悔改，反而变本加厉地将自己在他父亲那里挨的打加倍还给自己的对手。

以前祖大寿也不过是用拳脚教训人，现在发展到了用菜刀追着别人屁股砍，简直是凶残到了令人发指的程度。

由于祖大寿实在太凶残了，当地人对他都是惹不起躲得起，谁要在大街上喊一嗓子"祖大寿来了"，那效果绝对比喊鬼来了还好使。

祖承训认为这个儿子迟早要出大事，有可能会被官差拉到菜市口把脑袋瓜子给砍了。

以祖大寿的性格和脾气，这种可能性发生的概率相当大！

为了避免这类事情的发生，祖承训只有把祖大寿送到了军营。

祖大寿那身憨力气，也就适合干这种体力活，他很快在军队找到了用武

之地。

一遇到战事，人家都着急得不得了，生怕再也看不见父母、老婆、孩子了，可是祖大寿不但不害怕着急，反而很高兴，二话不说，就提着刀冲在了队伍的最前面，每仗下来，都杀了好多人，多得连他自己都数不明白。

祖大寿因为骁勇善战、屡立战功，被破格提拔为靖东营游击。

本人之所以说是破格，是祖大寿根本就没有参加武举人考试。

熊廷弼经略辽东的时候，非常赏识祖大寿这个杀人不眨眼的大魔头，经常在下属面前夸奖祖大寿。

可是祖大寿听了熊廷弼的夸奖，不但不高兴，反而很郁闷，因为熊廷弼除了口头表扬一下祖大寿，并没有给他什么实质奖励。

反而是广宁巡抚王化贞对祖大寿够意思，提拔他做了中军游击。

祖大寿运气实在太霉了，刚刚当上中军游击，板凳都还没有坐热，叛徒孙得功就把广宁城打开，将八旗军队放进来了，王化贞骑着骆驼带着几个随从，逃离了广宁城。

祖大寿比谁都明白"留得青山在，不怕没柴烧"的道理，理所当然不会留在广宁城等死，他也带着部下逃离了广宁城，跑到了觉华岛躲了起来，还美其名曰在觉华岛孤军奋战，继续抗击八旗军队。

祖大寿认为这样既保住了性命，又坚持了原则，没有什么不好的。这就是祖大寿个人的处事原则，并且从来都没有改变过，努尔哈赤的时候是这样，皇太极的时候还是这样。那就是无论什么时候，都不能够让自己吃亏！

后来孙承宗又来到了辽东，孙承宗看到祖大寿手中有兵又有粮，是一支抵挡努尔哈赤的重要力量，就顺水推舟地任命他为参将，让其继续驻守觉华岛，反正大明王朝的官职这么多，多封他一个不多，少封他一个也不少，不如给他个面子，让他对自己感恩戴德，用心为自己办事。

袁崇焕修筑宁远城的时候，孙承宗又任命祖大寿为监工，祖大寿居然把宁远城修得一团糟，袁崇焕来视察工作的时候，很生气，后果自然很严重。

袁崇焕也不是有什么好脾气的人，二话不说，就是对祖大寿一顿臭骂。

祖大寿没有读什么书，是个典型的粗人，一听到有人骂自己，也不管这个人是袁崇焕还是朱由检，也回骂起来。

袁崇焕顿时就傻眼了，这也不能够怪袁崇焕没有见过什么大世面，毕竟做错了事还这么恬不知耻、理直气壮的人，袁崇焕还是第一次见到，气得他当时差点内分泌失调，大小便失禁，恨不得在祖大寿的头上大便，但是祖大寿又是个地痞流氓，满口都是粗话脏话，进士出身的袁崇焕自然不是他的对手。

袁崇焕只好使出了贴身法宝，只要使出这个法宝，强敌都会灰飞烟灭。袁崇焕制止了还在破口大骂的祖大寿，只问了一句话："这里到底谁说了算？"

听了这句话，祖大寿沉默了。

袁崇焕的军事部署

没过几天，袁崇焕就率领五千关宁铁骑赶到了蓟州城，另外还有一万五千步兵也在火速朝蓟州城扑来，估计用不了多少时间就能够到达蓟州城。

皇太极经过宁远战役和宁锦战役以后，认为袁崇焕是个超级可怕的对手，能够不同他正面交锋，就尽量不和他正面交锋，这样就可以最大程度地减少满蒙联军的损失，保存有生力量。

皇太极避开了蓟州城，率领满蒙联军横穿三河，直逼北京！

人这一生，都会做出许许多多的选择。如果你选择了正确的道路，并且勤勤恳恳、兢兢业业地走下去，那么你的未来就是一片光明，出人头地，飞黄腾达，指日可待；如果你选择了错误的道路，无论你是多么坚定不移，多么吃苦耐劳，最终的结局就是虎落平阳，龙困浅滩，寸步难行。

此时的袁崇焕正站在人生的十字路口上，做这样的选择题。

袁崇焕的第一个选择就是，率领明军赶在皇太极的满蒙联军之前到达北京城，然后破釜沉舟地与满蒙联军展开面对面的厮杀，当着朱由检的面打败敌军，赢得朱由检的赏识与重用。

这是一着险棋！

这个选择有一个致命的弱点，那就是如果袁崇焕没有击败皇太极，那么北京城的处境就危险了。

袁崇焕第二个选择就是，采取机动灵活的战略战术，避免与满蒙联军发生大规模的战役，而是寻找实力比较弱或者掉队的满蒙联军将其歼灭，消耗皇太极的有生力量，等待明军的大部队到达以后再与满蒙联军展开决战。

这种战略战术在中国历史上得到了广泛的运用：唐朝末年黄巢领导的农民起义军就是运用这种机动灵活的战略战术转战大半个中国，最后攻入大唐

王朝都城长安的；中国工农红军和解放军也是在中国共产党的领导下，运用这种机动灵活的战略战术打败国民党的数百万大军的。

袁崇焕陷入了沉思。

急功近利、求胜心切的袁崇焕最终选择了第一个方案。

在袁崇焕选择这个方案的时候，他的悲惨命运就已经注定，这是任何人、任何事、任何东西都改变不了的！

十一月初十，刚刚进入内阁成为内阁大学士的成基命，就向朱由检推荐了朱由校的老师，也是袁崇焕的老师孙承宗。

朱由检自然也知道孙承宗是一个智勇双全、能文能武的猛人，连眉头都没有皱一下，就欣然接受了成基命的建议，任命孙承宗为兵部尚书兼中极殿大学士，管理军事重镇通州的兵马钱粮，保卫京师的安全。

消失在人们视野多年的孙承宗再次站在了大明历史舞台的最中央，让璀璨夺目的闪光灯照耀笼罩着他，只照耀笼罩着他。

作为当时的风云人物，孙承宗轻易不出场，一出场那就是扭转乾坤、力挽狂澜啊！

一意孤行

十一月十五日，袁崇焕率领五千大明当时最精锐的部队关宁铁骑赶到了河西务（今天津市京杭运河南岸）。

袁崇焕不愧是猛人中的猛人，赶了这么多天的路，还是面不红、气不喘，马上召集大小将领开会，并且将自己的作战方案告诉了这些将领。

让袁崇焕没有想到的是，一向对他唯唯诺诺、毕恭毕敬的将领中居然有人破天荒地站了出来，反对他的作战方案。

袁崇焕还想火几年，重塑当年的辉煌，哪里会拿这些人当回事，决定一条道走到黑，不追上皇太极誓不罢休，继续率领明军赶往京师。

袁崇焕这样做，就导致京师的外围屏障三河、香河、顺义等城镇的防守力量相对薄弱。

袁崇焕这么慷慨大方，皇太极自然也不可能推辞，只能够欣然接受了。

皇太极率领满蒙联军以摧枯拉朽、迅雷不及掩耳之势横扫三河、香河、顺义等城镇，一路烧杀抢掠，秋毫必犯，童叟必欺。

皇太极并没有感到满足，他们还要向更远大的目标推进。

快马加鞭，北京城就在前方！

十一月十七日傍晚，经过几天的长途奔袭，袁崇焕率领五千关宁铁骑抵达北京城广渠门外围。

可是对袁崇焕不利的第二个因素又神不知鬼不觉地出现了。

袁崇焕率领五千关宁铁骑刚刚抵达广渠门外围的时候，满蒙联军的先锋部队也紧跟着抵达了广渠门外围。

这两件事情根本没有什么关系，可即使是这种风马牛不相及的事情在想象能力丰富的人眼中，也变得有了关联。

谣言

袁崇焕带领满蒙联军抵达北京城下的谣言就如同瘟疫与雪花一样迅速，传遍了整个北京城。

袁崇焕一下子由保家卫国的民族英雄变成了通敌叛国的汉奸、卖国贼，人们对他的辱骂声不绝于耳，当然人们在辱骂袁崇焕的时候，也没有忘记将他的祖宗十八代顺便招呼一遍。

朱由检虽然整天待在密不透风、有如铁桶一般的紫禁城里，对外界的情况一无所知，但是关于袁崇焕通敌叛国的谣言还是或多或少地传进了他的耳朵中。

朱由检本来就是一个多疑的君主，听到了这样的传言，对袁崇焕的信任程度自然大打折扣。

可是现在是危急时刻，如果处理了袁崇焕这样的猛人，那么又该拿谁来代替袁崇焕指挥明军对付皇太极的十几万满蒙联军呢？恐怕现在还没有在大明发现这样的人才。

朱由检不傻也不笨，自然不可能愚蠢得现在就收拾袁崇焕！朱由检现在对于袁崇焕叛国通敌的谣言是置之不理。

前方，就是北京城！

十一月二十日，皇太极率领满蒙联军抵达北京城下，大同总兵满桂、宣府总兵侯世禄等人率领明军抵达德胜门外。

令人压抑的时刻！

正所谓"仇人见面分外眼红"，既然是敌人，那么就什么话也不要说了，开打吧！

北京保卫战

皇太极命令大贝勒代善，贝勒济尔哈朗、岳托、萨哈廉、杜度等人率领白甲护军以及蒙古铁骑攻打满桂、侯世禄率领的明军。

满桂与侯世禄所统率的明军都是从顺义、三河、香河等城镇败退下来的散兵游勇、残兵败将，早已经被满蒙联军打得风声鹤唳、草木皆兵了，现在哪里还有勇气和胆量与满蒙联军展开决战。

没有用多长时间，满桂、侯世禄率领的明军就被满蒙联军打得丢盔弃甲、溃不成军，就连满桂本人也差点被射成刺猬，多亏了他的数百名亲兵，花了九牛二虎之力才将他救出去，狼狈逃回了瓮城。

与此同时，皇太极命令三贝勒莽古尔泰，贝勒阿巴泰、阿济格、多尔衮、多铎、豪格等人率领正蓝旗、正白旗、镶白旗等旗的八旗军队去对付袁崇焕和祖大寿率领的五千关宁铁骑。

皇太极作为后金至高无上、无人可及的汗王，自然不可能亲自驰骋疆场、冲锋陷阵。

皇太极骑着战马矗立在德胜门外的高地上，观察整个战场的情况。

由于在宁远战役和宁锦战役中，一向所向披靡、势如破竹的八旗军队居然被袁崇焕打得丢盔弃甲、抱头鼠窜，使得八旗将士都认为袁崇焕是个猛人中的猛人，光听到他的大名就吓得面无人色、双脚发软，更不用说壮着胆子与袁崇焕决一死战、一决雌雄了！

对手可是猛人中的猛人袁崇焕啊！冲上去一不小心就有可能全军覆没、有去无回，这样的代价有几个人能够承受得起啊？

莽古尔泰、阿济格、多尔衮几人可都是旗主，但是如果连他们旗的军队都全军覆没了，他们还当什么旗主啊！

莽古尔泰与阿巴泰、阿济格、多尔衮所率领的正蓝旗、正白旗、镶白旗的人马都避实就虚，不敢与关宁铁骑正面交锋，正白旗固山额真康古礼和甲喇章京朗球更是胆小怕事、贪生怕死，居然率领所部人马保持一定的安全距离，绝不靠近，大有"各人自扫门前雪，休管他人瓦上霜"的意味。

当然，也有例外，那就是皇太极的长子豪格率领两黄旗的人马驰骋疆场、冲锋陷阵，与袁崇焕和祖大寿率领的五千关宁铁骑展开了血腥厮杀，真有点"初生牛犊不怕虎"的男子汉大丈夫气概。

当然豪格这么做也是有原因的，豪格作为皇太极的长子，按照"父死子继、立嫡以长"的皇位继承制度，豪格是将来最有资格继承后金汗位的人。如果现在不驰骋疆场、冲锋陷阵，多立点战功，在他父亲皇太极那里多挣点表现，将来拿什么来争后金的汗位啊？

豪格毕竟是孤军奋战，再怎么厉害，也不过是独木难支、难堪大任。

战役从辰时打到申时，数万八旗军队被袁崇焕和祖大寿率领的五千关宁铁骑杀得尸横遍野，血流成河。

皇太极知道再这样打下去，莽古尔泰、阿济格、多尔衮、豪格等人率领的八旗军队不全军覆没，也会溃不成军。

正所谓"好汉不吃眼前亏"，皇太极下令鸣金收兵。

八旗军队以迅雷不及掩耳、秋风扫落叶的速度撤出了让他们闻风丧胆、胆战心惊的战场！

十一月二十一日，袁崇焕和祖大寿在北京城外东南地区安营扎寨，而此时，大明各地的勤王之师也陆续赶到北京城外。

此时此刻，皇太极终于明白了一个道理，那就是在袁崇焕这个猛人中的猛人身上，自己绝对占不到一丝便宜。

皇太极做出了一个大胆而又明智的选择，将满蒙联军全部撤离到离北京城永定门二十里的南海子休整。

这对已经被明军打得精疲力尽、心力交瘁的满蒙联军来说，无疑是一个惊天动地的好消息。

奖赏

比满蒙联军更高兴与快乐的自然是朱由检与大明文武大臣了。

自从朱由检和大明文武大臣得知皇太极率领十几万满蒙联军直逼京师的消息以后，他们就提心吊胆，生怕明天起来就不知道自己的脑袋瓜子到哪里去了，真的是到了风声鹤唳、草木皆兵的地步。

如今皇太极终于率领满蒙联军撤离了北京城，北京城暂时安全了，朱由

检和大明文武大臣悬着的心也放下了。

朱由检是个恩怨分明、赏罚分明的君主，他自然不会忘记这次解除北京城危机的大功臣。

朱由检决定好好赏赐与奖赏这些大臣，顺便也是为了塑造几个爱国爱民、忠君报国的良好典型，让臣民都学习他们高尚的民族气节与崇高的爱国情操，以后更加兢兢业业、死心塌地地效忠自己。

十一月二十一日，朱由检在紫禁城的平台召见了袁崇焕、满桂、祖大寿以及新任兵部尚书申用懋等人。

朱由检用大量的时间详细描述了明军取得北京保卫战胜利的巨大作用和深远影响，然后用许多华美的语句表扬了袁崇焕、满桂、祖大寿等人在北京保卫战中起的巨大作用，以及做出的突出贡献。

当然光用口头表扬是远远不够的，还需要大量的物质奖励。朱由检赏赐了袁崇焕、满桂、祖大寿这些人大量的金银财帛。

从这点不难看出，身为万乘之尊的朱由检很清楚，物质财富是普通人的财富，对帝王而言，它们只是冰冷的数字，没有丝毫实际意义。

满桂、祖大寿这些人在北京保卫战中不但保住了身家性命与官职，而且还获得了大量的金银财帛，自然是非常高兴。

可是袁崇焕没有这么高兴。这是因为他是一个不光为自己着想，而且还为他人着想的人。

袁崇焕作为关宁铁骑的统帅，他有责任也有义务使他们过上好日子。

如今袁崇焕是获得了大量的金银财帛，可是关宁铁骑仍然是风餐露宿，过着天为被、地为床的艰苦生活。一想到这里，袁崇焕心里就有一种莫名其妙的痛楚。

袁崇焕壮着胆子向朱由检提出了一个要求，让关宁铁骑进入北京城整顿。

袁崇焕的这个要求，使朱由检不由自主地联想到了最近北京城内关于袁崇焕吃香蕉剥皮——吃里爬外的谣言，正所谓"无风不起浪，空穴不来风"啊！如果这个谣言不是谣言，而是事实，那么批准袁崇焕统率的关宁铁骑进入北京城整顿，不就是开门揖盗、引狼入室吗？

朱由检不敢赌也不能够赌，他找了许多理由，寻了很多借口来拒绝袁崇焕。什么北京城已经是人满为患，再也容不下多余的人了啊！什么关宁铁骑都穷怕了，如今一下子让他们住进灯红酒绿、纸醉金迷的北京城，谁知道他们会惹出什么乱子啊……

反间计的实施

接下来，让我们把视线转向后金军营。

后金安插在北京城内的奸细与间谍认为这是一条非常有价值的信息和情报，他们为了得到皇太极的赏识与重用，就迫不及待地逃出了北京城，跑到满蒙联军的营寨，将这条情报报告了皇太极。

愁眉苦脸、抓耳挠腮的皇太极在听了间谍滔滔不绝的叙述以后，得意地笑了，既然心浮气躁、生性多疑的朱由检已经对袁崇焕产生了怀疑，而北京城内的百姓也对这个有着崇高民族气节和爱国情操的民族英雄恶言相向、反唇相讥，看来袁崇焕这个猛人中的猛人的好日子也过到头了。

既然大明无论是君主还是臣民都这么喜欢自掘坟墓、自寻死路，为什么后金就不能够火上浇油一回，让暴风雨来得更猛烈些呢？

南海子满蒙联军营寨。

夜幕降临，月明星稀，满蒙联军的营寨里燃烧着堆堆篝火，联军将士三三两两地围坐在篝火四周，烤火、喝酒、吃肉、说笑。当然联军将士这么高兴快乐也是理所当然的事情，虽然联军在北京城下被袁崇焕和祖大寿率领的五千关宁铁骑打得落花流水、抱头鼠窜，但是现在待在营寨里的将士还是幸运的，他们不但保住了身家性命，而且还在这场战役中发了横财，捞了好处，尝了甜头，他们可以快快乐乐、高高兴兴与父母、妻子、儿女过一年好日子了。

此时满蒙联军的营寨里有许许多多被联军俘虏的大明百姓以及大明将士，他们是既伤心又忧愁。他们不知道当明天的太阳从东方升起的那一刹那，他们是在人间还是在天堂，他们更不知道自己是否能够逃出这座名副其实的人间地狱，回到家乡与亲人团聚。

这些对明天或者是未来感到前所未有疑惑与茫然的人，除了被俘虏的大明百姓与明军将士之外，还有两个人。他俩是朱由检身边的太监，他俩是在牧马场被满蒙联军俘虏的。

我不知道这两个太监为什么北京城里养尊处优、衣食无忧的好日子不过，偏偏要跑到牧马场这个荒郊野外来遭罪。

这时两个喝得东倒西歪、烂醉如泥的八旗将士跌跌撞撞地走近了那两名太监所在的篝火旁。

这两个八旗将士一个名叫高鸿中，可是名副其实的副将，另一个名叫鲍承先，官职比高鸿中低多了，可好歹也是一个参将。

高鸿中和鲍承先喝醉了，他们自然也会滔滔不绝地讲许多话，可是不幸的是，他俩讲的这些话，都清清楚楚、一字不差地传进了那两名太监的耳朵中。

"汗王为什么突然鸣金收兵呢？我们昨天是败在了袁崇焕那个猛人的手里，可是那并不代表我们今天打不赢袁崇焕啊？"其中一个好像是一个虚心学习、不懂就问的好孩子，毫不犹豫地说出了他对这两天皇太极反常举动的疑惑。当然这到底反不反常，也只有他们两个和皇太极本人心里最清楚了！

"嘿嘿，这就是老兄您孤陋寡闻了吧！今天我们鸣金收兵并不是因为我们打不赢袁崇焕，而是我们汗王的计谋。我刚才尿急去小解的时候，看见汗王孤身一人，马不停蹄地冲进了袁崇焕的营寨。老兄您想啊，如果汗王跟袁崇焕那个家伙没有密约，汗王敢单枪匹马、孤身一人前往袁崇焕军营吗？"另一个人好像是上知天文、下知地理的诸葛孔明，居然还能够解除他战友心中的疑惑与困扰。

那两名太监震惊了，一向精忠报国、深受大明百姓爱戴与拥护的民族英雄原来是一个通敌叛国的大汉奸。

如果能够将这个重要的情报报告给朱由检，那么自己不就是救国救民、忠君爱国的大英雄吗？到那时还不是要身份有身份，要地位有地位，要金钱有金钱，要豪宅有豪宅。

于是，意料之中的意外发生了！

这两名太监其中一名聪明伶俐的家伙趁着看守熟睡的时候，挣脱了身上的绳索，悄悄地溜出了满蒙联军的营寨。

就在这名太监离开满蒙联军营寨的时候，高鸿中和鲍承先都露出了满意的笑容。

他俩终于完成了皇太极布置给他们的任务，他俩现在最需要做的事情，就是将这个好消息告诉皇太极，好邀功请赏，他俩快步走进了皇太极的营帐。

那名逃走的太监姓杨，他可真的称得上猛人中的猛人，居然能够通过满蒙联军一次又一次的盘问，穿过满蒙联军一道又一道关卡。

这种情况只有两个解释，不是杨太监太聪明、满蒙将士太笨，就是满蒙联军是故意的。

　　不管是哪一个，都已经不重要了，重要的是，杨太监脱离了虎口、狼穴。

　　杨太监已经犯下了大错，悄然改变了历史。

　　十一月二十三日清晨，杨太监拖着疲惫的身体抵达北京城下，用他柔弱无力的手敲开了北京城的大门，也敲响了大明王朝的丧钟。

　　一石激起千层浪！

　　一夜之间，大家心目中的英雄，就此跌落神坛啦，袁崇焕成为了千夫所指万人唾弃的汉奸！

　　果然，好事不出门，坏事传千里！

　　离间计初见成效，朱由检和袁崇焕的关系出现了难以磨灭的裂痕。

　　朱由检震惊了，被自己视为股肱之臣的袁崇焕居然是一个通敌叛国的民族败类。

　　尽管朱由检自从皇太极率领满蒙联军包围北京城以后，就对袁崇焕这个说大话、吹牛皮的人极为愤怒；尽管朱由检对于袁崇焕这个违抗圣旨，拒绝乘胜追击皇太极满蒙联军的事情大动肝火；尽管朱由检听说了北京城内关于袁崇焕通敌叛国的谣言以后，对他已经没有从前那么信任了。可是朱由检绝对不相信自己一向信任、一向重用的袁崇焕会是那种通敌叛国的民族败类，即使朱由检听了杨太监的汇报，他也不能够完全地相信袁崇焕就是那样的人！

　　可是礼部尚书温体仁的一道奏疏，使朱由检彻底地相信了袁崇焕就是那种通敌叛国的民族败类。

内阁候选风波

我们来看看温体仁的奋斗史吧。

温体仁，字长卿，号园峤，乌程（今浙江湖州）人。

温体仁跟我国封建社会时期的读书人没有什么两样，都是"两耳不闻窗外事，一心只读圣贤书"，每天都陶醉在四书五经这些科举考试的专业教科书中，希望通过自己的勤奋努力、刻苦学习，有一天能够实现"学而优则仕"的梦想。

上天还是挺照顾温体仁这个刻苦学习、勤奋努力的读书人的。

万历二十六年（公元 1598 年），温体仁不远万里从乌程来到了北京城，参加了当年大明政府举办的全国统一考试，并且取得了优异的成绩，考中了进士。

朱翊钧时期的内阁官员虽然一天天不务正业，花天酒地、醉生梦死，但是他们还是比较重视与怜惜读书人的，连眉头都没有皱一下，就给了温体仁一个翰林院编修的官职。

这对那时一贫如洗、身无分文的温体仁来说，已经很不错了，至少有一个固定的职业，有一份稳定的收入，不但能够养活自己，而且还能够养活老婆孩子。

再说了，翰林院编修好歹也是正七品，有固定的收入，跟大多数人比已经很不错了。

温体仁是典型的外刚内柔、心机很重的人，再加上他特别擅长溜须拍马、阿谀奉承，没用几年时间，温体仁就由翰林院编修升为了礼部右侍郎（正三品）。

这个官职说得简单点，就是管理全国学校事务及科举考试及藩属和外国来往事宜。

温体仁是一个有原则的人，违法的事情他是坚决不做的。就算有人将刀架在他的脖子上，他也坚决不做，这还真有点男子汉大丈夫的气概。

在以魏忠贤和客氏为首的阉党把持朝政、权倾朝野的时候，满朝文武大臣大多抵挡不住压力或者诱惑，纷纷掉转枪口，遮遮掩掩投到了阉党的阵营。

温体仁没有去巴结阉党，可是他也没有去讨伐阉党。

魏忠贤和客氏等人也懒得理会这种毫不起眼的小角色，温体仁也得以苟全性命、明哲保身。

朱由校病逝以后，朱由检继位，以魏忠贤和客氏为首的阉党遭到了血腥的清洗，但凡跟阉党分子有关系的，统统剥夺官职，大明政府的官员为之一空。

跟阉党分子没有关联的温体仁，自然是备受朱由检的赏识与重用。

到了崇祯元年（公元1628年），温体仁已经被朱由检提拔为礼部的最高官员，成为了礼部尚书。

可是温体仁并不满足，他这一生最大的梦想就是成为内阁首辅。

为了这个梦想，温体仁可以出卖一切，包括自己的人格与良知。

选举内阁成员与温体仁的弹劾

崇祯元年（公元1628年）十一月，内阁大学士刘鸿训因为得罪了朱由检，朱由检毫不客气地罢了他的官，让他收拾包袱滚回长山老家去了。

大明政府最高权力机关内阁出现了职务空缺。

朱由检可不像朱翊钧当政期间那样，职务出现空缺就让它空缺吧，朱由检是一个勤政爱民、辛勤工作的好君主，他自然不会容许职务空缺的事情发生。

朱由检命令满朝文武大臣马上推荐政绩突出、业务能力强的大臣进入内阁。

朱由检当政初期，朝中的文武大臣也确实忠君爱国、踏实肯干，干起事情来一点儿也不拖泥带水，没用多长时间，就从数百名官员中挑选出了十一个优秀的人才。

这十一个人分别是：成基命、钱谦益、郑以传、李腾芳、孙慎行、薛三省、盛以鸿、罗喻义、曹于汴、王永光、何如宠。

这份内阁候选人名单上没有温体仁，也没有深受朱由检赏识与重用的礼

部侍郎周延儒。

内阁候选人名单上有没有周延儒，对大明不会产生多大的影响，毕竟周延儒是个好欺负的人，打掉了他的牙齿，他也只会往肚子里咽，可内阁候选人名单没有温体仁，这对大明的影响就大了。

看破世事惊破胆，宁愿毁却百年身，温体仁从最厚黑的政治旋涡里爬出来，为了前程地位权力改变了初衷，变成了一个宁负天下人、不负好前程的坏人。

如今温体仁多少年朝思暮想期盼的职务，居然被突如其来地抢走，自然是又惊又怒，又恼又恨。

然而温体仁并未丧失信心。

温体仁拿出了那份内阁候选人名单，以前所未有的专业精神和饱满的热情认认真真、仔仔细细地研究了一遍，"皇天不负有心人"，很快，他就找到了！

温体仁发现内阁候选人名单上有个人曾经犯过严重的政治错误和思想错误。

事态紧急，刻不容缓，十万火急！

在昏黄如豆的灯光下，温体仁的灵感像潮水一样涌上了笔尖，片刻之间，一份洋洋洒洒的奏章就完成了。

这就是著名的《直发盖世神奸疏》，而《直发盖世神奸疏》中的神奸就是时任礼部侍郎的钱谦益。

温体仁直言不讳地揭发了天启二年（公元 1622 年）钱谦益以翰林院编修的身份主持浙江会考的时候，明目张胆地接受考生的贿赂，证据确凿，这种知法犯法的典型，就不要拿来凑数了吧？

钱谦益

钱谦益，字受之，号牧斋，苏州府常熟县鹿苑奚浦（今江苏省张家港市塘桥镇鹿苑奚浦）人。

钱谦益也是一个勤奋努力、刻苦学习的读书人中的典型代表。

这样懂事听话、热爱学习的孩子，老天自然不可能抛弃他，钱谦益在万历三十八年（公元 1610 年）的全国统一考试中崭露头角，取得了一甲三名的好成绩，成为了名副其实的进士。

内阁官员对钱谦益没有什么印象，更没有什么交情，但是这个人有能力，能够在大明王朝举办的全国统一考试中取得优异的成绩就是测试他有没有能力的方法与标准。

幸运的是，钱谦益通过了这个测试，内阁官员授予了钱谦益翰林院编修的职务，跟温体仁也没有什么两样，其实内阁官员也没有给予钱谦益特殊照顾，毕竟只要是考中进士的读书人，一般最先授予的都是翰林院编修的职务。

钱谦益学富五车、才高八斗，这样的人才自然不会被埋没太久，没过多久，钱谦益就受到了当时大明最大政党东林党的青睐，成为了东林党的骨干成员。

有了强大的东林党在背后支持与帮助，钱谦益自然是官运亨通，负责《神宗实录》的编撰工作！

然而这样的日子，钱谦益并没有过太久。

朱常洛病逝以后，他的儿子朱由校继位，魏忠贤和客氏受到了朱由校格外的赏识和重用，魏忠贤被朱由校封为司礼监秉笔太监兼东厂总督。

魏忠贤有了朱由校在背后撑腰，胆子确实大了不少，迅速组建了以自己为首领的阉党，而且还联合楚党、浙党、齐党等众多党派，对一家独大的东林党发动了猛烈的攻击。

东林党在以阉党为首的政党联盟的强大攻势下，迅速衰落下去，即使没有灭亡，也转为了地下活动。

常言道"覆巢之下，安有完卵"，钱谦益作为东林党的核心成员，自然也受到了猛烈的攻击。

都察院御史崔呈秀、陈以瑞在主子魏忠贤的指示下，上书弹劾钱谦益。

朱由校连眉头都没有皱一下，就让钱谦益收拾包袱滚人了！

崇祯元年（公元 1628 年）七月，朱由检再次起用钱谦益。

钱谦益凭借自己高深的学识，崇高的品德，丰富的阅历赢得了新老板朱由检的赏识和重用。

没有用几个月时间，钱谦益就坐上了礼部右侍郎的位置。

到了这一步，钱谦益总算是混出了名堂，虽然没有入阁，但也是六部的二三把手，皇帝作个报告开个会啥的，他也能发发言提提建议。

人能够走到这一步，也就应该知足了。

而温体仁在《直发盖世神奸疏》中所说的浙江会考作弊案确有其事，并不是温体仁虚构的！

事情是这样的。

浙江会考作弊案

让我们把镜头拉回六年前。

天启二年（公元 1622 年），时任翰林院编修的钱谦益奉老板朱由校的命令前往浙江主持会考。

同为监考老师的韩敬、沈德符八辈子都没有遇到监考这样的好事情，如今既然遇到了，当然要好好地利用一下，收点黑钱，发点横财，捞点好处，尝点甜头了。既然收了黑钱，帮考生递个小抄、传个答案这类坏事自然是免不了要做的。

韩敬、沈德符这两个人贪生怕死、胆小如鼠，还没有做贪赃枉法的事情之前，就在想他俩贪赃枉法被捉到以后的事情了。

韩敬和沈德符都是聪明人，他俩很快就想到了一个办法，那就是让钱谦益来帮他俩背黑锅。

当然韩敬和沈德符都是聪明的读书人，帮助考生作弊自然不可能是帮他们递递答案，传传小抄，做做试卷，这类作弊方法被活捉的概率特别高，韩敬和沈德符使用的舞弊方法是以在考试试卷中预埋字眼的形式为出了钱的考生打通关节，博取功名，说白了，也就是在考试试卷中作记号。

至此，一场科考舞弊的犯罪链形成了！

钱千秋是一个高明得不能够再高明的作弊考生了，他居然有本事将"一朝平步上青天"这么有诗情画意的诗句巧妙地放在了他文章每段的末尾，而"一朝平步上青天"这七个字就是韩敬、沈德符与出了钱的考生约定好的记号。

韩敬和沈德符好歹也是通过了科举考试的官员，"一朝平步上青天"这样浅显易懂的暗号没用多少时间就找到了！

浙江会考的结果已经毫无悬念，不用去看榜单，也知道钱千秋这个家伙金榜题名、平步青云了！

接下来，就到了兑现承诺的时刻了！

收受贿赂，捞点金钱这种事通常是不能一个人独自享受的，那么最后自然就是分赃了。

问题就出在这了。

常言道"槽里无食猪拱猪，分赃不均狗咬狗"，有的考官自恃在舞弊过程中出力最多，功劳最大，理所当然应该多拿一份。可是又有人不干了，我跟你一样，都是放着前程、提着脑袋瓜子跟你徇私舞弊、贪赃枉法、作奸犯科，凭什么你要多拿一份？

结果这些考官争过来争过去，也没有争出一个所以然来，就在这危急的情况下，不知道是哪个缺心眼的考官居然将浙江会考舞弊的消息泄露出去了。

好事不出门，坏事传千里！

礼科给事中顾其仁是个办实事的好官，他听说此事后，二话不说，就调出了钱千秋的试卷，经过认真查看，仔细研究，很快就找到了浙江会考舞弊案中的相关证据。

真是踏破铁鞋无觅处，得来全不费工夫啊！

顾其仁立刻上书朱由校，揭发了浙江会考舞弊的官员。

当时的处境，真的很危险啊！

钱谦益得知后，当时想掐死韩敬、沈德符的心都有了。

钱谦益知道，自己作为浙江会考的主考官，自然也脱不了干系，如果现在再不站出来揭发，恐怕自己下辈子就只有在监狱里度过了。

钱谦益深知拖得越久，变数就会越大，箭在弦上，势在必行！

钱谦益立刻上书朱由校，检举揭发了参与浙江会考舞弊案的考官。

这件案子影响太恶劣了！

影响帝国选拔人才的公平公正，就是对皇家赤裸裸的挑衅。

朱由校大发雷霆，龙颜大怒，要求各司，一定严办此事，务必把浙江会考舞弊案的参与者，绳之以法，千刀万剐。

钱千秋这个作弊的考生被革去了功名，这个惩罚已是很轻的了！虽然失去了功名，但是好歹也保住了身家性命。

相比之下，参与浙江会考舞弊案的官员就没有钱千秋那小子那么幸运了！

朱由校二话不说，就将他们全部打进了监狱，这辈子的前程那是毁了，能不能够保住他们的脑袋瓜子，就要看他们的造化了，对此本人只能够送这些人八个字：罪有应得，死有余辜。

虽然钱谦益检举揭发了参与浙江会考舞弊案的官员，但是他作为浙江会考的主考官，也有失察之罪，功过不能够相抵，钱谦益最后还是被罚了三个

月俸禄。

可是这对钱谦益来说已经是最好的结局了，起码朱由校并没有让钱谦益收拾包袱滚回老家，起码钱谦益还有一份固定的工作，稳定的收入！

这事也就这么过去了！

温体仁的阴谋

朱由检看了温体仁的《直发盖世神奸疏》以后，对满朝文武大臣推荐的内阁候选人成员产生了严重的怀疑。

一石激起千层浪，这话题被满朝文武瞬间刷爆，这事儿闹得有点大！

第二天，朱由检就召集内阁、六部以及六科等部门的文武大臣到文华殿议事，当然其中也少不了原告温体仁和被告钱谦益。

钱谦益对温体仁弹劾自己的事情不以为然，认为这不过是一些陈年旧事，再说了，当年自己并没有参加浙江会考舞弊案，自己作为主考官的确有失察之罪，可是当时也受到了应有的惩罚。

这也只能说钱谦益太单纯善良了，江湖经验比起温体仁来，差远了！

温体仁可没有钱谦益那么单纯善良，他现在最想做的事情就是将钱谦益置于死地，铲除阻碍自己进入内阁的巨大障碍！

温体仁抢先发言说："微臣的职务并不是言官，原本不应该弹劾钱谦益，可是推荐既有才能又有品质的优秀官员进入内阁，这是关系到国计民生的大事情啊！钱谦益这种结党营私、贪赃枉法的官员即将进入内阁，满朝文武大臣竟然没有一个人敢站出来检举揭发他！微臣不忍心见圣上受他人蒙蔽却不自知，因此冒死进谏！"

朱由检听了温体仁慷慨激昂、义正词严的发言以后，那颗孤独的心灵感受到了春天般的温暖。

可是身在现场的满朝文武大臣的看法与朱由检的看法正好相反，他们都认为温体仁说的比唱的都好听。

以吏科都给事中章允儒表现得最为积极，他大声地质问温体仁："既然您这么关心国家大事，心系黎民百姓，如果钱谦益真的结党营私、贪赃枉法，为什么您直到今天才说呢？"

如何在危急关头漂亮地应对，挽回颓势，赢得胜利，这是门很高深的学问，

一般只有官场骨灰级人物才能做到。

章允儒质问的是温体仁这个老奸巨猾、阴险狡诈的官场老流氓，温体仁自然能够回答！

只听温体仁回答说："以前，钱谦益不过是一个芝麻绿豆大的小官，无论是他结党营私，还是贪赃枉法，都不会对大明造成太大的影响！如今钱谦益即将进入大明的最高权力机关内阁，如果还不检举揭发，那么他对大明造成的影响可就大了。今天本人检举揭发钱谦益，就是为了提醒朝廷要谨慎用人啊！章允儒您这么积极地为钱谦益开脱，恐怕您也是钱谦益的党羽吧！"

朱由检生平最恨的就是朝中的文武大臣拉帮结派、结党营私，谁与这个沾上边，谁就是自绝于人类社会，如今听了温体仁这么一说，当时脸就像变色龙，红一阵绿一阵黄一阵黑一阵，要不是顾及皇帝的身份，恐怕朱由检早就扑上去将钱谦益推倒在地，再一顿拳打脚踢了！

朱由检马上命令礼科的官员将钱千秋的试卷从档案室调出来，也顾不上皇上的身份了，当场就对钱谦益一顿劈头盖脸的臭骂。

钱谦益长这么大，在官场混了这么多年，哪里见过这么大的阵势，当时就吓得一颗心像是被抽尽了空气一样，刹那间头晕目眩，双腿发软，哪里还敢隐瞒半句，马上主动承认了自己所犯的错误！

温体仁知道，自己赌赢了！

俗话说"不怕背靠背，就怕站错队"，一个人一旦站错了队，迎接他的一定是接二连三的打压与迫害。

就在这个关键时刻，又有人出幺蛾子了！

这只幺蛾子不是别人，正是周延儒。

周延儒实在是个了不得的人物，此人最初以才华著称于世，他中过状元。

周延儒，字玉绳，号挹斋，宜兴（江苏省宜兴市宜城镇）人。

周延儒从小机敏多智，博闻强记，看书过目不忘，写作信手拈来，博学的学名传遍乡里，由此可见，周延儒是有真才实学的。

有一个小故事很能说明问题。

据说周延儒四岁的时候，他的祖父驮着他到长桥南堍附近玩耍。

年少气盛的周延儒指着徐阁老徐溥的石柱牌坊问道："祖父，徐阁老做了内阁首辅，把牌坊立在这里，我今后做了内阁首辅，牌坊立在哪里呢？"

周延儒的祖父彻底崩溃了，这也太张扬狂妄了！

周延儒的祖父大声呵斥道："黄口小儿，不要信口雌黄！"

后来发生的一切都证明，周延儒当初之所以敢口出狂言，最重要的一点就是，他确实才高八斗学富五车，有骄傲的资本。

万历四十年（公元1612年），二十岁的周延儒在乡试中一举成名，考中举人。

年纪轻轻就顺利考中举人，周延儒很快便声名鹊起，成为大家一致看好的潜力股。

万历四十一年（公元1613年），春闱大试刚刚落下帷幕，大家都在榜单上焦急地寻找自己的姓名，而周延儒却悠然自得，一副满不在乎的样子。

有人好奇问他，为什么不去看榜单？

周延儒指了指榜首，那不就是！

四月，周延儒参加了殿试，再次独占鳌头，被万历皇帝朱翊钧钦定为状元。

随后，周延儒身骑高头大马，披红挂彩，招摇过市，威风得不行！

实事求是地说，虽然周延儒后来被列为奸臣，受人轻视唾弃，但谁也没有办法否认他的才华，可惜，最后他把全部的才华和精力都用在了追逐权力上，在这条路上越走越远。

才华横溢，又会处事，仕途自然顺风顺水。

朱翊钧任命周延儒为翰林院修撰（从六品）。

其实这也是常规任命，按照惯例，殿试之后，获得状元的，都会被授予翰林院修撰，负责修国史、实录，记录皇帝言行。

朱由校继位后，周延儒被提拔为詹事府左春坊左中允，掌管司经局。

眼看着岁月蹉跎，他从政的道路还没有踏上正轨，他心里很难受。

周延儒为人机巧，善于钻营，在处理阉党和东林党的问题上，保持中立，左右逢源，两面讨好，因此没多久周延儒就升任詹事府少詹事，前往管理南京的翰林院。

朱由检扫除阉党后，立刻想到了周延儒，将他召回京师，出任礼部右侍郎。

这些年来，周延儒一直在等待着自己的机会，一直在寻找着快速晋升的突破口！

周延儒一看朱由检对温体仁的话深信不疑，就知道自己苦苦等待的机会来了，一直寻找的突破口找到了，如果这个时候表态，一定可以一锤定音，获得最大的收益！

周延儒义正词严地说："推荐官员进入内阁本来就是满朝文武大臣的事情，可是最终做决定的人，只有圣上一人，其他人都无权做出决定。他们做出了决定，不过是给自己惹祸罢了。这种事情百年之后自有公论，圣上不必太在乎别人的感受与看法，自己做出决定就可以了！"

朱由检一想也是这个道理，我是你们的老板，你们只是给我打工的，凭什么所有的事情都要与你们商议讨论才能够做出决定啊！

朱由检马上就让钱谦益收拾包袱滚回老家，提前养老去了。

朱由检对帮钱谦益说话的章允儒就没有这么好了，当时就命令锦衣卫将章允儒抓进了监狱。

同为内阁候选人成员的房可壮、瞿式耜也受到了牵连，由中央各部的部长降为了地方官员。

不过这对他们来说，也未尝不是一件好事，毕竟"天高皇帝远"嘛！

温体仁入阁之路

当然由于温体仁和周延儒在弹劾钱谦益的事情中表现积极，行动迅速，深受朱由检的赏识与青睐。

这一刻，温体仁似乎感觉到内阁首辅的座位，在向自己招手！

温体仁弹劾钱谦益这么一折腾，自然引发了朝中的非议，得罪了一帮大臣。

这些大臣一致决定一定要温体仁这个卑鄙无耻、阴险狡诈的混蛋付出惨重的代价。

温体仁，您不是翻钱谦益的陈年旧账吗？那我们就奉陪到底，翻您的陈年旧账，我们倒要看一看，到底谁能够笑到最后，成为最终的胜利者！

温体仁本身的屁股就不干净，之前干过不少不法勾当。

没过多久，都察院御史毛九华就上书朱由检，检举揭发温体仁。

温体仁待在家乡乌程的时候，利用手中的权力强迫当地商人用最低廉的价格将商品卖给自己。

这些商人也不是打掉牙齿往肚子里咽的人，他们都是"无利不起早"的人，把金钱和利益看得比他们的身家性命还要重要，他们自然不会善罢甘休，

于是联名上书检举揭发温体仁。

温体仁也不是那种坐以待毙、束手就擒的人，他马上用大量的钱财贿赂阉党核心成员兵部尚书崔呈秀。

这件事情就在崔呈秀的周旋包庇下，大事化小，小事化无，最后也就不了了之了！

毛九华还弹劾在魏忠贤权倾朝野、只手遮天的时候，温体仁为了讨好和巴结魏忠贤，以求自己能够加官晋爵、升官发财，居然在浙江著名的旅游胜地杭州为魏忠贤建造生祠，并且还恬不知耻、奴颜婢膝地给魏忠贤写了许多歌功颂德的文章。

这些事情我们都不知道是确有其事，还是纯属虚构，其实朱由检跟我们也有一样的困惑。

朱由检让浙江巡抚彻底调查此事！

一波未平，一波又起！

崇祯二年（公元 1629 年），贵州道监察御史任赞化上书弹劾温体仁，检举揭发温体仁竟然不顾国家荣誉，迎娶花街柳巷、秦楼楚馆的风尘女子做妾。

另外任赞化还检举揭发了温体仁贪污受贿，强占他人家产等罪行。

温体仁知道自己现在不站出来有所表示是不行的了，于是向朱由检递交了辞职报告。

温体仁在辞职报告中大义凛然地表示："微臣由于上书弹劾钱谦益的缘故，遭到了满朝文武大臣数百人的围攻、讨伐，却没有一个大臣站出来帮助微臣。微臣独木难支、孤掌难鸣，只好辞职！"

朱由检一看温体仁满脸泪水，一脸委屈的模样，着实心痛不已，于是马上召集内阁九卿与温体仁当面对质。

仇人见面自然是分外眼红，温体仁和毛九华、任赞化一见面就针尖对麦芒，大吵大闹，争得脸红脖子粗，要不是有朱由检在场，恐怕他们三人早就指爹骂娘，往对方的祖宗十八代身上招呼了。

朱由检从温体仁和毛九华、任赞化这些人身上也得不到什么答案，自然不会将时间浪费在他们身上，于是朱由检将韩爌等内阁大臣召到了内殿。

奇怪的是，朱由检并没有向韩爌等人询问温体仁和毛九华以及任赞化三人谁对谁错，谁是谁非，而是大发了一番感慨："朝中的文武大臣整天不知道操心国家大事，只知道拉帮结派，党同伐异，你争我斗，相互攻击，都应该受到惩罚啊！"

朱由检这番话其实说得非常有道理，党派之争，会让国家的官僚机构垮台，官员们陷在派系争端的泥潭里，一天到晚谋划着暗算别人，也时时刻刻提防着别人的暗算，根本就没有心思与精力去干本职工作，能在这样的环境里出人头地的，都是些害人整人顶人的高手，搞事闹事没事找事的精英，哪里还会有正经工作者立足的余地。事后历史也证明了明朝灭亡的原因之一就是无休无止的党争。

朱由检不仅将自己的好恶表现在了脸上，而且还毫不掩饰地说了出来，投机取巧、善于钻营的人如果不利用利用这千载难逢的机会迎合迎合朱由检，那就实在对不起自己了。

温体仁不愧是官场老油条，一听朱由检这么说，再次提出了辞官归隐的事情。

凭借这一举动，温体仁又赢得了朱由检的不少好感，赚了不少印象分。

结果就是朱由检不但没有批准温体仁辞官归隐的请求，而且还好言安慰了温体仁一番。

温体仁当时别提有多高兴了，可是事实证明，温体仁还是高兴得太早了。

没过多久，刑科给事中祖重晔、南京兵科给事中钱允鲸、南京御史沈希诏都相继上书弹劾温体仁，可是朱由检认为他们三人和钱谦益是一丘之貉，不但没有惩罚温体仁，反而下令召开会议，公开审理钱谦益徇私舞弊的案子，还称之为"千秋狱"，温体仁又躲过了一劫。

可是审理的结果仍然是：原礼部侍郎钱谦益自己承认错误在前，我们发现错误在后，钱谦益不应该受到惩罚！

朱由检一看钱谦益那个贪赃枉法、祸国殃民的家伙居然没有受到应有的惩罚，胸中的怒火便像被泼了汽油般猛一下狂飙起来，立马下令重新审理。

温体仁本来就对钱谦益那个家伙没有什么好感，他趁机上书朱由检，诬告"千秋狱"的状词全都是钱谦益写的。

温体仁又将满朝文武大臣给得罪了，刑部尚书乔允升，都察院左都御史曹于汴，大理寺卿康新民，太仆寺卿蒋允仪，府丞魏光绪，给事中陶崇道，都察院御史吴甡、樊尚璟、刘廷佐，也不是那种打掉牙齿往肚子里咽的人，

马上上书反驳温体仁说："微臣等人一起审理千秋狱，观听者多达数千人，这样的事情岂是一只手、一张口能够掩饰的，温体仁的弹劾不过是胡说八道、信口开河。"

温体仁虽然那张嘴不简单，舌头上长着一朵朵莲花，能够说得石头为之点头，江河为之倒流，但是也找不到理由来反驳乔允升、曹于汴、康新民、蒋允仪等人，这件事情就不了了之。

崇祯二年（公元1629年），周延儒被朱由检任命为礼部尚书兼东阁大学士，进入文渊阁，处理大明的军政大事。

崇祯三年（公元1630年）六月，朱由检任命温体仁为礼部尚书兼东阁大学士，正式进入大明最高权力机关内阁。

温体仁终于实现了入阁的夙愿。

温体仁开始了他荣耀的内阁生涯，他将以其标志性的借时造势、欺上瞒下、无中生有、以虚为实、由诳而真的风格来左右崇祯大半个时期的官场。

袁崇焕之死

接下来，让我们把目光转回袁崇焕的事上。

温体仁在给朱由检的奏疏中详细地列举了袁崇焕的几大罪状，那就是"朋比为奸""大权旁落""贻误封疆""图谋不轨"。

这四条罪状，无论哪一条，都足以让袁崇焕被朱由检凌迟处死、诛灭九族，永世不得翻身，更何况袁崇焕这四条罪状都"犯"了，那更是只有死无葬身之地了！

看来温体仁，是一门心思要置袁崇焕于死地啊！

现在事情已经很明显了，朱由检不处理处理袁崇焕的问题是不行的了。

袁崇焕的厄运到了！

袁崇焕手里可掌握着数万披坚执锐、所向披靡的精锐部队啊！如果一个处理不当，袁崇焕率领这支部队闯进北京城了，恐怕朱由检怎么死的都不知道。

朱由检在处理袁崇焕卖主求荣、通敌叛国的问题之前，还要作精密的部署！

崇祯二年（公元 1629 年）十二月初一，朱由检命令司礼监太监沈良佐、内官监太监吕直负责北京城九个城门以及皇城的防务，司礼监太监李凤翔负责忠勇营、京营的军队。

至此，北京城内的军政大权全部处于朱由检的掌控之中。

当然，仅仅准备这些是远远不够的，毕竟朱由检仅仅掌握了北京城内的军队，并没有掌控北京城外的军队，要想抓住袁崇焕还是挺困难的，除非朱由检能够让北京城外的明军听从自己的指挥。

这个想法是好的，却是不可行的，辽东明军跟随袁崇焕出生入死、南征北战多年了，没有感情也有交情，没有交情也混了个脸熟。而朱由检呢？虽然是辽东明军的最高领导，但是辽东明军连朱由检到底是长得帅还是长得丑都不知道，他们凭什么听朱由检的命令啊？

为了防患未然，现在朱由检唯一能够采用的办法就是将袁崇焕骗入紫禁城，再慢慢收拾他。

一切已经准备就绪，就差袁崇焕了！

跳入火坑

十二月初一，袁崇焕和祖大寿得到了朱由检的指示：叫他们两个立刻进宫面圣。

袁崇焕并不知道，一场灾难正悄悄向他靠近！

当然领导召见部属都有理由与原因，朱由检召见袁崇焕和祖大寿自然也不能够例外。

朱由检召见袁崇焕和祖大寿的理由和原因很简单也很实在，就两个字：发饷。

袁崇焕和祖大寿听说要发军饷的消息以后，二话不说，就朝紫禁城内屁颠屁颠地跑去了。

袁崇焕和祖大寿忽视了一个问题，那就是朱由检早不发军饷，晚不发军饷，为什么偏偏在今天这个不该发军饷的时候发军饷。

如果袁崇焕和祖大寿中有一个人想到了这一点，就不会这么兴奋了！所以说胜利容易冲昏人的头脑啊！

等袁崇焕和祖大寿上气不接下气地跑到北京城下的时候，更奇怪的事情发生了，那就是北京城下不但没有人夹道欢迎，迎接击退十多万满蒙联军的民族大英雄袁崇焕的到来，而且九个城门都关得死死的。

袁崇焕和祖大寿对此都是丈二的和尚——摸不着头脑。

袁崇焕和祖大寿都忍不住打了一个寒战，难道是太监送错了信，朱由检压根儿就没有今天发军饷的想法。

袁崇焕和祖大寿并没有死心，还是朝北京城城楼上喊了几声，袁崇焕和祖大寿喊了大半天，城楼上的明军才将一个破竹篮子甩了下来。

对于这个竹篮子袁崇焕和祖大寿这两个人自然不会陌生，宁远战役和宁锦战役取得突破性进展以后，袁崇焕和祖大寿就是用破竹篮子将明军将士放下城去，跑到北京城去报捷的。

袁崇焕和祖大寿还没有等明军告诉他们使用方法，就迫不及待地跳进了破竹篮子。

事出反常必有妖！

袁崇焕和祖大寿也不花时间仔细地想一想，皇太极率领的满蒙联军早在十一月二十一日就全部撤到南海子去了，北京城现在戒备还这么森严，到底是在防备谁啊？

如果袁崇焕和祖大寿仔细思考一下这个事情，也许他俩就会意识到自己不是跳进的破竹篮子，而是跳进了一个大火坑。

进入北京城以后，城内的明军还是挺热情的，非常礼貌地将袁崇焕和祖大寿带到了平台。

在平台，袁崇焕遇到了自己的老熟人满桂、黑云龙以及朱由检等人。

好熟悉的地方，好熟悉的场景！

在这个地方，袁崇焕已经见过了大明当时的最高统治者朱由检两次。

第一次是在崇祯元年七月十四日，那一次身为老板的朱由检对袁崇焕很照顾，无论袁崇焕提出什么样的要求和条件，朱由检都毫不犹豫地答应了他，对此袁崇焕很感动，发誓从今以后一定要持续不断地燃烧小宇宙，终身为大明注射激素，收复辽东失地，以报答朱由检的知遇之恩。

第二次是在崇祯二年十一月二十一日，那个月份在中国已经是隆冬季节了，北京地处北方地区，自然是天寒地冻，寒风习习，朱由检对袁崇焕很够意思，毫不犹豫地将身上的披风解了下来，披在了袁崇焕的肩上。袁崇焕顿时就感动得泪流满面，佩服得五体投地，下定决心要彻底打败皇太极率领的十多万满蒙联军，解除北京城的危机。

袁崇焕也许做梦也没有想到，自己这次来到这里，就再也回不去了！

袁崇焕入狱

朱由检一看袁崇焕孤身一人来到平台很高兴也很欣慰，朱由检开门见山、直奔主题地问了袁崇焕三个问题：

　　1. 为什么要砍掉皮岛总兵毛文龙的脑袋瓜子？

　　2. 为什么皇太极的十几万满蒙联军能够越过长城防线，进犯北京城？

　　3. 为什么大同总兵满桂会被砍伤？

　　如果给袁崇焕一点时间的话，他还是能够回答前两个问题的！

　　为什么要砍掉毛文龙的脑袋瓜子？理由就简单多了，往公了说，那就是毛文龙不听指挥，影响袁崇焕五年复辽的既定方针。往私了说，就是毛文龙不听袁崇焕的话，袁崇焕叫他往东，他偏要往西；袁崇焕让他站起，他偏要卧倒。再加上袁崇焕也看毛文龙不顺眼。

　　为什么皇太极的十几万满蒙联军能够越过坚固的长城防线，进犯北京城，这就说来话长了！其实这个问题最好还是问皇太极好了，毕竟没有人比皇太极更合适回答这个问题了！

　　至于为什么满桂会被满蒙联军砍伤这个问题，袁崇焕真的是九窍通了八窍，一窍不通了！

　　十一月二十一日，满桂在德胜门外作战，而袁崇焕和祖大寿在广渠门外作战，两个人又不在同一地点，你问袁崇焕，满桂为什么会被满蒙联军砍伤？这不是对牛弹琴吗？

　　袁崇焕怎么可能会知道？

　　朱由检一看袁崇焕这个家伙一脸疑惑，生怕袁崇焕不相信满桂被满蒙联军砍伤了，马上命令满桂脱掉了上衣。

　　满桂还没有这么大的胆子和脾气，只有乖乖地脱掉了上衣，露出了自己结实的胸膛！

　　朱由检可不管袁崇焕心里在想什么，他一看袁崇焕半天没有吭声，就认为袁崇焕在沉默，沉默就是默认。

　　很好，事情清楚了！

　　既然这样，朱由检也没有跟袁崇焕客气，马上命令锦衣卫将袁崇焕逮捕了！

　　袁崇焕满脸晦暗地低着头，只觉得心中的美好世界一瞬间崩溃了。

　　锦衣卫铁面无私的庄严外表下，却是一颗颗丑陋肮脏的灵魂，他们打仗是不怎么样，审案也不咋样，逮人却是相当在行。

　　锦衣卫二话不说，就一拥而上，将袁崇焕按倒在地，摘帽子的摘帽子，扒衣服的扒衣服，绑手的绑手，然后就将其拖往镇抚司诏狱。

整个过程都是一气呵成，毫不拖泥带水！

这一刻，全场顿时鸦雀无声，所有人都无语地抬头望天，只觉得头顶上有数百道天雷轰落！

其实满朝文武大臣都知道朱由检今天要处罚袁崇焕，不过大家一致认为朱由检最多骂袁崇焕几句，再罚几个月的俸禄就够意思了，谁又能够想到朱由检的胆子居然这么大，皇太极的十几万满蒙联军还驻扎南海子呢！你现在就把袁崇焕投进北镇抚司诏狱了，如果皇太极又率领十几万满蒙联军杀回来了怎么办？你不想活不要紧，可是我们还没有活够呢！

内阁大学士成基命、户部尚书毕自严马上提出了反对意见，请求朱由检慎重、慎重再慎重，要考虑一下皇太极的十几万满蒙联军还驻扎南海子的实际情况，逮捕了最高军事指挥官，容易引起士兵的哗变，希望朱由检不要冲动，要知道冲动是魔鬼，冲动的人迟早要受到惩罚的！

其他内阁大臣也极力劝谏朱由检，并且还说了一大堆理由，不过综合分析了一下，说来说去，其实就只有八个字，那就是：临敌易将，兵家所忌。

这些文武大臣不是在关心袁崇焕，而是在为他们自己着想，他们的理由翻译解释一下，就变成了现在逮捕袁崇焕实在太危险，还是等皇太极率领十几万满蒙联军返回盛京再说吧！

朱由检是那种"不见棺材不掉泪，不到黄河不死心"的人，你要他将袁崇焕放了那简直比登天还难。

当然朱由检还是挺聪明的，仅仅用了简简单单的八个字，就将那些反对他的文武大臣给打发了。

这八个字就是：事已至此，不得不为。

朱由检为了避免满朝文武大臣担心的事情发生，还是作了相应的部署安排，明军总指挥由满桂担任，节制各路"勤王"之师，关宁铁骑和辽东的明军由祖大寿指挥。

事实证明，满桂是绝对靠得住的，却不是皇太极的对手，祖大寿勉强还可以应付皇太极，却是纸糊的墙，绝对靠不住的！

余大成的预言

袁崇焕在被锦衣卫逮捕，拖进北镇抚司诏狱的时候，祖大寿这个"泰山崩于前而色不变，麋鹿兴于左而目不瞬"的武将当时就吓得浑身发抖、举止失措，看来袁崇焕被捕的事情对祖大寿的打击很大。

也许有人会问，既然祖大寿对袁崇焕这么关心在乎，为什么不大声抗议，为袁崇焕据理力争呢？祖大寿大声抗议、据理力争有用吗？本人可以很负责任地告诉大家，一点用处也没有，那就像个不会游泳的人被丢进了大海里挣扎一样，无用！

对于祖大寿浑身发抖、举止失措的事情，满朝文武大臣都认为这很正常，自己的领导都被抓了，如果连一点反应都没有，那还是人吗？可是有一个人不这么认为，这个人认为祖大寿浑身发抖、举止失措另有深意。

这个人就是兵部职方清吏司郎中（正五品）余大成，十二月初二，余大成找到了兵部尚书梁廷栋，提醒他说："现在敌人的势力还很强大，辽东军队却没有主帅，必有大乱。为今之计，只有释放袁崇焕，让他来稳定辽东军队的情绪，这样袁崇焕不但可以戴罪立功，而且还能够牵制敌军，保全辽东的劲旅。"

梁廷栋具有一般武将的典型特征，那就是头脑简单、四肢发达，他根本就对余大成的担忧不以为然："辽东军队有锦州总兵祖大寿统率，不可能出现什么大乱子。"

余大成反驳说："俗语有云'覆巢之下，焉有完卵''皮之不存，毛将焉附'，祖大寿不过一介武夫，他绝对不能够接受袁崇焕被逮捕这一事实的！"

梁廷栋一开始还以为余大成是在说笑，现在终于知道余大成的担忧确实有道理，梁廷栋虽然贵为兵部尚书，但是大明的军政大事还是轮不到他说了算的。

梁廷栋和余大成马上跑到了内阁，找到了内阁大学士周延儒，梁廷栋将整个事情的大致经过向周延儒详细讲述了一遍。

周延儒问余大成："你担心祖大寿会反叛？"

余大成没有回答，只是点了点头，这也算是表明了态度，那就是祖大寿必反。

"几天之内？"周延儒继续追问。

"不出三天！"余大成斩钉截铁地回答。

周延儒意识到了这是一个严重的问题，马上吩咐梁廷栋密切监视辽东明军的动向，毕竟这种事情"宁可信其有，不可信其无"！

祖大寿的出走风波

事实证明，余大成的判断是正确的！

初二，辽东明军的驻地风平浪静。

初三，辽东明军的辖区平安无事。

初四，辽东明军营地出事了。

祖大寿是个重感情的人，也是个感情用事的人，他在副将何可纲的陪同下，率领辽东的一万五千明军全部撤出了北京城近郊，踏上了返回辽东的归途。

让人意外的是，祖大寿在临走的时候还表明了态度，声称自己是返回辽东而不是去投降后金，看来祖大寿还是很害怕被扣上汉奸和卖国贼的头衔的！

这可是个大事情，梁廷栋不敢隐瞒，马上领着余大成去见朱由检。

余大成还是挺善良的，并没有火上浇油、落井下石，置祖大寿于死地，而且还非常卖力地替祖大寿解释："祖大寿并没有背叛大明的意思，他之所以率领关宁铁骑返回辽东，是害怕袁崇焕的事情会牵连到他！"

朱由检现在可没有闲工夫来听余大成谈祖大寿出走的原因，他现在最想知道的是有没有方法能够让祖大寿乖乖地率领军队返回北京城下，毕竟皇太极率领的十几万满蒙联军还没有走远，如果他们突然又杀了回马枪，朱由检真不知道拿什么来抵抗啊！朱由检迫不及待地追问道："有什么方法能够召回祖大寿呢？"

余大成不愧是大明政府的好员工，为老板分忧解难、出点子的功夫无人能及，他说："要想召回祖大寿，必须有袁崇焕的手谕！"

朱由检一听还有办法召回祖大寿，马上斥责梁廷栋："你一遇到事情就惊慌失措、六神无主，怎么能够担当大任呢？既然这个办法可行，你还站在这里干什么，还不赶紧去办！"

说服

情况紧急，必须立即采取行动！

梁廷栋马上召集内阁、六部、六科的官员赶往北镇抚司诏狱说服袁崇焕。

不过，发布命令是简单的，但真要实施起来就没那么容易了！

袁崇焕是那种一旦脾气犯了，十六头牛都拉不回来的人，不管内阁、六部、六科的大臣怎么说，袁崇焕就是不同意。

袁崇焕拒绝的理由很简单也很明显："祖大寿以前听我的话，因为我是督师。如今我是囚徒，哪里还能够得到他的信任。"

这些拿去哄内阁、六部、六科这些读死书、死读书的书呆子还可以，要想哄余大成这个知业务、懂行情的专家连门都没有。

余大成一眼就看出了袁崇焕肚子里的花花肠子，不过是想让朱由检放了他。

当然余大成也不能够当面揭穿他，毕竟袁崇焕也是个要面子、有自尊心的人嘛。余大成换了一个说法："你去辽东担任督师的时候，就已经将生死置之度外了，天下没有人不佩服你的民族气节和爱国情操，天下也没有人不体谅你精忠报国、爱国爱民的心情，作为臣子，只要有利于国家，有利于百姓，有利于君主的事情，我们都不惜牺牲生命去完成，死于敌人和死于法律，哪一个更值得呢？"

余大成说得大义凛然、理直气壮，连袁崇焕这个猛人中的猛人也找不到理由来拒绝，只有乖乖地写手谕了。

袁崇焕并没有应付了事，写得慷慨激昂、抑扬顿挫，要祖大寿顾全大局！

去而复返

朱由检得到袁崇焕的手谕以后，马上命令辽东将领马世龙携带手谕马不停蹄、日夜兼程地去追赶祖大寿。

祖大寿这个家伙实在跑得太快了，等马世龙追上祖大寿的时候，祖大寿已经率领关宁铁骑抵达锦州城附近了。

祖大寿下马捧读对自己有知遇之恩和赏识提拔之恩的领导袁崇焕的书信，再联想到今日袁崇焕的凄惨下场以后，悲由心生，顿时号啕大哭、泪流满面。

关宁铁骑大多也受到了袁崇焕的恩惠和好处，在统帅祖大寿的感染下，也跟着号啕大哭，场面极其悲壮。

祖大寿的母亲是一个很不简单的女人，她对祖大寿苦口婆心地说："孩儿能够走到今天这一步，都是因为袁督师的缘故。幸运的是，袁督师现在还没有被处死，只要袁督师还活着，事情就还有转机。孩儿何不立功为袁督师赎罪，再乞求圣上赦免袁督师呢？"

祖大寿觉得老母亲说得很有道理，于是率领关宁铁骑马不停蹄、日夜兼程地赶往北京城。

真是家有一老，如有一宝啊，不得不佩服！

可是就在祖大寿率领关宁铁骑离开的这一段时间里，北京城又出幺蛾子了。

各地勤王之师的内乱与满桂之死

事情是这样的！

朱由检是个生性多疑的君主，是绝对不会把赌注全部放在召回祖大寿这件事情上的。

就在马世龙前往辽东召回祖大寿的同时，明朝当局就向各地发布了诏令，抽调各地驻军赶往京师勤王。

朱由检的运气比周幽王好，各地官员在接到诏令后，都召集军队朝京师赶来，其中包括：山西总兵张鸿功的五千晋军，山西巡抚耿如杞的三千多抚标营、太原营将士，延绥巡抚张梦鲸、总兵官吴自勉的五千延绥军，宁夏总兵尤世禄的一千彝族军队，固原总兵杨麒的三千二百二十五名秦军，临洮总兵王承恩的一千五百临洮军，甘肃巡抚梅之焕、总兵杨嘉谟的三千多陇军以及河南巡抚范景文、江西巡抚魏照乘、郧阳巡抚梁应梁等人统率的明军。

这些军队行军是迅速的，声势是浩大的，让朱由检意想不到的是，自己千算万算，漏了一算，这些军队中大部分士兵不但没有对入京勤王的行动有所帮助，反而牵制了入京勤王的军队。事情是这样的：

张鸿功率领的五千晋军到达京畿地区，还没有来得及休息一下，就被兵部叫去驻守顺天府的通州城，张鸿功还算得上一个恪尽职守、忠君爱国的将领，接到命令后，二话没说，就率领队伍奔向通州城。

张鸿功运气实在不咋样，刚刚赶到通州城，兵部又叫他前去防守昌平城。军人的天职就是服从命令，还有什么好说的呢？去昌平！

可兵部朝令夕改的本事实在太强了，张鸿功刚跑到昌平，兵部又叫他前去驻守良乡，真不明白兵部这些人是不是吃饱了没有事情做，拿张鸿功寻开心。

按照明朝规章制度，军队到达驻地以后，当天是没有粮食发放的，只有等到第二天才会发放粮食。

张鸿功统率的军队三天换了三个地方，每个地方都没有待够一天，驻地官员自然不会开粮仓给他们粮食。

泥人还有三分火气呢，何况这些本就桀骜不驯、刀口上舔血的士兵？

士兵们一听不发粮食，一咬牙，一跺脚，就开始在驻地附近劫掠粮食。

这就坏事了！这是要兵变的节奏啊！

一个愚蠢低能的帝王，永远都只会将失败的过错全部推到下属身上。

朱由检认为，这五千晋军之所以会四处劫掠，完全是张鸿功和耿如杞没有约束好士兵。

朱由检立即命令锦衣卫缇骑将张鸿功与耿如杞逮到了北镇抚司诏狱。

统帅都被抓了，还入京勤什么王啊！这五千晋军听到这个消息，就好像一群老鼠听见了猫叫一样，霎时间惊慌失措，一哄而散，逃回了山西。

朱由检得知这个消息以后，立刻下令处死了张鸿功和耿如杞。

印象分在任何时候都是无比重要的，入京勤王，谁先赶到，就能留下更多的好印象，将来就能得到更多的好处。

在这一思想的鼓舞下，梅之焕和杨嘉谟不顾士兵们携带着超重的盔甲与火炮，驱赶着士兵加速前进，几天就行军六千多里。

更加可气的是，明朝当局居然不发军粮。

这些又疲又累、又饥又渴的士兵在王进才、殷登科、吴天印等人的领导下，奋起反抗。

参将孙怀忠，把总周道昌、连登魁对朱由检还是挺忠心的，不顾自身安危，出面阻拦，被叛军斩杀。叛军一不做二不休，斩杀孙怀忠、周道昌、连登魁后，又夺取了军中的军饷，开始返回甘肃。

梅之焕实在是个聪明人，深知"蛇无头不走，人无头不立"，他在叛军中安插间谍，当叛军抵达兰州的时候，间谍将王进才、殷登科、吴天印等叛

军首脑人物全部杀害。

随后，梅之焕出现了，对叛军晓之以理，动之以情，许之以利，胡萝卜加大棒，终于征服了叛军。

尽管如此，还是有部分士兵坚决不愿意入京勤王，梅之焕没有办法，只有将他们遣还甘肃驻地，率领愿意前往京师的军队继续前进。

吴自勉可真是个贪污的好手，贪污不仅不分时间，而且不分场合，连在入京勤王的途中，都敢敲诈勒索士兵，克扣粮食，盗卖军马。遇到这样的领导，不管是哪个部属都不会有好脾气，吴自勉统率的军队开始大批大批地逃亡，照这样发展下去，等到京畿地区的时候，恐怕也剩不了几个士兵了，延绥巡抚张梦鲸忧愤而死。

就在这个时候，皇太极忍不住动手了。

十二月十七日，皇太极率领十几万满蒙联军卷土重来，在卢沟桥打败副总兵申甫的车营后，就直扑永定门。

满桂亲率四万明军迎敌。

事实证明，少数民族在打架和砍人方面的确比汉族要有天赋一些，明军被满蒙联军打得落花流水、抱头鼠窜，就连麻登云、黑云龙也被生擒活捉，满桂、孙祖寿也被满蒙联军乱刀砍死，剁成了肉酱，走在了战友与同僚袁崇焕的前面，可是明军也凭借着精忠报国、视死如归的信念和精神重创满蒙联军，使皇太极攻占北京城的计划成为了南柯一梦。

其实这次惨祸都是祖大寿惹出来的，如果不是祖大寿那个不顾大局的家伙把明军中的精锐部队关宁铁骑带走，皇太极也没有胆量和勇气率领自己的残兵败将、散兵游勇再次进犯北京城，满桂、孙祖寿也不会马革裹尸、战死疆场。

朱由检对祖大寿很失望，祖大寿的下场将会很凄惨。

孙承宗是个好领导

幸运的是，在这危急关头，对祖大寿这小子有知遇之恩的老领导孙承宗看不下去了，他决定帮助自己曾经的部属祖大寿渡过难关。

孙承宗这个过了垂暮之年的老头子在一个夜黑风高、伸手不见五指的夜晚悄悄去拜访了祖大寿。

祖大寿的领导袁崇焕是猛人中的猛人，当然作为袁崇焕部属的祖大寿也差不到哪里去，至少应该可以称得上是个猛人。

还有一点，祖大寿这小子的脾气跟袁崇焕的脾气一样大，除了袁崇焕的话之外，谁的话他都不听，不然他也没有胆子冒着杀头的危险，私自将关宁铁骑带回辽东！

当然孙承宗的话祖大寿还是要听的。

孙承宗也是猛人中的猛人啊，孙承宗既是袁崇焕的领导，也是祖大寿的上级，孙承宗的话连袁崇焕都不敢不听，祖大寿自然没有胆子不听。

孙承宗说："袁崇焕已经蹲号子了，你更要精忠报国，多立战功，争取将他救出来。"

祖大寿说："从袁督师蹲号子这件事情，我已经彻底领悟了'世态炎凉，人情冷暖'这八个字的真谛，说不定哪一天我也惹得皇帝不高兴了，他一气之下把我也关进了监狱，这样的帝王，我还为他效什么忠啊！"

孙承宗并没有因为祖大寿语言粗俗、态度坚决而放弃拯救这个误入歧途的中年人。

孙承宗苦口婆心、循循善诱地说："大寿啊，就是因为袁崇焕已经蹲号子了，所以你才更不能够在外面闹事啊！你还是马上给圣上写个检讨书，主动承认一下错误，争取圣上的宽大处理啊。这既是为了袁崇焕，也是为了你自己啊！"

听人劝，吃饱饭！

孙承宗跟祖大寿老母亲说的话如出一辙，祖大寿自然是深以为然、言听计从，马上就决定写一道奏疏给朱由检。

当然由于祖大寿没有读过什么书，也没有自学过，写的奏疏免不了出现一些语句不通顺、有错别字的问题。

可是朱由检也不能够对祖大寿求全责备啊！

当然孙承宗除了说服祖大寿之外，还要去说服朱由检。

孙承宗开始和稀泥：祖大寿这次私自率领关宁铁骑返回辽东完全是年少无知，现在他已经知道错了，还希望圣上能够给他一个机会，他一定会还你一个奇迹。

孙承宗刚刚把话说完，祖大寿承认错误的检讨书就被呈到了朱由检的手上。

朱由检自然是高兴得手舞足蹈、上蹿下跳，并且当即向孙承宗表示：对于祖大寿过去所犯的错误，一概不予追究，希望祖大寿从今以后能够鞠躬尽瘁、精忠报国，自己一定全力支持他。

祖大寿率领关宁铁骑出走的事情就在孙承宗"和稀泥"的战略战术下，得到了圆满的解决。

孙承宗真是一个厚道人啊！

朱由检剩下的事情，就是如何处理关在镇抚司监狱里的袁崇焕了！

百官的弹劾

上有所好，下必甚焉；上有所恶，下必有人落井下石。

看到朱由检对袁崇焕的态度，自然就有人添油加醋、火上浇油。

十二月七日，江西道御史高捷上疏弹劾袁崇焕和钱龙锡沆瀣一气、狼狈为奸。当然高捷也不是光喊喊口号，还一本正经地找到了证据。

这个证据还得从崇祯元年（公元 1628 年）七月十四日那天说起：

那一天朱由检在平台召见袁崇焕以后，钱龙锡虚心地向袁崇焕请教五年复辽策略的时候，袁崇焕毫不避讳地说道："收复辽东的失地必须从东江开始，毛文龙如果可以使用就使用，不能够使用就杀掉算了。"

钱龙锡还是挺给高捷面子的，看了他弹劾自己的奏疏以后，连反驳都没有反驳一下，就收拾包袱回松江华亭（今上海）老家了，给朝中的文武大臣留下了一个最高权力机关内阁的职务。

看来钱龙锡的确是个好人啊，做任何事情都要"救人救到底，摆渡摆到岸"啊！

在此后数个月的时间里，大明的绝大部分文武大臣都纷纷给朱由检呈上了奏疏，揭发袁崇焕卖主求荣、通敌叛国、收受贿赂、结党营私等一系列罪行。

这些奏疏中犯罪事实是一道比一道多，犯罪程度是一道比一道狠，可是最狠的奏疏还在后头。

不久，山东御史史范又爆出了猛料。

崇祯三年（公元 1630 年）八月初六，史范上疏揭发弹劾已经辞官归隐的钱龙锡支持袁崇焕私自诛杀毛文龙，并且后来还默许袁崇焕与皇太极谈判议和。

不仅如此，史范还非常慷慨大方地给钱龙锡和袁崇焕两个人扣了一顶大帽子，称他俩"卖国欺君，秦桧莫过"。

史范还指出，钱龙锡接受了袁崇焕十几万两白银的贿赂，并交代了白银窝藏的地点，那就是钱龙锡将十几万两白银存放在了姻亲徐本高（已故内阁首辅徐阶的长孙）家里。

这就有点诛心了！

大家不要认为在大明晚期收点银子，是很正常的事情，就自以为是地认为这道奏疏中弹劾的都是一些小罪。这就大错特错了！

因为送钱的袁崇焕是蓟辽总督，也就是边疆手握重兵的大臣，而收钱的钱龙锡是内阁大学士，那么袁崇焕送钱给钱龙锡就只有一个合理的解释，那就是想造反。这可是满门抄斩、诛灭九族的大罪啊！

凡事只要打着这个旗号，基本上是无往而不利！

从这儿我们也可以看出大明的言官都是吃人不吐骨头的魔鬼，他们说一套，做一套，对己宽，对人严，勇于对任何人批判，且批判时不管时间、场合、身份、地点，比起王振、汪直、魏忠贤这些把持朝政、胡作非为的宦官来，也是有过之而无不及啊！

朱由检看了史范的奏疏以后，非常愤怒，大声地对朝中的文武大臣说："袁崇焕私自处死毛文龙还嫌不够，又与皇太极谈判议和，最终导致皇太极率领十多万满蒙联军越过坚固的长城防线，进犯京师，这是欺藐君父、贻误封疆的大罪，朕限刑部在五天之内必须将袁崇焕的案子审理完毕，并且上报审理结果！"

袁氏奇冤

没过几天，锦衣卫刘侨就将袁崇焕的供词上报给了朱由检。

接下来的事情就简单了。

八月十六日，朱由检在乾清宫东暖阁召见了内阁重臣，与他们共同商议了如何处理袁崇焕的事情。

当然朱由检此举不过是将自己的态度泄露给内阁重臣，让他们在随后的全民公审中配合自己。

随后，朱由检在平台召见了内阁、五府、六部、都察院、通政司、大理寺、翰林院、六科以及锦衣卫等部门的官员。

朱由检说："袁崇焕那个家伙辜负了朕的期望与重托，一味欺骗隐瞒，为了能够与皇太极谈判议和，居然处死了毛文龙，后又纵使皇太极率领十几万满蒙联军长驱直入、直逼京师，而袁崇焕不但屯兵不战，而且还遣散各路勤王援军。种种罪行，不胜枚举，三法司，你们认为该如何处理袁崇焕啊？"

三法司的官员都睁一只眼闭一只眼，装糊涂，意思就是您想怎么处理袁崇焕就怎么处理吧。

最信任你的，却伤你最深！之前朱由检对袁崇焕看得有多重，现在他对袁崇焕的惩罚就有多重。

朱由检说出了自己的处理决定：

袁崇焕，凌迟处死。按照大明律例，原本袁崇焕的家属十六岁以上的都要处死，十五岁以下的都要到功臣家为奴，现在朕从宽处理，妻、妾、子女以及兄弟流放两千里，其余人等不加追究！

这不是商量，而是命令！

当然朱由检在做出决定以后，免不了要装腔作势、装模作样地征求一下朝中文武大臣的意见，于是朱由检问道："各位爱卿，还有什么话讲？"

满朝文武大臣早就被朱由检心狠手辣、六亲不认的强硬手段吓得汗流浃背，双腿发软，哪里还敢提出异议。

朱由检一看满朝文武大臣没有一个人站出来反对自己的决定，就认为自己的决定是非常正确的，于是就迫不及待地命令刑部侍郎涂国鼎前往监督行刑。

袁崇焕的命运就这样被朱由检决定了。

四十七岁的袁崇焕被锦衣卫押护到北京城西市，接受凌迟。

袁崇焕被锦衣卫拖出北镇抚司监狱，押往菜市口的途中，围观的百姓都对袁崇焕骂声不断，更有甚者，将烂菜叶、臭鸡蛋、脏鞋子朝袁崇焕的囚车抛来。

老百姓骂的每一句话，都像刀子在撕割着袁崇焕身上的每一寸肌肉；老百姓做出的每一个举动，都似断肠草一样在毒蚀着袁崇焕体内的每一个细胞。

本人不知道，此时此刻，此情此景，袁崇焕心里在想些什么。

清正廉明、家徒四壁，为百姓同胞谋福利、求发展，换来的却是同胞百姓不绝于耳的诅咒声；呕心沥血、兢兢业业地同后金作斗争，誓死保卫大明

的每一寸土地，得到的居然是大明百姓的埋怨声；为了政府，为了君主，鞠躬尽瘁、死而后已，换来的却是政府与君主的背信弃义、恩将仇报！

按道理说，袁崇焕应该对百姓很失望，也应该对大明很绝望，因为他兢兢业业、废寝忘食，为之奋斗一生的对象却毫无顾忌地抛弃了他，使他蒙受了千古奇冤，使他遗臭万年，他的遭遇甚至比战国时期四大名将（白起、王翦、廉颇、李牧）之一的李牧与宋高宗赵构时期的抗金名将岳飞都还要凄惨。

然而本人错了，本人彻彻底底地误解了袁崇焕，我们可以怀疑他的能力，但不能怀疑他的忠诚。

袁崇焕跪在刑场上即将被砍下头颅前的一刹那，高亢激昂地念出了他一生为之追求的誓言：

一生事业总成空，
半世功名在梦中。
死后不愁无勇将，
忠魂依旧守辽东。

这是被大明误解，被百姓冤枉，被朱由检抛弃的袁崇焕即将被刽子手千刀万剐、碎尸万段的时候留下的遗言。

是的，大明是误解了袁崇焕，百姓是冤枉了袁崇焕，朱由检更是抛弃了袁崇焕，可是本人坚信，时间会冲刷掉掩盖在真相身上的尘埃，还历史人物袁崇焕一个公道。

据说袁崇焕行刑的时候，刽子手每从袁崇焕身上割下一块肉，围观的百姓都会马上出钱购买，得到肉的人，一边喝着烧酒，一边将肉生吞下肚，面颊上沾满了鲜血，还在不停地唾骂。

刽子手将袁崇焕身上的肉割完以后，又将袁崇焕开膛破肚，取出里面的肠胃，围观的百姓有如见到了金银珠宝、绫罗绸缎一样，一拥而上，抢夺一空，没有抢到肠胃的人也没有气馁，居然捡起袁崇焕的几块骨头，用斧头狠狠地敲打着。

这样血腥残忍的场面举不胜举，我就不举了！

袁崇焕的故事读来让人同情！

最后袁崇焕的脑袋还被送到了长城防线附近的九十几个军事重镇，用以警示那些将领。

如果作战不力，如果丢失国土，如果卖主求荣，如果通敌叛国，如果工作不认真，袁崇焕就是榜样。

历史证明，朱由检也确实是这样做的。

万事开头难，有了第一次，就会有以后的无数次！

在朱由检在位的短短十七年时间里，换了五十位内阁大臣，十四位兵部尚书，直接诛杀和被逼自杀的督师、总督、巡抚多达二十三人，被他打进牢笼关押、殴打、判刑等等的官员更是数不胜数，仅崇祯十四年（公元1641年），蹲在号子里的大臣就多达一百四十五人。

袁崇焕跌宕起伏、波澜壮阔的一生，至此落下了帷幕！

结束了！一切都结束了！大明再无袁崇焕！

（第二卷 完）

参考书目与文献

《明史》全二十八册，（清）张廷玉等著，中华书局 1974 年版。

《清史稿》全四十八册，赵尔巽等著，中华书局 1977 年版。

《明实录》，（明）杨荣、杨士奇、张辅、杨慎等著，武汉出版社 1992 年版。

《清实录》全六十册，（清）觉罗勒德洪、明珠、王熙等著，中华书局 2008 年版。

《满文老档》上下册，中国第一历史档案馆、中国社会科学院历史研究所译注，中华书局 1990 年版。

《天命王朝》，孙喆著，中国青年出版社 2008 年版。

《日本战国史》，陈杰著，陕西人民出版社 2009 年版。

《日本战国物语》，孙琳、不戒著，中国友谊出版社 2009 年版。

《简明日本战史》，[日]桑田悦、前原透编著，军事科学出版社 1989 年版。

《万历三大征考东夷考略东事答问》，（明）茅瑞征撰，上海古籍出版社 2002 年版。

《记明季朝鲜之丁卯虏祸与丙子虏祸》，李光涛著，中央研究院历史语言研究所 1972 年版。

《十六世纪明代中国之财政与税收》，黄仁宇著，阿风等译，三联书店 2001 年版。

《正说清朝十二后妃》，李景屏、谷敏著，农村读物出版社 2005 年版。

《正说清朝十二帝》，阎崇年著，中华书局 2004 年版。

《清十二帝疑案》，阎崇年著，中国人民大学出版社 2005 年版。

《前清秘史》，李亚平著，北京出版社 2008 年版。

《明清战争史略》，孙文良、李治亭著，江苏教育出版社 2005 年版。

《明亡清兴六十年》上下册，阎崇年著，中华书局 2006 年版。

《明朝那些事儿》共九册，当年明月著，北京联合出版公司 2011 年版。

《权与血：明帝国的官场政治》，樊树志著，中华书局 2004 年版。

《李朝实录》全五十二册，国家图书馆出版社 2012 年版。

《东华录》，王先谦著，中华书局 2008 年版。

《听雨丛谈》，（清）福格著，中华书局 1984 年版。

《明清史料·甲编》全三册，国立中央研究院历史语言研究所著，北京图书馆出版社 2008 年版。

《清开国史料考》，谢国桢编著，北京出版社 2015 年版。

《洪业：清朝开国史》，〔美〕魏斐德著，陈苏镇等译，江苏人民出版社 2003 年版。

《努尔哈赤全传》，阎崇年编著，华文出版社 2006 年版。

《清朝通史》全十四册，朱诚如主编，紫禁城出版社 2003 年版。

《大清十五疑案》，阚红柳著，中华书局 2005 年版。

《清初私家修史研究——以史家群体为研究对象》，阚红柳著，人民出版社 2008 年版。

《北京城的明朝往事》，万明、张北裕著，山东画报出版社 2008 年版。

《清·清风浊梦》，王子超著，湖南人民出版社 2009 年版。

《清代皇帝传略》，左步青主编，知识出版社 1998 年版。

《明清帝王文治武功全记录》，邓明编著，海潮出版社 2008 年版。

《历史的转折·明亡清兴》，天佑著，山西经济出版社 2008 年版。

《清史十六讲》，王锺翰著，中华书局 2009 年版。

《宦海悲歌·历代名臣的离奇死亡》，史荣昕、蒋炎兰著，新华出版社 2008 年版。

《八旗通志初集》，（清）鄂尔泰等撰，东北师范大学出版社 1985 年版。

《三朝辽事实录》全三册，（明）王在晋撰，全国图书馆缩微复制中心 2002 年版。

《清初内国史院满文档案译编》，中国第一历史档案馆，光明日报出版社 1989 年版。

《明季北略》上下册，（清）计六奇著，中华书局1984年版。

《明季南略》，（清）计六奇著，中华书局1984年版。

《国榷》全六册，谈迁撰，张忠祥校点，中华书局1988年版。

《三朝野记》，（清）李逊之著，北京古籍出版社2002年版。

《平寇志》，（清）彭孙贻著，上海古籍出版社1984年版。

《清初三大疑案考实》，孟森著，巴蜀书社2002年版。

《满洲秘档》，金梁辑，台北文海出版社1967年版。

《蒙古游牧记》，（清）张穆著，山西人民出版社1991年版。

《清史杂考》，王锺翰著，人民出版社1963年版。

《全辽志》，（明）李辅编，民国辽海书社。

《满洲人在东北》，〔苏〕格·瓦·麦利霍夫著，商务印书馆1976年版。

《黑龙江志稿》，张伯英总撰，崔重庆等整理，黑龙江人民出版社1992年版。

《满洲源流考》，（清）阿桂等撰，孙文良、陆玉华点校，辽宁民族出版社1988年版。

《清朝文献通考》，清高宗敕撰，浙江古籍出版社2000年版。

《明史纪事本末》，（清）谷应泰著，吉林出版集团2005年版。

《建州考》，陈继儒著，国立中央大学国学图书馆1928年版。

《蒙古世系》，高文德等编著，中国社会科学出版社1979年版。

《清朝通典》，乾隆官修，浙江古籍出版社2000年版。

《鞑靼战纪》，〔西〕卫匡国著，中华书局2008年版。

《满文清实录研究》，陈捷先著，台北大化书局1978年版。

《清史探微》，郑天挺著，北京大学出版社2011年版。

《清代通史》全六册，萧一山著，华东师范大学出版社2006年版。

《国朝先正事略》上下册，（清）李元度著，岳麓书社2008年版。

《清代名人传略》全三册，〔美〕恒慕义著，青海人民出版社1995年版。

《满族论丛史》，莫东寅著，三联书店1958年版。

《明代名人传》，〔美〕傅路德、房兆楹著，北京时代华文书局2015年版。

《清代档案史料丛编》，故宫博物馆明清档案部编著，中华书局1978年版。

《岭南历史人物丛谈》，亮父著，上海书局1978年版。

《中国历代名人传丛书——顾炎武》，沈嘉荣著，江苏人民出版社 1982 年版。

《大清一统志》，王云五著，上海古籍出版社 2008 年版。

《讲述中国历史》上下卷，[美]魏斐德著，梁禾译，东方出版社 2008 年版。

《清初史料丛刊》全十四册，辽宁大学历史系编，辽宁大学出版社 1981 年版。

《朝鲜李朝实录中的中国史料》，吴晗辑，中华书局 1980 年版。

《清史编年》，林铁钧、史松编，中国人民大学出版社 2000 年版。

《清代人物传稿》，何龄修、张捷夫主编，中华书局 1991 年版。

《清史图典》全十二册，朱诚如主编，紫禁城出版社 2002 年版。

《明清史论著集刊》上下册，孟森著，中华书局 2006 年版。

《清史讲义》，孟森著，浙江人民出版社 1998 年版。

《简明清史》全两册，戴逸著，人民出版社 1984 年版。

《大清皇帝正说》上下册，高阳著，团结出版社 2005 年版。

《满汉名臣传》全四册，吴忠匡编，黑龙江人民出版社 1991 年版。

《清史纪事本末》全两册，（清）黄鸿寿撰，上海书店出版社 1986 年版。

《清代七百名人传》全三册，蔡冠洛编著，中国书店 1984 年版。

《大清十朝圣训》全二十册，赵之恒主编，王伟等标点，北京燕山出版社 1999 年版。

《清代学者象传》，叶衍兰、叶恭绰编，上海书店出版社 2014 年版。

《八旗通志初集》，（清）鄂尔泰等撰，东北师范大学出版社 1985 年版。

《明清档案与历史研究》，中国第一历史档案馆编，中华书局 1998 年版。

《清通鉴·前编》，刘小萌著，山西人民出版社 2000 年版。

《清代名人传略》全三册，[美]恒慕义主编，青海人民出版社 1990 年版。

《袁崇焕传》，阎崇年著，中华书局 2005 年版。

《爱新觉罗家族全书》，李治亭主编，吉林人民出版社 2005 年版。

《王府生活实录》，金寄水、周沙尘著，中国青年出版社 1988 年版。

《清朝八大亲王》，吴玉清、吴永兴编著，学苑出版社 1993 年版。

《清代皇帝御批真迹选》，中国第一历史档案馆编，西苑出版社 1995 年版。

《历史上的多尔衮》，纪连海著，中国民主法制出版社 2006 年版。

《多尔衮传奇》，阚红柳著，中国人民大学出版社 2003 年版。

《清宫斗争内幕》，姜相顺、王国华主编，辽宁古籍出版社 1996 年版。